高校德育成果文库

GaoXiao DeYu
ChengGuo WenKu

正风前行
福建师范大学党风廉政建设的实践与探索

黄清波 主　编
黄兴彪　盛子同　陈清波　副主编

光明日报出版社

图书在版编目（CIP）数据

正风前行：福建师范大学党风廉政建设的实践与探索/黄清波主编. -- 北京：光明日报出版社，2019.3
ISBN 978-7-5194-5080-9

Ⅰ.①正… Ⅱ.①黄… Ⅲ.①中国共产党—福建师范大学—党风建设—研究 Ⅳ.①D267.6

中国版本图书馆CIP数据核字（2019）第036226号

正风前行——福建师范大学党风廉政建设的实践与探索
ZHENGFENG QIANXING——FUJIAN SHIFAN DAXUE DANGFENG LIANZHENG JIANSHE DE SHIJIAN YU TANSUO

主　　编：黄清波	
责任编辑：刘兴华	特约编辑：万　胜
责任校对：赵鸣鸣	封面设计：中联学林
责任印制：曹　净	

出版发行：光明日报出版社
地　　址：北京市西城区永安路106号，100050
电　　话：63131930（邮购）
传　　真：010-67078227，67078255
网　　址：http://book.gmw.cn
E - mail：gmcbs@gmw.cn
法律顾问：北京德恒律师事务所龚柳方律师
印　　刷：三河市华东印刷有限公司
装　　订：三河市华东印刷有限公司
本书如有破损、缺页、装订错误，请与本社联系调换，电话：010-67019571
开　　本：170mm×240mm
字　　数：276千字　　　　　　印　张：17.5
版　　次：2019年3月第1版　　印　次：2019年3月第1次印刷
书　　号：ISBN 978-7-5194-5080-9
定　　价：85.00元

版权所有　　翻印必究

前 言

党的十八大以来，以习近平同志为核心的党中央，高度重视党风廉政建设和反腐败斗争，强调党要管党、从严治党，把全面从严治党纳入"四个全面"战略布局，把党风廉政建设和反腐败斗争作为全面从严治党的重要内容，提出了一系列新的理念、思路、举措，推动全面从严治党取得了重大成果、不断向纵深发展。党的十九大确立了习近平新时代中国特色社会主义思想的指导地位，作出要"坚定不移全面从严治党，不断提高党的执政能力和领导水平"的决策部署。习近平总书记在十九届中央纪委二次全会上，深刻阐述了党的十九大关于全面从严治党的战略部署，进一步总结了党的十八大以来全面从严治党的重要经验，科学分析了党面临的风险和挑战，明确了当前和今后一段时期全面从严治党的总体要求和主要任务，为在新的历史时期推动全面从严治党向纵深发展、深入开展党风廉政建设和反腐败斗争指明了前进方向、提供了根本遵循。福建省委相继提出了"五抓五看""八个坚定不移"的工作部署，省纪委提出了"五抓五重"的工作要求，以永远在路上的执着推动全面从严治党向纵深发展，为"再上新台阶、建设新福建"提供坚强保证。

在开创全面从严治党新局面的征程中，高等教育是一条特殊且重要的战线。我国高等教育肩负着培养德智体美劳全面发展的社会主义事业建设者和接班人的重大任务，作用突出、使命艰巨，必须始终坚持党的领导和正确的政治方向，必须把学习好、宣传好、贯彻好党中央关于全面从严治党、党风廉政建设的决策部署作为重大的政治任务，着力营造风清气正的政治生态和育人环境，确保高校成为坚持党的领导的坚强阵地。

福建师范大学作为一所具有深厚办学底蕴和优良革命传统的百年学府，被誉为"南方坚持马克思主义的重要阵地"，以立德树人为根本任务，以建设特色鲜明的高水平综合性大学为奋斗目标，认真落实"两个责任"，扎实推进党风廉政建设和反腐败工作，进行了一些探索、取得了一定成效；充分发挥人文学科理论研究优势，师生围绕全面从严治党、高校党风廉政建设、纪检监察工作、权力制约监督、反腐败、审计监督等领域开展了学术研究，积累了一批学术成果。为更好地总结经验、加强交流、深化研究、推动工作，我们将近年来福建师范大学有关党风廉政建设的文章汇编成《正风前行——福建师范大学党风廉政建设的实践与探索》。由于编者水平有限，书中难免存在疏漏之处，敬请广大专家、教师和读者朋友批评指正。

目录

深入推进高校党风廉政建设和反腐败工作的着力点 ………………… 罗　萤 1

把握新形势　适应新要求　落实新任务　扎实推进高校党风
廉政建设和反腐败斗争 ………………………………………………… 黄汉升 4

把全面从严治党不断引向深入　为建设高水平大学提供坚强保障 …… 林和平 9

深入推进全面从严治党　扎实推动高质量内涵式发展 ………………… 李宝银 15

高校党风廉政建设责任追究机制探析 …………………………………… 许歌平 21

创新纪检监察工作机制　推动高校全面从严治党向纵深发展 ………… 黄清波 27

严格遵守纪律制度　全面防控廉政风险 ………………………………… 黄清波 34

关于全面从严治党的思想方法透视 ……………………………………… 郑又贤 61

建立健全以保持廉洁为核心的权力监督体系 …………………………… 郑又贤 74

全面从严治党视域下的反对铺张浪费
　　——从毛泽东到习近平的思想史考察 ……………………………… 李方祥 86

严明党纪，抵制历史虚无主义 …………………………………………… 李方祥 97

网络反腐的当下形态和法治轨道 ………………………………………… 杨建义 100

惩治腐败案件的大众传播问题探究 ……………………………………… 杨建义 107

大数据时代廉政价值构建的方式转换 …………………………………… 曾盛聪 114

家风建设助推反腐败道德治理 ………………………………… 黄东阳　曾盛聪 124

新中国建立初期中共反腐倡廉思想与实践的启示 ……………………… 叶　青 128

职责、关系、权力：关于党的纪检工作的思考 ……………… 黄晓辉 陈　武 136

党内监督工作领导体制的历史演变与新发展 ……………………… 黄晓辉 147

新形势下地方高校构建内部监督机制探析 ………………………… 黄兴彪 166

地方高校设立二级纪委的思考与探索 ……………………………… 黄兴彪 173

增强五种能力，提升审计效能
　　——学习中央审计委员会第一次会议精神有感 ………………… 金天钦 181

法经济学视域下从严执纪的思考 …………………………………… 叶善青 186

高校审计人员能力素质模型构架及其优化路径 …………………… 陈　晨 192

问题导向的"三公"经费审计程序表探析 ………………………… 陈　晨 198

"立破并举，扶正祛邪"：中国共产党在作风建设中的实践起点 ……… 李劲松 210

全面从严治党背景下加强领导干部道德自律的对策研究 ………… 林　媛 221

党的十八大以来反腐倡廉机制创新探究 …………………………… 张　多 229

当前科技反腐的发展困境与突破研究 ……………………………… 卓宽裕 238

高校党风廉政建设和反腐败工作问题与对策研究 ………………… 周宁忻 244

关于完善新时期廉政文化建设的新思路 …………………………… 魏俞满 250

井冈山革命斗争时期中国共产党廉政实践探究及其启示 ………… 罗丽娜 256

完善我国经济责任审计制度
　　——经济责任审计并入国家监察委员会的改革设想 … 吴雨珊 陈　欣 265

深入推进高校党风廉政建设和反腐败工作的着力点

罗 莹

党的十八大对当前和今后一个时期的党风廉政建设和反腐败工作作出了新的部署。今年1月，习近平总书记在十八届中纪委二次全会上发表的重要讲话，强调了要严明政治纪律、自觉维护党的团结统一，抓好八项规定落实、下大气力改进作风，依纪依法严惩腐败、全面加强惩防体系建设。这体现了对我们党执政规律和反腐倡廉规律的新认识，对新形势下党风廉政建设提出了新要求，向全党发出了建设廉洁政治的动员和部署。省纪委九届四次全会对教育系统党风廉政建设提出具体要求，强调要纠正教育等领域损害群众利益的不正之风，抓好高校党风廉政建设，着力解决学术诚信、基建工程、科研经费等方面存在的突出问题。我们要进一步增强责任感和紧迫感，按照中央和省里的部署要求，加强纪律监督，推进风险防控，强化权力监管，着力解决突出问题，为加快推动学校改革发展提供坚强的政治保障。为此，今年的工作着重要在以下五个方面下功夫：

一、在严明政治纪律上下功夫

习近平总书记对严明政治纪律的再次强调，是有深意的。党的纪律是各级党组织和全体党员必须遵守的行为准则，纪律严明是我们党的光荣传统和独特优势，是我们党取信于民的关键。严明党的纪律，首要就是严明政治纪律，最核心的就是坚持党的领导。高校是意识形态的重要阵地，严明党的政治纪律显得尤为重要，没有铁的纪律保障，就难以实现共同的理想信念和核心价值观，难以形成凝聚力和战斗力，难以实现学校的改革发展稳定。每一个党员干部对于党的基本政治路线、重大原则问题、重要方针政策，要有正确的立场、鲜明的观点、坚定的态度，在大是大非面前，做到方向明确、立场坚定，在任何情况下都能做到政治信仰不变、政治立场不移、政治方向不偏。落实在具体工作中，就是要全面贯彻党的教育方针，始终把立德树人作为根本任务，教育引导广大干部师生坚定中国特色社会主义理想信念，培育和践行社会主义核心价值观，为实现中华民族伟大复兴的"中国梦"而不懈奋斗。各级党组织和纪检监察部门要自觉担负起执行和维护政治纪律的责任，认真贯彻执行学校党委和行政的决策部署，确保把全校师生的意志、行动、步调都统一到开启高水平大学建设新征程这个重大任务上来。

二、在严格工作纪律上下功夫

工作纪律是党的纪律的重要方面，遵守工作纪律是保持党员先进性的重要标志，是党员干部履行职责的行为规范，是学校政令畅通，各项工作有序高效运转的基本保障。当前，校内不同程度地存在着纪律松懈、消极履职等情形，个别领导干部纪律意识不强，对基本的工作纪律不了解、不执行，该请示、汇报或报备的没做或没有及时做到；对学校党政作出的决策部署，没有及时、准确、不折不扣地贯彻执行，造成有令不行，有禁不止，工作拖沓，效率低下。这对师生员工而言是不良示范，不但妨碍工作，影响大局，更危害自身，影响干部健康成长，必须引起我们高度重视。为此，要进一步明确各级各部门、各学院的工作职责，完善二级单位目标责任制和责任追究制，加大对领导干部工作纪律特别是执行力的考核、评价、监督、检查，切实提升干部队伍战斗力，提升工作效率和质量。

三、在突出作风建设上下功夫

去年，中央出台关于改进工作作风、密切联系群众的八项规定，中央领导同志身体力行、率先垂范，充分体现了党要管党、从严治党的坚强意志，体现了求真务实、转变作风的坚定决心。日前，中央部署开展以"为民务实清廉"为主要内容的党的群众路线教育实践活动，将贯彻落实八项规定作为切入点，按照"照镜子、正衣冠、洗洗澡、治治病"的总要求，正文风、改会风、转作风、树新风。全校各级党组织和各单位务必把作风建设摆在更加突出的位置，教育引导党员干部树立群众观点，弘扬优良作风，解决突出问题，保持清廉本色，使干部作风进一步转变，干群关系进一步密切，为民务实清廉形象进一步树立。各级领导干部要带头改进作风，在认真贯彻落实上级和学校对于改进作风相关规定的基础上,在深入基层调研、精简会议活动、简化接待工作、厉行勤俭节约、提高服务质量等方面出实招、做实事、见实效,以作风建设的新成效取信于师生,凝聚起推动事业发展的强大力量。

四、在完善党风廉政建设责任制和惩防体系建设上下功夫

坚持党委统一领导,党政齐抓共管、纪委组织协调、部门各负其职、依靠群众参与和支持的反腐败领导体制和工作机制,全面落实党风廉政建设责任制。领导班子及其成员要自觉承担反腐倡廉职责,党政主要负责人要认真履行党风廉政建设责任制第一责任人的政治责任,以身作则、率先垂范、带好班子、带好队伍;领导班子成员要按照"一岗双责"要求,抓好职责范围内的反腐倡廉工作,切实管好自己分管的部门和单位,管好配偶子女和身边工作人员。各单位主要负责人要定期向分管或联系校领导汇报本单位党风廉政建设情况,主动与校纪委联系沟通,寻求工作指导。要积极探索廉政风险防控机制和权力运行监督制约机制的建设,结合我校反腐倡廉工作实际,把多年来行之有效的做法和经验,上升为反腐倡廉制度和规定,大力推进反腐倡廉制度创新,不断完善具有学校特点的惩治和预防腐败体系。

五、在充分发挥好纪检监察部门作用上下功夫

纪检监察部门要积极履行组织协调和监督检查职能,按照忠诚可靠、服务人民、刚正不阿、秉公执纪的要求,协助党委领导班子抓好反腐倡廉任务分解和落实,加大制度执行情况的监督检查力度。全校各单位要充分认识纪检监察工作的重要地位和重大作用,全力支持纪检监察部门开展工作。各重点领域、重点部门、重点环节的工作要主动邀请纪检监察部门介入,充分发挥他们的监督检查作用。学校党委和行政将进一步加强纪检监察干部的培养,从政治上、工作上、生活上关心爱护纪检监察干部,并为他们积极履职创造更好的环境和条件。纪检监察部门的同志要自觉加强理论学习、党性修养和业务培训,不断提高履行职责的能力和水平。

(作者为福建师范大学原党委书记,本文摘自罗莹同志2013年4月24日在全校党风廉政建设工作会议上的讲话)

把握新形势　适应新要求　落实新任务
扎实推进高校党风廉政建设和反腐败斗争

黄汉升

治国先治党，治党须从严。反对腐败、建设廉洁政治，是我们党一贯坚持的鲜明政治立场，是人民关注的重大政治问题。高校作为我国的文化阵地、思想高地，是培养社会主义建设者和接班人的摇篮，也是党风廉政建设和反腐败斗争的重要领域。在党中央实施全面从严治党的战略部署中，高校要走在前头、作出表率，认真落实"两个责任"，旗帜鲜明反腐倡廉，扎实推进党风廉政建设和反腐败工作，营造风清气正的育人环境，为学校建设高水平大学保驾护航。

一、深刻把握新形势，扎实推进党风廉政建设和反腐败斗争

党的十八大以来，以习近平同志为总书记的党中央，从关系党和国家生死存亡的高度，以强烈的历史责任感和使命忧患感推进党风廉政建设和反腐败斗争，下大力气解决腐败问题和不正之风，坚决查处了周永康、徐才厚、令计划、苏荣等严重违纪违法案件，持之以恒落实八项规定，狠抓惩治"四风"问题，严明党的纪律要求，深入开展巡视工作，形成了持续震慑，党风廉政建设和反腐败斗争态度坚决、措施有力，取得了重大成效。新一届中央领导集体以反腐倡廉的实际行动，"向世人证明中国共产党敢于直面问题、纠正错误，勇于从严治党、捍卫党纪，善于自我净化、自我革新。"经过十八大以来的不懈努力，我们党进入重塑政治生态的历史新时期，中国社会迎来清气上扬、浊气下降的发展新境界。在十八届中央纪委第五次全会上，习总书记强调，要按照全面建成小康社会、全面深化改革、全面依法治国、全面从严治党的要求，坚持无禁区、全覆盖、零容忍，坚守阵地、巩固成果、深化拓展，坚定不移推进党风廉政建设和反腐败斗争。2015年"两会期间"，习总书记再次强调，"自然生态要山清水秀，政治生态也要山清水秀，要着力净化政治生态，一个廉洁从政良好环境"。李克强总理在政府工作报告中强调，要以权利瘦身为廉政强身，紧紧扎住制度围栏，坚决打掉寻租空间，努力铲除腐败土壤。在省纪委九届六次全会上，省委书记尤权强调要把思想和行动统一到中央的要求部署上来，持续把党风廉政建设和反腐败斗争引向深入。在3月召开的2015年全国、全省教育系统党风廉政建设工作会议上，教育部袁贵仁部长、省委教育工委黄红武书记都强调要坚持从严治教，强化主体责任，打造山清水秀的教育政治生态。中央、省委、教育部和各级领导同志的重要讲话精神，为深入推进党风廉政建设和反腐败斗争指明了前进方向，提出了明确的要求。

2014年，学校按照省委、省纪委和省委教育工委、省教育厅的部署，认真履行党风廉政建设主体责任，认真落实中央八项规定精神，坚决纠正"四风"，以零容忍态度惩治腐败，党风廉政建设和反腐败工作取得了新成效。然而，也要清醒地看到，随着学校改革发展步伐加快，学校掌握的办学资源日益增多，加上办学类型多样，管理模式不一，廉政风险多、监督难度大。在省委巡视和后勤专项审计中，学校也暴露出不少问题，如党风廉政建设主体责任落实不够到位，对工程建设、物资采购、资金管理等重点领域和关键环节的监督存在漏洞，部分大额财务借款长期挂账，个别科研项目经费开支不够规范，后勤集团在资金管理、项目建设、资产经营等存在廉政风险，等等。因此，各级领导班子和党员干部要保持高度警觉，认真吸取领导干部违纪违法案件的深刻教训，引以为戒，时刻绷紧党纪国法这根弦，时刻牢记自己的身份和职责，自觉加强党性修养和法律意识，杜绝麻痹大意和侥幸心理，坚决守住底线、永葆本色。

二、主动适应新要求，大力加强纪律建设和作风建设

当前，"四个全面"战略布局对做好党的建设各项工作提出了新的更高要求，必须深刻认识并自觉适应从严治党新要求，做到贯彻群众路线永不结束，加强作风建设永不止步，落实从严治党永不放松。

一是头顶"三尺利剑"，严守各项纪律。人不以规矩则废，党不以规矩则乱。干部在政治上出问题，对党的危害不亚于腐败问题，有的甚至比腐败问题更严重。对于一个党员，纪律是高压线；对于一个政党，纪律是生命线。习近平总书记在十八届中纪委五次全会上强调了"五个必须"的要求，即遵守政治纪律和政治规矩，必须维护党中央权威，在任何时候任何情况下都必须在思想上政治上行动上同党中央保持高度一致；必须维护党的团结，坚持五湖四海，团结一切忠实于党的同志；必须遵循组织程序，重大问题该请示的请示，该汇报的汇报，不允许超越权限办事；必须服从组织决定，决不允许搞非组织活动，不得违背组织决定；必须管好亲属和身边工作人员，不得默许他们利用特殊身份谋取非法利益。各级党组织要坚决按照习总书记关于"五个必须"的要求，把守纪律讲规矩放在更加突出的位置。要严格执行请示报告制度，及时向上级请示或报告重大事项，绝不允许"上有政策，下有对策"。要准确掌握课堂讲坛领域的状况，把好教育传播中的政治关、政策关、纪律关，牢牢把握意识形态工作的领导权、话语权。广大党员特别是领导干部要牢固树立纪律和规矩意识，坚决不逾越底线、不触碰红线，始终当好政治上的"明白人"。纪委监察部门要敢抓敢管，敢于"亮剑"，对违反政治纪律和政治规矩的行为，予以严肃追责。

二是践行"三严三实"，切实改进作风。习近平总书记关于领导干部要"严以修身、严以用权、严以律己，谋事要实、创业要实、做人要实"的重要论述，是党中央对各级领导干部作风建设的又一项新要求。它阐明了党员干部的修身之本、为政之道、成事之要，切中了作风之弊的要害，把准了作风建设的命脉，抓住了改进作风的关键，为加强党员干部党性修养、深入推进新形势下党的建设提供了重要遵循。应当看到，自党的群众路线教育实践活动开展以来，党风政风得到明显改善、呈现出新的气象。但是形式主义、官僚主义、享乐主义和奢靡之风这"四风"还没有根除，无论党员干部队伍管理还是党员干部自身，都存在不严、不实的问题，以及失之于宽、失之于软、失之于虚的现象。为此，广大党员干部特别是领导干部一定要认真领会"三严三实"的深刻内涵和具体要求，把"三严三实"作为修身做人的基本遵循，作为为官用权的警世箴言，作为干事创业的行为准则，真正内化于心、外化于行，更好地履行职责，把作风建设贯穿融入高水平大学建设进程，让作风建设落地生根，实现长效常态。

三、全面落实新任务，推动"两个责任"落到实处

党的十八届三中全会明确指出，落实党风廉政建设责任制，党委负主体责任，纪委负监督责任。2014年9月省委出台《关于落实党风廉政建设党委主体责任的意见》等文件后，学校迅速研究制定了关于落实主体责任、监督责任的实施意见和责任追究办法，构筑了落实"两个责任"的基本制度体系，进一步明确了党风廉政建设党委的主体责任主要包括党委领导班子的集体责任、党委主要负责人的第一责任、班子分管领导的领导责任。制度的生命在于执行，各级领导班子要认真贯彻落实文件精神，牢固树立不抓党风廉政建设就是严重失职的意识，进一步明确党内职责，执行党风廉政建设任务，让"两个责任"落地生根。

一是强化责任追究。习近平总书记强调，"坐而论道，不如强化问责"。王岐山同志也强调，"没有问责，责任就落实不下去""动员千遍，不如问责一次"。2014年，全省有27个单位和140多名党员领导干部因落实主体责任不力、20多名党员领导干部因落实监督责任不力受到责任追究，省纪委通报了其中5起典型案例。不久之前，中央纪委通报了8起履行党风廉政建设主体责任和监督责任不力的责任追究典型案件。2014年10月，校党委开展了2014年度各单位党风廉政建设责任制落实情况检查，从检查情况来看，总体情况是好的，但也发现了不少问题，比如有的单位领导班子党风廉政建设主体意识还不够明确，主体责任落实不够到位；个别单位班子存在团结协作不足，班子形不成凝聚力；个别单位存在"三重一大"事项集体决策制度执行不够到位的情况，大额资金使用、大型仪器设备采购没有提交会议集体研究，存在一定的廉政风险，等等。对此，学校将继续开展党风廉政建设责任制落实情况督促检查，对于履行"两个责任"不到位、造成严重后果的单位，依纪依规严肃追究责任，倒逼责任落实。

二是强化督促检查。学校党委全力支持纪检监察部门对全校党风廉政建设履行监督职责，全力保障纪检监察办案，做到有案必查、有腐必惩、有责必究，始终保持惩治腐败的高压态势。纪检监察部门要明确职责定位，聚焦主责主业，进一步转职能、转方式、转作风，把监督职责履行好。要坚持有所为有所不为，

找准定位、厘清职责、攥紧拳头，聚焦监督执纪问责中心任务，把不该管的交还给主责部门，做到不越位、不缺位、不错位，集中精力抓好主业。要不断深化体制机制改革，推进制度创新，进一步改进监督方式，由以往的直接参与式监督方式为主，转变为以审查、巡查、抽查、专项检查等监督方式为主，加强对基建、物资采购、财务管理、科研经费、招生、考试等重点工作和关键环节的监督。要不断加强纪检监察干部队伍自身建设，强化理论和业务知识学习，提高业务素质，提高履行职责能力和水平。

三是加强制度建设。信任不能代替制度，管长远要靠制度。要健全完善制度体系，进一步对现有制度进行梳理，做好制度的废、改、立工作。要确保制度落实到位。各级领导干部要带头依法依纪依规办事，带头遵章守纪，坚持用制度管权管事管人，制度执行到人到事。广大党员要在执行制度上作表率，牢固树立按章办事、依规办事的理念，对制度心存敬畏，尊重制度、遵守制度，严格落实制度不打折扣。要通过完善的监督管理机制、有效的权力制衡机制、严肃的责任追究机制，加强制度的执行力，对有令不行、有禁不止的单位和个人，要严肃处理，形成威慑作用，防止"破窗效应"，确保"两个责任"落地生根。

总而言之，党风廉政建设和反腐败工作是一项重大而艰巨的任务，要站在事关党和国家生死存亡的高度，站在保障学校事业发展、保护干部健康成长的现实角度，全面加强党风廉政建设和反腐败工作。要主动适应党要管党、从严治党新要求，以高度的政治自觉和身体力行，真正做到守土有责、守土尽责，努力为加快建设高水平大学，实现学校事业科学发展提供坚强的政治保证。

（作者为福建师范大学原党委书记，本文摘自黄汉升同志2015年4月15日在全校党风廉政建设工作会议上的讲话）

把全面从严治党不断引向深入
为建设高水平大学提供坚强保障

林和平

2017年学校党风廉政建设工作要认真贯彻落实党的十八届六中全会和中央纪委七次全会、省纪委十届二次全会、国务院廉政工作会议以及全国全省教育系统党风廉政建设工作会议精神，认清形势任务，强化责任担当，坚持标本兼治，扎实推进各项工作，把全面从严治党引向深入，为建设高水平大学提供更加坚实有力的保障。

一、认清形势任务，切实增强全面从严治党的责任感和自觉性

党的十八大以来，我们党把全面从严治党纳入战略布局、着力从严从紧管党治党，坚持反腐败无禁区、全覆盖、零容忍，着力遏制腐败滋生蔓延势头，推动全面从严治党不断向纵深发展。经过几年的努力，反腐败斗争压倒性态势已经形成，不敢腐的目标初步实现，不能腐的制度日益完善，不想腐的堤坝正在构筑。同时我们也要清醒认识到反腐败斗争的形势依然严峻复杂，全面从严治党还任重道远，我们必须始终保持永远在路上的战略定力和政治定力，在坚持中深化，在深化中坚持。

去年10月，党的十八届六中全会专题研究全面从严治党工作，对新形势下全面从严治党作出系统的战略部署。学习贯彻好六中全会精神，最重要的是严守党的政治纪律和政治规矩，进一步增强政治意识、大局意识、核心意识、看齐意识，向党中央看齐、向习总书记看齐、向党的理论和路线方针政策看齐，始终在思想上行动上同以习近平同志为核心的党中央保持高度一致；六中全会通过的《准则》《条例》是把全面从严治党推向深入的纲领性文件，是重要的政治纪律、政治规矩，对此，我们要认真学习体会，掌握核心要义，内化于心、外化于行。今年1月，习近平总书记在十八届中央纪委七次全会上强调，要保持战略定力和政治定力，继续把党风廉政建设和反腐败斗争引向深入，不断增强全面从严治党的系统性、创造性、实效性。

今年1月15日、4月7日，省纪委十届二次全体会议和省政府廉政工作会议先后召开，对全省党风廉政建设工作进行了部署。3月1日、3日，教育部和省教育厅分别召开了党风廉政建设工作视频会议，对抓好教育系统党风廉政建设工作提出具体要求。中央和省委的新精神新要求，教育主管部门的新部署，为我校做好新形势下党风廉政建设工作指明了方向、明确了要求。

近年来学校的综合实力、核心竞争力以及社会影响力都有了很大的提升，学校首次进入QS亚洲大学排行榜前350强，分别居中国校友会网、中国管理科学研究院发布的大学排行榜第75位、86位。这些显著的成绩，是全体师大人智慧的结晶，是全校上下同心同德、共同努力的结果，其中很重要的一条经验，就是我们着力营造风清气正的良好氛围、构筑校园政治生态的绿水青山，这是我们事业不断进步的重要保证。可以说，没有良好的风气和纪律保障，就没有事业的发展。今年是全面实施"十三五规划"、推进"双一流"建设的关键之年，在这样一个关键时期，更加需要风清气正的良好氛围作保证，更加需要我们保持优良的党风、校风、教风、学风。

就目前来看，学校的整体风气是比较好的，这几年事业发展的成绩也充分证明了这一点。但还存在着一些不容忽视的问题。主要有：一些二级单位党组织管党治党的责任不到位，落实党建工作责任制、意识形态工作责任制等不够有力；个别党政"一把手""一岗双责"意识不强，开展工作"失之于宽，失之于软"，对师生中的不良现象不敢发声或不主动发声；有的党员干部对把纪律和规矩挺在前面认识不到位，不按程序和要求开展工作，认识上随波逐流，作风上萎靡不振；个别党员教师党的意识淡薄，师德师风不正，课堂阵地坚守不牢；一些"四风"现象虽然得到遏制，但时有反复，等等。这些问题如果得不到及时解决，将来可能会出一些问题，对学校事业发展和相关干部教师产生不良影响。因此，我们要深入贯彻落实十八届六中全会、中纪委全会以及上级部门有关会议精神，深刻认识党风廉政建设和反腐败斗争的长期性、复杂性、艰巨性，扎实推进党风廉政建设和反腐败工作，维护好来之不易的发展局面，以实实在在的工作成效迎接和党的十九大的胜利召开。

二、强化责任担当，深入推进党风廉政建设和反腐败工作

今年是党的十九大召开之年，是我校实施"十三五"规划、加快高水平大学建设的攻坚之年。全校各级党组织和纪检监察部门要认真贯彻落实中央和省委的决策部署，以责任履行使命，用担当诠释忠诚，不断取得党风廉政建设和反腐败工作的新成效。

一要扣紧责任链条，进一步压实"两个责任"。管党治党是首要的政治责任，是最重要的政治担当。要紧紧扭住主体责任这个"牛鼻子"，把严字贯穿到管党治党全过程。二级单位党组织书记首先要做管党治党的书记，履行好第一责任人的责任；机关部门负责人大多数是所在部门党支部书记，也要牢记自己的党内职务，发挥好支部的政治核心和战斗堡垒作用；其他同志，包括学院行政负责同志和系、教研室主任等，要切实履行"一岗双责"，把抓党建和抓业务结合起来，不要把党建当成副业。要建立健全权责对等、强化当担的主体责任落实机制，进一步总结和完善落实全面从严治党主体责任全程纪实、抓基层党建述职考评、党风廉政建设责任制检查等机制，促进"五抓五看"要求和主体责任落细、落小、落实。

二要把握正确导向，认真做好用人选任工作。今年，省里将开展选人用人专项检查，结合巡视和年度考核工作，实现对省直单位的抽查全覆盖。学校正在开展干部轮岗交流和选拔任用工作，要把选人用人质量放在更加突出位置来抓。要充分发挥党组织的领导和把关作用，严把人选的政治关、能力关、作风关、品行关、廉洁关。要严格组织程序，把好动议提名、推荐考察、讨论决定等重要关口。去年底，中组部修订了《党委（党组）讨论决定干部任免事项守则》，明确提出"两个不得""三个不上会""凡提四必""五个不准"的要求；校党委修订了《干部选拔任用规定》，优化了民主推荐程序等。要完善精准选人用人机制，探索推行一线考察干部，在解决难题和关键时刻中考察识别干部，以工作成效评价干部，大胆使用那些默默无闻、真抓实干的干部。要推进干部能上能下，对"不冷不热、不急不忙、不疼不痒"的干部，对提拔之后干劲减退，甚至不团结、不守纪的干部，该教育的教育，该批评的要批评，该调整的调整，形成鲜明的导向。要落实好中央新印发的《领导干部报告个人有关事项规定》和《个人有关事项报告查核处理办法》，充分把握新规定"严"和"实"的要求，加强抽查核实，强化结果运用。

三要坚持纪在法前，运用好"四种形态"。要坚持纪严于法、纪在法前，运用好监督执纪问责的四种形态，特别是第一、第二种形态，发现问题及时提醒告诫，违反纪律动辄则咎。要结合推进"两学一做"学习教育常态化开展，加强对党员干部的日常监督和教育提醒。对违反廉政要求的苗头倾向问题要及时谈话提醒，批评教育，诫勉谈话，使"咬耳扯袖，红脸出汗"成为常态。要加强对重点岗位的管理监督，让干部时刻感到组织就在身边、监督就在眼前。发挥内部审计的"免疫系统"功能，严格执行《福建师范大学内部审计工作规定》，完善审计整改跟踪检查和责任追究制度。

四要坚持从严从紧，持之以恒推进作风建设。当前关键是防止"四风"隐形、变异。既要紧盯重点时节和关键部位，深入开展"1+X"专项督查，严肃查处顶风违反中央八项规定精神、违规使用公车公款等老问题，又要注意查摆和纠正以形式主义和官僚主义的态度对待中央、省委部署和学校党政的部署，把"四个意识"当作口号空喊等突出问题，真正做到越往后执纪越严。对管党治党、推进改革等工作纸上谈兵，光说不练，或者急于包装粉饰工作的，要批评纠正。对贯彻上级决策部署走形变样导致严重后果的，要严肃问责，坚决防止不正之风反弹回潮。

五要强化自我约束，加强纪检监察干部队伍自身建设。"打铁还需自身硬"。纪检监察部门要认真执行中纪委颁布的《监督执纪工作规则》，以更高的标准、更严的纪律要求自己和开展工作，提高监督执纪问责的能力，并主动接受监督。纪检监察干部要按照忠诚、干净、担当的要求，勇于监督，公正执纪，自我约束，不辜负党组织的信任和嘱托。学校党委将当好纪委的坚强后盾，加强对纪委工作的领导和支持，加大对纪检监察部门开展工作的条件和经费保障力度，在政治上关心和爱护纪检监察干部。

三、坚持标本兼治，把全面从严治党不断引向深入

全面从严治党是党的十八大以来党中央抓党的建设鲜明主题，是我们党探索党的建设规律的重大成果。全校各级党组织要深刻认识全面从严治党永远在路上，反腐败是一场看不见硝烟的战争，坚持标本兼治，以治标促进治本，把治本寓于治标之中，推动全面从严治党不断取得新成效。

（一）要坚持不懈抓好思想政治教育

全面从严治党，首先要从思想上严起。理想信念是"压舱石"。当前一些党员干部出现这样那样的问题，根子在于"三观"出了偏差。要深入学习习近平总书记系列重要讲话精神和治国理政新理念新思想新战略，以理论清醒确保政治坚定，以思想自觉确保行动自觉，坚定"四个自信"。要深入贯彻全国高校思想政治工作会议精神，发挥好党委讲师团、反腐倡廉研究中心、党委中心组学习会、集中研讨、警示教育等平台载体的作用，不断增强学习的成效。充分发挥全国重点马克思主义学院、新媒体育人等优势，筑牢意识形态阵地，增强文化自信，把学校打造成研究宣传党的思想理论的高地。要坚持不懈抓党风、促校风、带教风、正学风，从严治党、治教、治学、治校，不断打造良好的学校政治生态、教学生态、学术生态和校园文化生态。要坚持正面引导，大张旗鼓地培养、表彰、宣传一批优秀党员、优秀教师，弘扬正能量，形成正向激励。

（二）要坚持不懈规范党内政治生活

习近平总书记指出："有什么样的党内政治生活，就有什么样的党员、干部作风。一个班子强不强、有没有战斗力，同有没有严肃认真的党内政治生活密切相关；一个领导干部强不强、威信高不高，也同是否经过严肃认真的党内政治生活锻炼密切相关。"十八届六中全会颁布的《新形势下党内政治生活若干准则》，对规范党内政治生活奠定了制度基础；最近中央又修订下发了《县以上党和国家机关党员领导干部民主生活会若干规定》。要认真贯彻《准则》，发挥党内政治生活的政治优势和组织保障作用，坚持党的民主集中制，完善议事决策机制，落实学院党政联席会议制度，开好每一场组织生活会、民主生活会，讲好每一堂党课。用好批评与自我批评的武器，增强党内生活的政治性、时代性、原则性、战斗性。培育党内政治文化，净化党内政治生态。党员干部要经常同党中央对表，同自由主义、宗派主义、分散主义、阳奉阴违、拉帮结派等违反政治纪律和政治规矩的行为做坚决斗争，形成清清爽爽的同志间关系、规规矩矩的上下级关系、和和睦睦的师生关系，保持师大人的精神风骨。

（三）要坚持不懈强化党内监督

党内监督是党的建设的重要内容，也是全面从严治党的重要保障。新颁布的《中国共产党党内监督条例》，对党内监督的对象、内容、责任等做出了明确界定，对构建各负其责、齐抓共管的党内监督体系提出了明确要求。必须充分认识加强党内监督的重要性和紧迫性，推动《党内监督条例》落地生根。党委在党内监督中负主体责任，书记是第一责任人，党委成员要在职责范围内履行好监督职责，做到知责、尽责、负责，敢抓敢管，勇于监督。纪检监察部门作为党内监督专责部门，要认真履行监督执纪问责职责，加强对全校各级党组织和党员干部遵守党章党规党纪、贯彻执行党的路线方针政策情况和学校重大决策部署的监督检查。党的基层组织要发挥战斗堡垒作用，加强对党员履行义务、执行纪律等情况的日常监督。要进一步畅通党员监督渠道，保证党员履行监督义务。要坚持党内监督与外部监督相结合，与民主监督、审计监督、舆论监督相协调，形成全方位、立体化的监督体系。

（四）要坚持不懈加强制度建设

习总书记指出，加强党内法规制度建设是全面从严治党的长远之策、根本之策。这些年，党中央坚持思想建党与制度管党紧密结合，出台了一批具有标志性、关键性、引领性的法规制度，制度笼子越扎越密，越扎越实，取得了良好实效。就我校而言，过去一个时期以来制定了制订或修订了一系列规章制度，如《党委主体责任清单》《基层党建经费使用管理办法》《公务用车管理规定》《科研经费管理办法》《会议费管理办法》等等，逐步扎紧了制度笼子。但制度的威力在于执行，执行到位才能令行禁止，决不能浮在面上、挂在墙上。要加强对这些制度落实情况检查和追责问责，发挥领导干部的带头作用，形成尊崇制度的良好氛围。要坚持制度面前人人平等、执行制度没有例外，不留"暗门"，不开"天窗"，防止"破窗效应"，使制度成为硬约束。

（作者为福建师范大学原党委书记，本文摘自林和平同志2017年3月28日在全校党风廉政建设工作会议上的讲话）

深入推进全面从严治党
扎实推动高质量内涵式发展

李宝银

今年是中华人民共和国成立70周年，是全面建成小康社会和坚持高质量发展落实赶超的关键之年。我们要深入学习贯彻习近平新时代中国特色社会主义思想和党的十九大精神，全面贯彻落实习近平总书记在十九届中央纪委三次全会上的重要讲话精神和全会重要部署，以及2019年全国教育系统全面从严治党工作视频会议精神，按照省纪委十届四次全会和全省教育系统全面从严治党工作视频会议部署要求，坚定不移推动全面从严治党向纵深发展、向基层延伸，为加快推进高水平大学和"双一流"建设提供坚强保证。

一、着眼入脑入心，思想武装要突出灵魂、再跟进

习近平新时代中国特色社会主义思想，是引领中国特色社会主义新时代的纲领、旗帜和灵魂。学习宣传贯彻习近平新时代中国特色社会主义思想，既是当前首要任务，也是长期政治任务，必须坚持不懈抓紧抓好，推动学习宣传贯彻新思想往实里走、往深里走、往心里走，继续走在全省高校最前列。

一要提高学习实效。分类、分期、分批次组织开展习近平新时代中国特色社会主义思想、习总书记关于教育的重要论述、习近平总书记在福建工作期间的重要理论和实践探索的专题培训，引领广大师生学深悟透，更好地指导实践。要以问题导向加强全国重点马克思主义学院建设，集中力量建强马克思主义理论学科群，深入推进习近平新时代中国特色社会主义思想进教材、进课堂、进学生头脑，不断增强思政课的思想性、理论性和亲和力、针对性。充分发挥学科、平台和人才优势，引导和支持教师开展专项研究、重大课题攻关等，推动形成一批高水平、有特色、有影响的研究成果。开展形式多样的宣传、宣讲和解读,实现精准传播、有效覆盖,推动党的创新理论入脑入心、飞入寻常百姓家。

二要抓好"关键少数"。领导干部岗位重要、责任重大,理应在学习上有更高标准、更严要求。要根据上级部署要求,精心组织开展"不忘初心、牢记使命"主题教育,引导领导干部先学一步、多学一些、学深一点,将学习贯彻的过程转化为武装头脑、指导实践、推动工作的过程。当前要认真学习贯彻习近平总书记参加福建代表团审议时的重要讲话、在学校思想政治理论课教师座谈会上的重要讲话精神,与深学细悟笃行习近平新时代中国特色社会主义思想结合起来,紧密联系思想和工作实际,在改造主观世界上下功夫,在研究解决突出问题上下功夫,为广大党员干部立好标杆、作出示范。

三要加强监督检查。开发使用"学习强国",是思想武装和现代技术有机融合的创新探索,也是不断兴起"大学习"热潮的有力抓手,上周我在学习贯彻习近平总书记在学校思政课教师座谈会上的重要讲话精神专题会上,对我校"学习强国"使用工作作了强调,希望各单位党委继续加强督促,引导广大党员进一步把这平台用好、把新思想学好。在"四合一"检查中,要重点对学习贯彻习近平新时代中国特色社会主义思想,习总书记关于教育的重要论述和全国、全省教育大会精神情况进行督促检查,引导广大党员干部经常对标对表、及时校准偏差、提高学习实效。

二、着眼"两个维护",政治建设要突出核心、再坚定

政治建设是党的根本性建设,"两个维护"是政治建设的首要任务。我们要坚持以政治建设为统领,引导和推动全校各级党组织和党员干部,始终自觉地在政治立场、政治方向、政治原则、政治道路上,同以习近平同志为核心的党中央保持高度一致。

一是认识上要再深化。"两个维护"的内涵是特定的,维护习近平总书记的核心地位,对象是习近平总书记而不是其他任何人;维护党中央权威和集中统一领导,对象是党中央而不是其他任何一级党组织。全校各级党组织和党员干部要进一步深化认识,牢记自己的第一身份是党员、第一职责是为党工作,不

断增强对以习近平同志为核心的党中央的政治认同、思想认同、情感认同，真正把"两个维护"内化于心、外化于行。

二是行动上要紧跟随。做到"两个维护"，关键要看行动，最终要看效果，最直接的体现就是把党中央决策部署不折不扣地落实。党员领导干部要从知行合一的角度来审视自己、要求自己、检查自己，以贯彻落实党中央决策部署的实际成效来检验"两个维护"。今年，省委把学习贯彻习总书记重要指示批示精神情况作为工作落实、检查考核、巡视巡察的首要任务，我们也要深入一线进行近距离、常态化监督，严肃查处空泛表态、应景造势、敷衍塞责等问题，确保政令畅通、落实到位。

三是纪律上要挺在前。各级党组织要严格落实从严治党主体责任，严守政治纪律和政治规矩，坚决抵制和防治"七个有之"，做到"五个必须"，做政治上的明白人、老实人，坚决防止和纠正一切偏离"两个维护"的错误言行。我校是哲学社会科学重镇，意识形态工作任务十分艰巨。这两年意识形态问题接连发生，这警醒我们意识形态工作任何时候都只能加强，不能削弱。要严格落实意识形态工作责任制，加强意识形态工作纪律的宣传教育，让每位教师都知晓"学术研究无禁区、课堂讲授有纪律、公开发表有要求"，进一步规范课堂、讲座、论坛、报告会、出版物、网络等管理，在大是大非面前敢于亮剑、敢于斗争，坚决反对和抵制各种错误观点，真正做到守土有责、守土负责、守土尽责。

三、着眼强基固本，组织建设要突出规范、再提质

历史和现实都告诉我们，通过组织建设释放出党的组织力，把基层组织建设成为坚强的战斗堡垒，才能为新时代党的建设提供组织保证。要突出基层组织建设这个重点，进一步筑牢基层基础，提升基层活力。

一要突出政治功能。政治功能是基层党组织的"魂"，要把党的领导全面落实到全校各级党组织，更好地把各方面力量动员起来、组织起来、凝聚起来，切实解决基层党组织弱化、虚化、边缘化问题。各二级党委要全面加强对本单位党的建设的领导，扛起主责、抓好主业、当好主角。

要强化一切工作到支部的导向，选优、配强、训好基层党组织"带头人"，确保年底前专任教师党支部书记"双带头人"覆盖率达100%。认真贯彻执行党内法规,严格党的组织生活,全面落实"三会一课"、主题党日、双重组织生活会、民主评议党员、党性分析、谈心谈话等制度,推动基层党组织规范化建设,打通从严治党的"末梢神经"。

二要强化组织观念。组织严密是我们党的光荣传统和独特优势,是我们党的力量所在。全校党员领导干部要进一步强化党的意识和组织观念,相信组织、依靠组织、服从组织,决不能自行其是、自由散漫。要带头贯彻执行民主集中制,坚持集体领导和个人分工负责相结合,严格执行党委会议、党政联席会议和"三重一大"决策制度,不断提升领导班子决策水平和办学治校能力。要严格贯彻执行新形势下党内政治生活若干准则,带头落实重大问题请示报告制度、个人有关事项报告制度,深刻认识到这些绝不是个人"小节",而是检验一名干部合格不合格、对党是否忠诚老实的"试金石",必须严格遵守执行。

三要注重改革创新。高校党的建设有其自身的规律和特点,随着学校事业发展,党建工作也面临不少新情况新挑战。要紧密结合教师、党政干部、本科生、研究生等不同群体的实际,积极探索兼具政治性、时代性、灵活性的组织形式和活动形式,做到人在哪里、团队在哪里、项目在哪里,党的组织和工作就推进到哪里,提高党的工作覆盖面、吸引力和实效性。要主动占领网络空间,探索完善"互联网+党建"的工作模式,增强党在网络空间的号召力、影响力和凝聚力。

四、着眼风清气正,作风建设要突出服务、再发力

作风关系党的形象,关系人心向背,作风建设永远在路上。我们要以严字当头,坚持抓常抓长、抓实抓细、持之以恒,努力营造风清气正的校园政治生态。

一要弘扬优良作风。加强和改进党的作风建设,核心问题是保持党同人民群众的血肉联系,在高校具体体现为坚持以师生为中心、全心全意为师生服务。要教育引导党员干部增强群众观点,践行新时代群众工作方法,把"理论联系实际""四下基层""马上就办、真抓实干"等优良作风传承好、发扬好,切实解决师生关心的突出问题,更广泛凝聚师生,更有效服务师生。一个人遇到好

老师，是人生的幸运；一个学校拥有好老师，是学校的光荣。要把师德建设摆在更加突出的位置，完善奖惩并重的师德建设长效机制，突出全员全方位全过程师德养成，对师德失范行为坚决"零容忍"，严格落实"一票否决"制，引导广大教师自尊自律自省，主动追求师德高线、严守职业底线、严禁行为红线，努力成为学生真心敬重、毕生难忘、终身受益的"四有好老师"。

二要深化整治"四风"。中央八项规定不是五年、十年的规定，而是长期有效的铁规矩、硬杠杆。要持之以恒贯彻落实中央八项规定精神及实施细则精神和我省、我校具体办法，坚决刹住"四风"，真正严出习惯、化成风俗。这里要特别强调一下形式主义、官僚主义问题。形式主义背后是功利主义、实用主义作祟，政绩观错位、责任心缺失，只想当官不想干事，只想出彩不想担责；官僚主义背后是官本位思想，价值观走偏、权力观扭曲，盲目依赖个人经验和主观判断，严重脱离实际、脱离群众。中央整治形式主义、官僚主义的决心和力度很大，3月11日，中央办公厅专门下发通知解决形式主义突出问题，将2019年作为"基层减负年"。3月21日，省委于伟国书记召开省委常委会议，研究解决形式主义突出问题为基层减负工作，明确要求"重点整治文山会海问题""从严把好会议和文件的数量关、规模关、规格关、质量关，确保发给县级以下的文件、召开的会议减少30％以上"。这次学校把三个会议并在一起、套着开，并把所有需要二级单位签署的责任书集中起来签，就是反对形式主义、减轻基层负担的实际行动。要坚持把形式主义、官僚主义问题作为全面从严治党主体责任检查和校内巡察的重要内容，突出问题导向，强化靶向出击，对准焦距、找准穴位、抓住要害，精准施策、立行立改。各级领导干部要把自己摆进去，带头查摆自身存在的形式主义、官僚主义问题，敢于揭短亮丑，勇于刀刃向内。

三要强化监督执纪。学校纪检监察部门、各单位党组织、二级纪委要敢抓敢管，严格执纪，切实把纪律挺在前面，把党规党纪立起来、严起来。特别是二级纪委要充分发挥监督作用，推动党内监督向基层延伸，落地见效。巡察工作是全面从严治党的重要抓手，这项工作我校抓得紧而又实，得到上级部门的多次肯定。要认真总结经验，深入推进校内巡察工作，突出抓好巡察、整改、收效三个环节，彰显巡察监督的严肃性和公信力。要综合运用"四种形态"，紧盯事关发展全局和安全稳定的重大工程、重点领域、关键岗位，严厉整治损害师生利益的腐败和作风问题，严查"蝇贪"和"微腐败"，筑牢反腐倡廉防线。要完善廉政风险防控体系，找准权力运行的"关节点"、内部管理的"薄弱点"、问题易发的"风险点"，加大改革力度，完善内部治理，规范权力运行，扎紧制度笼子，加强纪律教育，实施精准监督，深化标本兼治，一体构建"不敢腐、不能腐、不想腐"机制。

（作者为福建师范大学党委书记，本文摘自李宝银同志2019年3月29日在全校全面从严治党工作会议上的讲话）

高校党风廉政建设责任追究机制探析

许歌平

为进一步推动高校党风廉政建设，落实党委主体责任和纪委监督责任，促进干部廉洁从政、教师廉洁从教、学生廉洁修身，营造风清气正的校园氛围，必须进一步完善责任追究制度。

一、高校党风廉政建设责任追究存在的主要问题

当前，高校党风廉政建设面临许多新情况、新问题，在责任追究方面存在着"漏追""失追"和"失之于宽、失之于软"等现象，主要表现如下：

（一）责任追究不够重视

个别高校对责任追究的重要性认识不足，重视不够，在落实党风廉政建设责任制过程中，搞形式，走过场，有的没有制定责任追究的相关规定，有的制定了责任追究的相关规定但却没有认真执行。有的对应负责任认识不清，在落实上搞变通，存在责任虚化、空转等问题，党风廉政建设责任制流于形式，没有真正落到实处。

（二）责任追究缺乏主动性

因担心问题暴露后影响学校声誉，影响干部的工作积极性，对应当追责的问题不予追究。有的奉行好人主义，对许多责任追究案件不愿追究，避重就轻，没有组织力量予以调查或不认真进行调查，往往是大事化小、小事化了，有的甚至还捂着、盖着。有的领导干部担心受到打击报复，不敢大胆进行责任追究，有的是上级督办或领导批办的案件才追究，对其他问题能不追究就不追究。

（三）责任追究不够到位

个别高校责任追究力度不够，通报批评、廉政提醒谈话、诫勉谈话的多，给予党纪政纪处分的少。有的没有严格执行"一案双查"制度，对出现大的腐败案件问题，注重处理当事人，对应负领导责任和监督责任的直接领导、分管领导、主要领导及相关责任人问责少、处理少。有的甚至以集体名义逃脱责任，一些违纪责任追究问题打着"集体决定"的招牌，集体承担责任了事，结果是谁也不承担责任。

（四）责任追究机制不顺畅

个别高校党委责任意识不强，没有承担应负的主体责任，主要依赖纪检监察部门。有的高校党委未充分支持纪检监察部门履行职责，影响了工作的开展。有的高校纪委没有积极推进"转职能、转方式、转作风"，主业主责不够突出，监督执纪能力与新形势新要求不适应，监督执纪的权威性和独立性不够。个别高校二级单位领导班子成员履行分工不明确，职责范围不清，存在责任交叉或责任空档现象，导致出现问题后得不到及时处理，责任追究工作难以开展。

二、实施责任追究是落实"两个责任"的重要保障

"没有问责，责任就落实不下去""动员千遍，不如问责一次"。严格责任追究，有利于增强党风廉政建设责任制的实效性和权威性，是贯彻落实党风廉政建设责任制的最后一道防线。

（一）传导责任压力

过去个别高校虽然制定了党风廉政建设规章制度，但实际执行效果并不明显，其中一个重要原因是追究责任少、处罚少，责任主体没有压力感。同时，由于缺乏刚性和具体的、有针对性、可操作性强的规定，一些党员领导干部将党风廉政建设看作是"软任务"，可抓可不抓，致使党风廉政建设责任制难以落到实处。强化责任追究，规定对责任主体不履行责任、出了问题的坚决给予追究，增强了责任主体的压力感，党风廉政建设由"软任务"变成了"硬指标"，有助于使党风廉政建设责任制得到进一步落实。

（二）增强责任担当

过去往往对直接违纪者处分多，而追究领导责任、连带责任的处罚少，特别是对集体负责、集体决定的违纪或错误事项追究责任的更少。有的领导干部甚至认为只要是集体研究、集体讨论决策的错误可以不受追究。实行责任追究制,明确了领导集体和个人在党风廉政建设中应负的责任,出了问题不但要追究当事人,还要追究领导班子集体、分管领导和主要领导者的责任,这就增强了领导干部的责任意识,促使其把党风廉政建设作为分内之事、应尽之责,像抓业务工作一样抓党建。

(三) 促进责任落实

党风廉政建设责任制规定,单位党政主要负责人是本单位党风廉政建设的第一责任人,必须在推进党风廉政建设中负主责、唱主角,做到"四个亲自";领导班子其他成员要认真履行"一岗双责"责任,抓好职责范围内的党风廉政建设和反腐败工作,既要管事又要管人。实行责任追究制,对落实主体责任和监督责任不力的行为实施责任追究,使高校各级领导班子及其成员抓党风廉政建设的责任意识更加强化,目标更加明确,有力促进了党风廉政建设责任制的落实。

三、高校党风廉政建设责任追究机制的构建

(一) 明确责任内容,为实施责任追究奠定基础

责任清才能问责准。只有责任明确、具体,才能使党员领导干部切实履行职责,发生问题追究起来,"板子"才能打到具体人身上。要重点厘清党委的主体责任与纪委的监督责任,制定各个主体的"责任清单",明晰各个主体在党风廉政建设中的权责。要结合高校工作实际,制定党风廉政建设工作任务分工方案、党风廉政建设责任书,分解责任内容,量化责任目标,明确工作责任。根据"谁主管谁负责,谁负责谁担责"的基本要求,将党风廉政建设责任落实到每一个党政领导干部,明确二级学院党政领导同责,不仅要让每一个领导干部明白在党风廉政建设中应该抓什么、怎样抓,而且要清楚对抓不好应负什么责任。

(二) 严格监督考核,增强责任追究的针对性和有效性

严格实行责任追究,不仅要细化责任,明确责任分解,还要认真抓好责任制情况的监督考核,使之经常化、制度化,从而增强责任追究的针对性和有

效性。

1. 坚持多元考核体系。一是将党风廉政建设责任制的落实情况列入干部考察、干部述职述廉的重要内容，作为干部选拔任用的重要依据。二是依托教代会作为参与学校事务、行使民主管理、民主监督的有效形式，将各级领导班子及成员落实党风廉政建设责任和个人廉洁自律情况纳入民主评议的重要内容，促进党风廉政责任制考评的有效进行。三是与审计评价结合起来，充分运用领导干部经济责任等审计评价结果，作为评价领导干部是否廉洁的重要指标，增强考评的有效性。

2. 优化监督考核办法。高校纪检监察部门要认真履行监督责任，根据学校党委确定的全年和阶段性的监督考核重点，通过季度抽查、半年督查、年终考核等途径，采取个人述廉、单位自查、听取汇报、查看资料、民主测评和巡察检查等形式，采取全面检查与专项检查、定期检查与突击检查、跟踪督查与重点抽查、明察与暗访等方式，探索建立常态化、立体化的监督考核模式。借助信息公开工作平台，实行监督考核公示制，利用召开会议、张贴公示、建立网上专栏等形式，对领导班子及其成员落实党风廉政建设责任制的监督考核结果进行公示，使责任考核工作始终置于组织和群众的监督中。

3. 强化考核结果运用。坚持把党风廉政建设责任制执行情况作为党政领导干部年度考核、民主生活会和述职述廉的重要内容，作为对领导班子总体评价和领导干部业绩评定、奖励惩处、选拔任用的重要依据。同时，将考评结果不理想的或者低于一定分数的领导班子和领导干部，通过诫勉谈话、公开述职述责等形式使其认清工作状况，厘清存在的问题，有针对性地改进工作。同时要注意举一反三，解剖工作案例，使领导干部切实增强责任心，真正用心用脑，抓好责任制落实。

（三）严格责任追究，推动"两个责任"的落实

实行责任追究，要建立健全行之有效的责任追究机制，做到有错必纠、追究必严，通过责任追究，传导压力，促进党风廉政建设责任制的落实。

1. 规范责任追究程序。要制定出台党风廉政建设责任追究办法，对责任追究情形、责任追究方式、责任追究的办理和结果运用等方面作出具体的规定。一要明确问责的启动程序，由纪检监察部门按照职责和权限向党委提出意见和

建议。二要明确问责的具体调查部门，如需追究党纪、政纪责任的，由纪检监察部门按党纪、政纪案件的调查处理程序办理；需给予组织处理的，由组织人事部门或负责调查的纪检监察部门会同组织人事部门，按有关权限和程序办理。三要严格问责的调查程序及工作规范，对问责案件的分析定性、建议提出、研究决定等每个程序、每个环节，都严格按照规定操作。

2. 严格区分责任，明确追责对象。坚持"严格要求、实事求是，权责一致、惩教结合"的原则，坚决防止不追究或追究不到位的情况。一要分清错误的事由，对不履行规定职责、不正确履行规定职责，以及其他与职责无关但损害学校形象的不良道德行为，严格区分，区别处理。二要严格区分集体责任与个人责任，避免出现个人领导责任变成集体领导责任，集体领导责任变成谁也没有责任的情况。三要严格区分主要领导责任与重要领导责任，追究领导班子集体责任时，主要负责人和直接主管的领导班子成员承担主要领导责任，参与决策的班子其他成员承担重要领导责任。

3. 加大责任追究力度。坚持权责一致、有责必问、有错必究，对党风廉政建设不力、本单位出现腐败问题或不正之风不及时解决，造成恶劣影响或损失的，要严厉进行责任追究。对不履行或不正确履行党风廉政建设主体责任或监督责任，导致不正之风滋长蔓延，或者出现腐败问题不制止、不查处、不报告的，实行责任倒查追究，既要追究第一责任人的责任，又要追究主管领导的责任，还要追究参与决策的相关领导干部的责任。实行责任再追究制，高校纪委要加强对下级党委实行责任追究的情况进行监督检查，发现存在应追究责任而未予追究的问题，应责令下级党委予以纠正，同时应根据具体情况，对违反责任追究规定或落实不力的应实行严肃的再追究。

（四）完善纪检工作机制，促进监督责任落实

高校纪检监察部门是党风廉政建设责任追究的主要部门，是确保责任追究落实到位的最后一道"防火墙"。

1. 提高监督执纪能力。要认真落实中央纪委"转职能、转方式、转作风"要求，聚焦中心任务，突出抓好主业主责。明确高校纪委书记工作分工，除了纪检监察审计工作，不再分管其他业务工作。要全面梳理纪检监察部门参与的议事协调机构，强化监督执纪问责，集中精力抓好信访举报办理、案件查办和

权力运行监督等工作。要积极创新工作理念，不断改进和完善监督方式方法，提高监督实效。

2. 加强纪检监察干部队伍建设。新形势新任务对纪检监察干部队伍的思想作风、能力素质、纪律约束提出了新的更高要求。要健全内控机制，严格教育、严格要求，严格管理，严格监督，用铁的纪律打造组织信任、师生信赖的纪检监察干部队伍。纪检监察干部要做到心中有党，对党忠诚，敢于担当、严于执纪、善于监督、勇于问责。要严守政治纪律、组织纪律、办案纪律和保密纪律，自觉做遵纪守法的表率，克服不想监督、不敢监督的问题。

（作者为福建师范大学原纪委书记，本文摘自许歌平同志2015年10月在教育部直属高校和省部共建高校纪委第六片组专题研讨会上的发言材料）

创新纪检监察工作机制
推动高校全面从严治党向纵深发展

黄清波

福建师范大学纪委深入学习贯彻习近平新时代中国特色社会主义思想和党的十八大、十九大精神，认真落实福建省委、省纪委和省委教育工委关于全面从严治党的部署要求，认真执行《党章》，紧紧围绕省纪委"五抓五重"的要求，坚持问题导向，积极创新纪检监察工作机制，认真履行监督执纪问责的职责，推动全面从严治党向纵深发展，积累了初步经验。

一、探索建立政治纪律政治规矩维护机制

（一）加强对理论武装的督促检查

坚持思想引领，把深入学习贯彻习近平新时代中国特色社会主义思想和党的十九大精神作为一项重要政治任务，加强部署、推动、指导和监督检查。督促各级党组织第一时间组织师生收听收看十九大报告，开展形式多样的理论学习和宣传阐释，推动"进教材、进课堂、进头脑"，原原本本学，专家辅导学，联系实际学，研讨交流学，持之以恒学，真学真懂真信真用，真正做到思想上、政治上、行动上与以习近平同志为核心的党中央保持高度一致。协助党委、督促协调相关单位发挥"南方坚持马克思主义的重要阵地"优势，在全省高校率先成立习近平新时代中国特色社会主义思想研究院、青年学生习近平新时代中国特色社会主义思想研习传播社，举办多场高端学术会议，组织领导干部、社科专家在《求是》等重要报刊推出理论文章60余篇。督促协调宣传部门、校团委依托"小葵"与中央组织部、省纪委、省委组织部等合作开发了准则大家学、

条例轻松学、"七个新"速览十九大精神等一批文创产品，推动新思想入脑入心。

（二）加强对守纪律讲规矩情况的督促检查

教育引导各级党组织、党员干部守纪律讲规矩，牢固树立"四个意识"，坚定"四个自信"，自觉维护习近平总书记在全党和党中央的核心地位，自觉维护党中央权威和集中统一领导。坚持和维护民主集中制，督促落实党委领导下的校长负责制，推动关系学校发展全局的校院两级体制改革、绩效分配方案、职务评聘办法等"三重一大"事项均上会研究。协助党委履行好全面从严治党政治责任，及时传达学习和坚决贯彻上级部署，全年有26次党委常委会传达学习了中央、省委等上级精神，审议全面从严治党有关议题108个，制定或转发10多个指导性文件，召开全面从严治党、党风廉政建设、党建和思想政治等专题会议进行动员部署，推动各项工作健康有序开展。

（三）加强对严肃党内政治生活的监督检查

督促执行新形势下党内政治生活若干准则，督促校院两级领导班子和领导干部认真开好民主生活会，校党委常委分别参加相关基层党组织的民主生活会并作点评指导。责成有党员违规违纪的2个支部召开专题组织生活会，责成有失职失责行为的2个二级单位负责人在民主生活会上开展自我批评。督促落实"三会一课"制度，领导干部坚持以普通党员身份参加所在党支部的组织生活，校党委常委累计参加支部活动86次，带头上党课7次。

（四）加强对校园意识形态政治纪律的维护

督促组建学校网络舆情监测团队，全面开展教职工微信公众号、微博账号的登记摸排工作，组建校院两级监测体系。学校成立教师工作部，督促制定教职工网络行为规范。严格维护意识形态领域政治纪律，严肃查处2起利用微博微信发布错误言论的违纪行为，给予政纪处分2人，"一案双查"1名学院党委负责人，开展案件警示教育2次，成立2个校领导任组长的思想转化帮扶工作小组开展。加强校园宗教渗透的防控工作，成立学校宗教工作领导小组及其办公室，挂靠学校统战部，开展党员信教、教师信教情况摸排工作，严肃查处非法传教行为，教育引导师生防范宗教渗透。

二、探索建立全面从严治党主体责任落实机制

（一）制定全面从严治党主体责任工作清单

为推动全面从严治党主体责任落细落小落实，学校围绕"抓加强教育、抓制度建设、抓关键少数、抓监督执纪、抓部署检查"等五个方面，制定了校院两级落实全面从严治党主体责任工作清单，学校党委有18条工作清单，党委书记有15条工作清单，班子成员有15条工作清单。工作清单突出高校特点、办学规律和职能定位，突出马克思主义思想引领，突出培养社会主义建设者和接班人，把坚持社会主义办学方向、教书育人、立德树人、思想政治工作、意识形态工作、人才培养等核心要素纳入其中，并提出细化量化的工作要求，把领导干部的时间、精力和智慧凝聚到部署推动全面从严治党各项工作上。

（二）开展落实全面从严治党主体责任全程纪实试点工作

在制定全面从严治党主体责任工作清单的基础上，开展全程纪实试点工作，加强日常记录、跟踪和提醒，推动各项工作落到实处。突出抓好几个环节：一是为什么纪实。把推动工作作为纪实目的，以纪实促落实，绝不为纪实而纪实，避免形式主义。二是纪实什么。就是做什么记什么，群众关注的重大事项、重大风险防控、重大问题处置等重点记，常规性的不记，避免流水账。三是怎么纪实。建立以电脑为基础的纪实平台，自主设计专用软件，避免临时增补。四是纪实结果怎么用。就是监测、提醒、考评。至今，学校党委共录入纪实内容200多项，党委书记共录入120多项，其他班子成员共录入600多项，每一条记录都是每一项工作。

（三）推动主体责任向下延伸

加强全面从严治党、党风廉政建设的部署推动，组织召开学校党风廉政建设工作会议，组织校、院两级党委签订全面从严治党、党风廉政建设责任书，建立校领导挂钩联系二级学院制度，把督促落实党风廉政建设责任制纳入工作内容。制定了二级学院党委全面从严治党主体责任工作清单，开展二级单位党组织书记抓基层党建述职评议，强化书记抓党建工作职责。推动召开3次校院两级建设高水平大学会商会，把管党治党、办学治校、人才培养等纳入会商内容，校党政领导班子成员逐个点评每个学院工作方案，有力地推动了全面从严

治党落到实处。组织开展由校领导带队的二级单位落实全面从严治党主体责任专项检查，推动问题整改和责任落实。

三、探索建立全面从严治党"1+X"联动机制

（一）开展中央八项规定精神执行情况"1+X"专项督查

福建省纪委、省教育纪工委在开展中央八项规定精神监督检查中，全面推行"1+X"专项督查，1是纪委，X是各职能部门，较好地发挥了部门监督、纪委监督再监督的作用。督促制定、修订和落实《深化落实中央八项规定精神的若干规定》《会议费管理办法》《差旅费管理实施细则》《公房配置与缴费暂行办法》《公共租赁住房管理实施细则（试行）》《公务用车制度改革实施方案》等系列规章制度，用制度推动中央八项规定精神落地生根。督促职能部门开展专项检查和专项整治，推动开展了公共租赁住房专项清理整治工作，共清退违规租住的公有住房152套+93间，解决了146名无房教职工租房问题；深入开展公务用车改革，取消一般公务用车，推进学校公务用车规范化管理；推动开展科研经费专项检查，对2015年以来10万元以上的科研经费开支情况进行全面梳理，督促项目人及时规范使用科研项目经费。

（二）延伸拓展"1+X"机制

把"1+X"机制延伸拓展到全面从严治党各个方面，形成纪检监察部门、各职能部门互动联动、齐抓共建的格局。督促组织部门加强对二级学院党政联席会议制度落实情况的组织、推动、指导和监督，督促宣传部门加强对校院意识形态管控工作的部署、指导和日常监督，督促办公室加强对公务接待、公车管理的监管，等等，把各方面的资源和力量整合起来，形成强大工作合力，有效避免了监督检查纪委孤军作战的局面，带动了部门"一岗双责"落到实处。

四、探索建立校内政治巡察机制

（一）加强部署推动

福建省教育工委要求全省高校全面开展校内巡察工作，并出台了指导性意见。学校制定了巡察工作方案，成立了巡察工作领导小组，党委书记任组长，分管党建工作党委副书记、纪委书记任副组长，常设了巡察办，挂靠纪委办，

设立2个巡察组，增加了4个编制和2个处级、2个科级干部职数，2017年下半年在2个二级单位开展了试点，今年来已启动4个单位巡察，全年计划巡察14个单位。

（二）坚持分类指导

在巡察工作方案、巡察程序等统一的情况下，实行一院一策、一处（部，企，校）一策，不同单位巡察人员组成、巡察重点问题、巡察重要观测点、巡察整改重点等也有所不同，力求更切合被巡察单位的实际，增强巡察工作的针对性、实效性和可操作性。

（三）建立巡察人才库

坚持用人、育人相结合，从二级单位负责人中遴选部分人员组建组长人才库，从重要职能部门遴选部分业务骨干组建组员人才库，根据被巡察单位具体情况，针对性选配巡察组组长和组员，并由巡察工作领导小组审定，确保人员质量和工作质量。同时，注重在巡察一线锻炼、考验和培养干部，提高政治站位，提升思想政治素质和综合业务能力，增强纪律规矩和依规依纪意识。

（四）探索建立"1+X"巡察机制

1是巡察组，是探头；X是各职能部门，是保障，随时跟进，协同认定疑难问题，比如物资采购问题请资产处协同认定，意识形态问题请宣传部协同认定，基层组织建设问题请组织部门协同认定，等等，一方面，可以增强认定问题的准确性，另一方面，为部门联动整改奠定基础。

（五）坚持问题导向

开展校内巡察，重点查摆党组织核心作用发挥、加强党的建设、落实全面从严治党主体责任、执行"六项纪律"、开展思想政治工作、防控廉政风险等六个方面的突出问题。同时，建立健全巡察问题收集、汇总、汇报、反馈、整改等配套机制，推动问题解决、工作规范和风险防控。

五、探索建立干部人才监督管理机制

（一）开展学校政治生态的摸排工作

整体把握学校"树木"与"森林"状况，加强动态分析，协助党委有针对性地加强政治生态建设。加强对二级学院领导班子运行状况的监测与分析，对个别有不团结、不上进倾向的二级学院班子进行重点跟踪、谈话提醒和化解矛盾，帮助提升转化。全面建立处级干部廉政档案，重点把干部履历表、党员基本情况、群众信访情况、党性分析材料、述责述廉报告、个人报告事项抽查情况、出国境情况等内容纳入其中，对纪检监察对象进行多维度"画像"，做到一人一档、一人一册，为做好廉洁把关和纪检监察工作奠定基础。

（二）深化运用监督执纪"四种形态"

坚持挺纪在前，抓早抓小，开展谈话提醒、批评教育、通报批评10人，谈话函询15人，诫勉谈话3人；加强纪律审查工作，全年立案2件，党内严重警告1人，行政记过1人，组织处理1人，并在全校开展2次警示教育，以身边事教育身边人。建立信访问题整改落实机制，由校纪委办下发整改通知书，责成相关单位和个人整改解决信访问题，做到件件有落实、事事有回音。

（三）坚持正确选人用人导向

监督组织部门建立科学动议办法，分层次、分类别召开多场测评推荐会议，全面深入了解干部表现和群众基础，为动议提供重要参考。督促落实"凡提四必"要求，对55名拟提任人选的个人有关事项报告进行重点核查，切实把好干部提任的政治关、廉洁关、形象关，暂缓提任1人，批评教育6人；校纪委对10名有群众反映的拟提任干部进行核查认定，严把廉洁意见回复关；做好考察预告、任前公示、全程纪实等工作，自觉接受群众监督，全面开展廉政谈话，由党委书记、纪委书记分别对新选任的55名副处级干部、新选聘的28名中层干部进行廉政谈话，上好上任前的第一节廉政课。

六、探索建立权力运行制约监督机制

（一）加强廉政风险防控

深化廉政风险警示教育，校纪委书记作"严格遵守纪律制度，全面防控廉政风险"专题报告，全面分析高校面临的违反"六项纪律"，以及形势不清、意识形态、制度漠视、为官不为等十个方面廉政风险，研究提出了防控的对策与措施。编发《纪检监察信息》通报典型问题和典型案例，坚持重要节日廉政短信提醒。制定实施《内部控制建设工作方案》，有效防范舞弊和预防腐败，提高学校内部管理水平。

（二）加强权力运行的制约监督

全面梳理校院两级人才选聘权、资金使用权、经费审批权、资产处置权、物资采购权、项目评审权、学术评价权、评优评选推荐权、学生干部选任权、研究生推免权、入党审批权、学生成绩评定权、执纪审查权等各种重要权力，形成权力清单，逐一绘制权力运行流程图，接受群众监督，把权力关进制度的笼子里。进一步发挥二级党组织纪检委员的监督作用，加强对权力运行的监督。

（三）发挥内部审计的"免疫系统"作用

制定出台《审计工作领导小组议事规则》《审计"八不准"工作纪律》，探索建立审计决策、会商、通报、反馈、整改等工作机制，不断增强审计工作活力。2017年完成各类审计178项，审计资金量2.94亿元，核减工程资金1002.95万元。全面推行党政主要领导干部经济责任同步审计，2017年完成了10位领导干部的经济责任审计，累计发现问题41个，提出审计建议41条。首次开展审计"回头看"，对2014—2016年审计发现问题整改情况进行全面检查，对未整改到位的限期整改，提高审计结果运用的实效性。

（作者为福建师范大学党委常委、纪委书记）

严格遵守纪律制度　全面防控廉政风险

黄清波

象牙塔已非净土，高校并非清水衙门，我们的教职工也非空心稻草人，有家人，有亲情，有七情六欲。高校腐败案件易发多发，2013年至2016年底，中国纪检监察报等媒体公开报道已被查处的高校领导干部达128名，高校党政一把手占50%多，2017年又公开报道了几十号人，没有报道的还更多，很严峻。可以说，风险就在眼前，危险就在身边。对知识分子厚爱一层，怎么厚爱，不是说有错误不处理，有偏差不纠正，有责任不追究，那是纵容，那不是厚爱；厚爱一层，要体现在关口前移上，宣传教育靠前，谈话提醒靠前，建章立制靠前，风险防控靠前，让教职工懂界限、明底线、存戒惧、避风险，做到能干事干成事不出事。在高校，有十个方面廉政风险尤其要重点防控。

一、形势不清的风险

党的十八大以来，中央持续加大党风廉政建设和反腐败斗争力度，呈现了新走势、新形势，我个人概括为"四个大""六个越来越严"：

（一）"四个大"

第一个大，决心大：体现在几个关键字眼：零容忍，刮骨疗毒，壮士断腕，猛药去疴，重典治乱，上不封顶；有腐必反、有贪必肃，铲除腐败滋生蔓延土壤。这些字眼很有力度，也是常见词。习近平总书记逢会必讲，作出了一系列重要讲话和重要指示。仅中央八项规定精神，中央政治局会议就开了16次，政治局常委会开了27次，习总书记作了61次批示，开展了28次专题调研，当然，这个数字还在变化。在十八届中纪委六次全会上，习总书记提出了"两个没有变""四个足够自信"。两个没有变：党中央坚定不移反对腐败的决心没有变，坚决遏制腐败蔓延的势头没有变。四个足够自信：对党中央在反腐败斗争上的决心要有足够自信，对反腐败斗争取得的成绩要有足够自信，对反腐败斗争带来的正能量要有足够自信，对反腐败斗争的光明前景要有足够自信。所以，党风廉政建设和反腐败斗争永远在路上，十八大抓，十九大以后继续抓。

第二个大，声势大：中纪委2014年4月开通网站"纠正四风监督举报直通车"，2015年6月开通手机客户端"反四风一键通"，2016年1月开通微信"四风举报"平台，平均每天通报曝光7.3人，既要处理你，更要通报你。各级纪委案例通报一茬又一茬，指名道姓，不留情面。媒体不断发声，4集《作风建设永远在路上》专题片、8集《永远在路上》大型电视专题片、3集《打铁还需自身硬》电视专题片、52集的反腐电视大片《人民的名义》，最近又推出4集的《巡视利剑》，氛围很浓，震慑很大。

第三个大，力度大：查处了周永康、郭伯雄、徐才厚、令计划、孙政才、苏荣等国级干部，河北省委原书记周本顺、福建原省长苏树林、天津市原代理书记市长黄兴国等在任书记、省长。十八大以来中纪委查处的中管干部数量，查处的中央委员、候补中央委员、中央纪委委员总数和比例，比以往任何一届都多得多，可以说前所未有。

第四个大，成效大：我概括为"三个赢得"：一是赢得了重大胜利。"四风"问题得到有效整治，风清气正正在形成氛围。习近平总书记在中纪委七次全会上指出："反腐败压倒性态势已经形成，不敢腐的目标初步实现，不能腐的制度日益完善，不想腐的堤坝正在构筑，党内政治生活呈现新的气象。"对于反腐败的表述，十八大以来一直在变化，2013年是要遏制腐败现象滋生蔓延势头，2014年是党风廉政建设和反腐败斗争取得新进展，2015年是腐败与反腐败处于胶着状态，2016年是反腐败压倒性态势正在形成，2017年是反腐败斗争压倒性态势已经形成并巩固发展，可以说持续向上向善，势头良好。二是赢得了党心民心。国家统计局在22个省市区开展问卷调查显示，92.9%的群众对党风廉政建设和反腐败工作成效表示满意和比较满意，比2012年提高了17.9个百分点。中国社会科学院的一项调查显示，97.3%的领导干部、98%的普通干部、94.4%的企业人员、84.2%的城乡居民对中国反腐败表示有信心或比较有信心，老百姓对政府的满意度达到92%。三是赢得了国际尊重。按照习总书记的说法：占据了国际道义的制高点，赢得了国际社会的尊重。以前，很多西方国家老拿我们腐败问题说事，现在我们强有力的反腐倒逼他们支持我们开展国际追逃，现在支持我们的国家和地区有90多个，这个数字还在变化，亚太经合组织、G20等积极响应中国的反腐败倡议。

（二）六个"越来越严"

1. 管党治党越来越严。突出体现在管党治党体制机制的创新，"两个责任"，"两个为主"，"两个覆盖"，省委提出了"五抓五看"的工作部署，省纪委提出了"五抓五重"的工作要求，省里还制定出台了党风廉政建设主体责任清单、监督责任清单等一系列指导性文件。特别是巡视的利剑作用越来越明显，据媒体报道，落马的中管干部，60%以上是巡视发现的。管党治党越来越严，还体现在制度治党的步伐明显加快，党的十八大以来制定了90多部党内法规制度，显现了持续向上的势头，初步形成了以党章为根本遵循的较为完整配套的党内法规制度体系，制度笼子越织越密越细越牢。

2. 责任追究越来越严。中央反复强调，要把问责作为杀手锏，动员千遍、不如问责一次，问责一个、警醒一片，问责要成为常态，发挥震慑效应。中央出台了问责条例，对管党治党不严不力的情形进行问责，这是第一部把管党治党失职失责作为问责的专门法规。前不久公布的民政部原部长李立国被严肃问责，留党察看两年，行政撤职，降为副局级非领导职务，就是因为管党治党不力，严重失职失责，所辖单位发生系统性腐败问题。我们省福州市交通集团、宁德科技局、厦门环保局、泉州丰泽区法院等单位，因单位系统发生多起腐败案件，原主要领导受到了严肃的"一案双查"。根据中纪委统计，2014年以来，全国共有7020个党组织、430个纪委（纪检组）和6.5万余名党员领导干部被问责。这就要求我们不仅要廉洁自律，更要落实好党风廉政建设责任制，保证分管的领域和部门不出事。

3. 纪律审查越来越严。中央一再强调党纪党规严于国家法律；把纪律挺在前面，使纪律成为管党治党的尺子、不可逾越的底线，绝不能让纪律成为一纸空文、纸老虎、稻草人、软约束。党的十八大以来，全国重点审查违反政治纪律和组织纪律问题，抽查核实了6万多名领导干部个人报告事项，基本完成对全国副处以上裸官的清理工作，全国开展了超职数配备干部专项整治；去年省里重点对处级以上干部档案进行全面核查。现在干部提任提出了"凡提四必"，凡提必查，查个人重大事项报告情况，对新提任的厅级、处级干部，一旦发现不实、差距较大，一律暂缓提拔；凡提必审，审查档案，撰写廉政对照检查材料；凡提必考，廉政测试，不及格的还要再考；凡提必听，听取纪委意见，看是否有不廉洁的行为，看是否有群众重大信访件。为防止带病提拔，中央强调要严把干部的政治关、廉洁关、形象关。把好形象关，这是新要求，我感到，这样对干部的要求更全面、更完整，很难想象，一个不作为、群众评价不好的干部如果被提拔了，群众会怎么看我们的党组织？形象关怎么把，我感到，要从工作态度好不好、群众评价高不高、担当作为行不行、工作作风实不实、生活方式健康不健康等各个方面来把握，多维度对干部形象进行精准描绘。这就要求我们平时不仅要讲政治，讲廉洁，也要讲形象，用自己的言行、作为、品德、人格树立好形象，不断夯实自己可持续发展的基础。

4. 正风肃纪越来越严。中央高度重视作风建设，制定并践行了中央八项规定精神，全国先后开展了党的群众路线教育实践活动、"三严三实"专题教育、"两学一做"学习教育，积极推进会员卡清理、公车改革、治理超标办公用房、规范高级干部公有住房管理等一系列专项整治，持之以恒纠正"四风"。各级纪委加大了对违反中央八项规定精神的纪律审查力度，十八大以来累计查处了18.9万起、25万多名干部，呈现了越往后执纪越严、处理越重的态势。为了加强日常教育管理和监督，中央提出了监督执纪"四种形态"，也就是要让红红脸、出出汗成为常态；党纪轻处分、组织调整成为违纪处理的大多数；党纪重处分、重大职务调整的成为少数；严重违纪涉嫌违法立案审查的成为极少数。"四种形态"要求不是低了，而是更高了，更加科学化、日常化，对纪委来讲，工作量更大。

5. 惩治腐败越来越严。中央对腐败现象零容忍，反复强调没有"丹书铁券"，没有"铁帽子王"。现在惩治腐败有这么几个特点：第一，不受官大官小限制，"老虎"、"苍蝇"一起打。既打了周永康、郭伯雄、徐才厚、令计划、孙政才、苏荣等大老虎，也打了一大批小苍蝇，小官巨贪。国家发改委煤炭司副司长魏鹏远受贿2亿多元，"人民的名义"赵德汉的原型。山西吕梁原市委常委、副市长张中生利用煤炭资源整合、项目审批等事项受贿10.4亿元，走到哪里收到哪里，最后被判处死刑。这些贪得无厌的家伙不抓行吗？2014年以来，各级纪委严肃查处了群众身边的腐败行为，有3.2万名乱作为、不作为的基层党员干部，27.8万名村党组织书记、村委会主任被追责。

第二，不受区域限制，31个省市区全覆盖，跑到国外也要抓。习总书记强调，不能让国外成为腐败分子避罪的天堂。根据人民银行统计，90年代以来，我国携款外逃1.8万人，携款8000亿人民币。2014年以来，国际追逃已抓回3453人，追赃95.1亿元，涉及90多个国家和地区，"百名红通人员"中已有48人落网。这些数字还在增加。这些逃到国外的人员生活大多不尽人意，有的语言不通，有的生活不习惯，有的像过街老鼠整天担惊受怕，有的躲避警察追捕惶惶不可终日，有的甚至客死他乡，下场很悲哀，慨叹"早知如此、何必当初"。

第三，不受职业限制，军队照样查，十八大以来查处的将军多达三位数，包括郭伯雄的儿子郭正钢，浙江省军区副政委，这是什么概念，我们在革命战争年代牺牲的将军也没这么多，可见糖衣炮弹的威力和杀伤力多可怕。党和国家培养一个将军，要花多少金钱、时间和精力，最后不是倒在战场上，而是倒在权力上、官场上，真让人心疼。纪检系统也不例外，十八大以来，全国纪检系统处分违纪干部1万多人，组织处理7600多人，谈话函询1.1万人；中纪委机关就立案22人、组织调整24人，谈话函询232人，包括魏健、曹立新两位局级干部。各级纪检机关还设置了干部监督室，加强对纪检监察干部的监督管理。"灯下黑"问题的解决，回答了谁来监督纪检监察干部的问题，也诠释了严肃执纪无死角、没有不受监督的特殊党员的道理。

第四，不受年龄限制，周永康、徐才厚、郭伯雄，江西省人大原副主任陈安众、四川省人大原副主任郭永祥、安徽省原副省长倪发科、湖北省政协原副主席陈柏槐等都是退休后被查，现在有个规定，党风廉政建设责任终身制。所以，已经没有安全着陆的说法，退休了也不安全，想安全着陆，唯一的出路就是一生廉洁，这才是永久的保护符。

第五，不受提任限制，河北省委原书记周本顺，福建省省原长苏树林，四川省委原副书记李春城，天津市原市委代书记市长黄兴国，都是十八大后提拔重用的。今天你优秀可以提拔你，明天你腐败照样查处你。现在有些干部有三怕，一是怕省上开会、参加培训，很多人在会场直接被带走，再也回不了家。二是怕提拔重用，公示期间群众举报，查实了违纪违法行为，不仅上不去，反而关进去。三是怕工作调动，调虎离山，便于下手。当然，这是因为他们心中有鬼，屁股不干净，如果自己干干净净、坦坦荡荡、踏踏实实，就什么都不怕，半夜也不怕鬼敲门。这个道理值得我们深思。

第六，不受传统限制，法不责众已成历史，有多少抓多少，上不封顶。湖南衡阳贿选案给予党政纪处分467人，移送司法处理69人；四川南充贿选案，查处477人；辽宁人大贿选案查处955人，其中中管干部34人。

6. 督促检查越来越严。省里连续7年由省领导带队，开展落实全面从严治党、党风廉政建设责任制检查，现在多了一个环节"回头看"，看你有没有认真整改，整改不认真的要问责党委书记、纪委书记。还有巡视制度，我省上一届已实现巡视全覆盖，这一届又开展了，我们学校也将面临新一轮巡视的考验。各地还开展了巡察工作，我们学校也开展了校内巡察工作，目的是解决问题、规范工作、排除隐患，最后引导大家严格按照制度办事、按照规矩办事。

我国反腐败的这些新走势，如果认识不清，我们将无法保持坚定的政治方向，无法准确无误理解政策和把握细节，就难免会出现廉政风险。所以，我们要牢记：一是要始终严以律己，管住自己，管住家人，管住身边人。现在，违纪违法没人敢保，过问案情要登记，干预办案要问责。二是要转变思维惯性，否则就要栽跟斗，吃、拿、卡、要、喝、收等都不是小事，而是大纪律。以前我们有首歌的歌词：这张旧船票能否登上你的客船？现在答案很明确：坚决不行。三是要牢固树立纪律制度意识，制度要学习，政策要把握，底线要守住，要依规依纪从政从教，一切按制度办事。四是要严格把握政策界限，公私界限要分明，决不能损公肥私、以权谋私、化公为私。五是践行好执纪问责"四种形态"，抓早抓小，有错误倾向就尽早提醒，有小错就抓紧纠正，有违纪就马上处分，避免由破纪走向破法，最后酿成人生的悲剧、家庭的悲剧。

二、违反政治纪律的风险

习近平总书记高度重视严明政治纪律，强调指出："在所有党的纪律和规矩中，第一位的是政治纪律和政治规矩。""政治纪律是最重要、最根本、最关键的纪律。""政治纪律是打头、管总的。""一个政党，不严明政治纪律，就会分崩离析。"中央高度重视违反政治纪律审查工作，在中管干部典型违纪案件通报中，违反政治纪律或政治规矩，始终摆在第一位。十八大以来，全国共立案审查违反政治纪律案件1.5万件，处分1.5万人，其中中管干部112人。党的十九大报告要求把党的政治纪律建设摆在首位，各级纪委也加大了对违反政治纪律的执纪审查力度。有几个方面要特别留意。

（一）无视政治纪律

习近平总书记在十八届四中全会上指出："一些人无视党的政治纪律和政治规矩，为了自己的所谓仕途，为了自己的所谓影响力，搞任人唯亲、排斥异己的有之，搞团团伙伙、拉帮结派的有之，搞匿名诬告、制造谣言的有之，搞收买人心、拉动选票的有之，搞封官许愿、弹冠相庆的有之，搞自行其是、阳奉阴违的有之，搞尾大不掉、妄议中央的也有之，如此等等。有的人已经到了肆无忌惮、胆大妄为的地步！而这些问题往往没有引起一些地方和部门党组织的注意，发现了问题也没有上升到党纪国法高度来认识和处理。这是不对的，必须加以纠正。"这"七个有之"，是无视党的政治纪律和政治规矩的具体表现，中央对此高度警觉，态度是坚决清除、坚决斗争、坚决反对、坚决纠正，作为高校的教职工，特别是中层以上干部，我们一定要牢牢记住、坚决防止。

（二）执行中央决策部署不坚决

比如，在一些地方干部考核中，拒不执行党中央关于不能简单以GDP增长论英雄的重要指示，反而更加突出对GDP的考核，导致了一些高耗能高污染的企业依然上马。甘肃省贯彻执行中央关于祁连山国家级自然保护区的决策部署不力，致使保护区环境遭受严重破坏，省委、省政府，兰州市委、市政府相关领导及相关部门受到了严肃问责。所以，我们要坚决贯彻执行中央决策，不含糊、不迟疑、不打折扣，时刻检查是否落实到位；想问题、做决策、办事情，必须事先考虑符合不符合中央和省里的要求。特别是党的教育方针必须不折不扣贯彻执行，比如社会主义办学方向必须坚持，教育综合改革、推动内涵发展、提升办学质量等必须全力推进。

（三）对抗组织审查

近年来，中纪委监察部网站累计通报了21位对抗组织调查的干部，包括国家旅游局原副局长霍克、浙江省政协原副主席斯鑫良、新疆维吾尔自治区人大常委会原副主任栗智、广东省纪委原副书记钟世坚、福建省原副省长徐钢，他们都存在干扰妨碍组织审查的行为，比如串供，搞攻守联盟，销毁证据，转移赃款赃物，提供虚假信息。还有干扰巡视或打探巡视信息，比如福建省原省长苏树林、国资委原副主任张喜武、甘肃省原省委常委副省长虞海燕都有这些行为，受到了从重处理。为什么要打探，就是有问题，心虚，越是这样，越会引起组织的注意。

（四）参加迷信活动

不信马列信鬼神。比如，黑龙江省政协原主席韩桂芝，专门找人在房间里设计了佛龛，供奉泥佛、瓷佛、金佛像，品种很多，从早到晚香火不断。她还借外出开会考察之机，跑遍各地名山古刹、佛教圣地，到处求经拜佛。被双规后，她竟面壁唠叨："佛啊，你为什么不保佑我？"山东泰安市原市委书记胡建学不信组织信大师，曾被大师预测当大官的命，可到国务院副总理，但命里缺一座桥。于是，胡建学下令将正在建设中的国道改线，耗巨资在水库上架起一座桥，最后因受贿99次、61.6万元，被判死缓，很悲哀，没进中南海，反倒进了监狱。这些荒唐案例，暴露了他们理想信念、政治信仰、价值追求的迷茫、缺失，个人的事想太多了，是典型的贪嗔痴。作为高校教职工，我们要把办好人民满意的高等教育、培养德智体美劳全面发展的社会主义建设者和接班人作为我们的精神追求、初心使命，心中有了信仰，方向才会坚定，脚下才会有力量，诱惑才会被抗住。

（五）在党内搞非组织活动

在党内搞团团伙伙、结党营私、拉帮结派，等等。比如，十八大以来查处的"石油帮""秘书帮""山西帮"，每一个大老虎背后都有一个"圈子"，一抓就是一窝，一打就是一串，形成了一个紧密的利益共同体。所以，习近平总书记反复强调，党内绝不能搞小山头、小圈子、小团伙那一套，那样会出大事；班子里绝不能把分管领域当成"私人领地"，上下级关系绝不能搞成人身依附关系。在现实中，我们要任人唯贤而不任人唯亲，谁有德能谁就上，谁会做事谁就上；要就事论事，不要就人论事，一把手交办的事认真办，其他人交办的事就不认真办；不要厚此薄彼，要一视同仁，一碗水端平，一把尺子量到底；要保持"亲""清"的上下级、同事关系，不要像连城县公安局的林负功那样去搞结拜，形成利益共同体，更不要搞人身依附关系，否则，一荣俱荣也担心，一损俱损亏更大。

三、违反组织纪律的风险

我们党是靠革命理想和铁的纪律组织起来的马克思主义政党，个人服从组织、少数服从多数、下级服从上级、全党服从中央，这是最基本的、最根本的组织纪律，全党必须毫不动摇地遵守和执行。因此，有几种情形要特别注意。

（一）目无组织纪律

我们党员干部的组织纪律性总体是好的，在公租房清理、处级干部聘任制双肩挑、处级干部轮岗等重大事情中服从组织安排。但也有一些倾向需要进一步克服。有的喜欢跟组织讨价还价，目标要低低的，任务要少少的，待遇要高高的。有的擅自改变学校作出的重大决定，学校已经签订合同，学院又签了一份，内容要求与学校不一致，这是不行的。有的只想要组织关照，不想要履行义务，整天想着组织给我什么，从不考虑我为组织做什么。这些都是目无组织、目无纪律的表现，我们要坚决避免，时刻牢记自己是组织的一分子，没有组织的这个"大家"，就没有自己这个"小家"；时刻牢记没有铁的纪律就没有铁的组织，没有了纪律，我们的组织就是一盘散沙，所以，要时时处处事事维护纪律的权威。

（二）违反民主集中制原则

突出的就是个人决定重大事项。这种现象在我们内部审计中多次发现，特别是二级学院。这里，我就学院党政联席会议制度再强调几点意见。一是议题要规范，凡是"三重一大"必须上会，特别是关系群众切身利益的重大决定必须上会。二是讨论要规范，要充分发表意见，其他班子成员先讲，主要领导后讲；要形成一致的意见，决不能议而不决；对于重大敏感事项，可以试行实名票决制。讨论要敢于直言，敢于坚持原则，就是不同意见也要敢于表达，说不定你的反对意见就是对的，一旦决策失误需要追责，别人同意了要被问责，你反对了不仅不追责还要表扬。一把手要正确对待不同意见,不能简单地理解为跟自己过意不去,有道理的应当听取;持不同意见的人,一旦组织形成决定,就要严格执行,绝不能不合我意就不执行,当然你可以保留意见,也可以向上级反映。三是记录要规范,每个班子成员的表态性发言要完整记录,以备后查,将来作为追责问责的重要依据。四是内容要规范,纪要的内容要与会议议题、会议讨论结果相一致,决不能临时增补没有上会的内容,更不能随意更改结论。五是程序要规范,班子成员要会签,最后由书记、院长共同签发。六是公开要规范,会议纪要内容要在一定范围内公示,维护群众知情权、监督权。纪检监察、组织人事部门要加强监督检查,对党政联席会议制度执行不到位的责成整改,情节严重的予以严肃问责。

(三)违反干部人事纪律

这方面案件很多,有买官卖官,卖官鬻爵,甚至明码标价。买卖成交后也麻烦,要天天保佑对方不出事,否则就要跟着倒霉。有拉票贿选,湖南衡阳人大代表贿选案、四川南充贿选案、辽宁人大代表贿选案,选上了又怎么样,相关代表依法宣布无效,相关责任人被依法判刑,时任衡阳市委书记的童名谦被判处有期徒刑5年,时任南充市委书记的刘建宏被判处有期徒刑3年,时任辽宁省委书记的王珉被判处无期徒刑。有篡改个人档案,向组织隐瞒了本人真实年龄。有组织考核时隐瞒事实真相,像江西省上饶市婺源县的县长,在主持县委工作期间,3次收到群众举报一副县长存在违反生活纪律问题,在市里干部提任考核时却未如实向考察组报告,致使该副县长带病提拔,后因违纪被开除党籍、取消副县长待遇,降为科员;县长因未如实向组织报告情况,也被党内警告处分。这就要求我们:一是严格干部选任程序做好干部选拔任用工作,要制定流程图,该走的程序一个不能少。二是坚持正确的用人导向,有德有才、能干事干成事的上,老实做事、敢于坚持原则的人上,形成向上向善的氛围。三是正确看待组织提任,相信组织,相信自己,做好自己该做的事,不讨不要、不跑不买、不吵不闹。四是干部提任考察时,如实反映情况,有问题不隐瞒,千万不要别人上去了,你却下来了。

(四)班子严重不团结

省委对这事是零容忍的,省里有两所高校,在省委巡视中被发现班子严重不团结，党政一把手悉数免职，调整岗位。所以希望我们二级学院书记、院长要多沟通、多商量，大事讲原则，小事讲风格，自觉维护班子团结统一，千万不要无原则闹矛盾；如果矛盾不可调和，学校党委将坚决作出相应的处理和安排。

（五）重大事项不请示不报告

比如，工作中发现或出现的重大问题不报告，有个学校财务处出现违规退领学费的事情，经办同志、科长没有第一时间报告处室负责人，自己捂住想摆平，结果摆不平，造成了不良影响，最后有5位同志被问责。有个学校后勤处没有及时把主管部门检测食堂卫生情况，上报学校党政主要领导，影响了后续跟踪和整改，最后学校问责了10个人，其中1人留党察看二年，1位处级干部被调整了岗位。还有，上级部门检查反馈的重大意见，上级领导的重要批示，没有及时报告，影响了落实和整改；不按要求向组织报告去向，这些都是违反组织纪律的。习总书记谆谆告诫全党，"请示报告不是小事，不要满不在乎，这些年来一些干部出事就出在这个上面。""有的干部目无组织，干了什么、人跑到哪里去了，组织上都不知道，泥牛入海无消息。""对不请示报告的干部，党组织要格外注意，可能就是要出问题的前兆。"所以，我们要高度重视，二级单位的重大事项，要及时报告校主要领导或分管领导，及时通报相关职能部门；二级单位班子成员到外地出差，时间短的跟校分管领导或联系领导说下，时间长的还要报告学校主要领导，这是规矩。

（六）不如实报告个人有关事项

这件事中央抓得很紧，把它放在对党忠诚的高度来看待，处理也比较严格。这些年，省里总有一些干部因个人事项报告不清楚，受到暂缓提拔或取消提任资格，令人心痛。最容易出现的问题：一是房产漏报。有的是少报套数，有3套才报2套；有的少报面积，150平方米，报成100平方米，这个要以产权证为准；有的少报柴火间，有的少报车位或店面，有的漏报了上一辈分给本人夫妻或子女的房产，包括店面、住房。二是股票基金漏报。夫妻双方买的股票、基金、投资型保险都要统计汇总。这里特别强调一点，凡是用自己和配偶身份证登记的所有股票基金账户都要登记，不管是自己买的还是老人家送的，不管账户的钱是你的还是别人的，不管账户在你手里还是在别人手里，都得全额报。

三是投资漏报。本人及配偶、一起生活的子女对外投资都要统计,只要是与身份证登记有关的都要报上来。所以大家在填报时要多问问家人,多查查凭证,多听听组织部门意见。这方面教训很深刻,我们身边也多次出现这种情况,组织关爱干部,提拔干部,却因个人事项漏报被暂缓,既伤害了自己,也影响了组织的安排。所以,我们一定要慎之又慎,严之又严。

(七)不严格执行因私出国规定

比如,不严格执行因私护照管理规定,处级以上干部没有把护照交由组织部集中管理,副教授以上职称的老师没有把护照交由教师工作部集中管理,或者因私出国后,未在10天内把护照交上去。还有,不按照报批的时间、地点、天数来执行,报的是8月1日出去,结果8月20日才走;报的是去韩国,结果跑到日本了;报的是去10天,结果15天才回来,这些都是不行的,不是不能改,但要及时向组织报告。这里强调一点,进出时间以国内关口为准,有的到香港就以为是回来了,这是不对的。

四、违反廉洁纪律的风险

廉洁是干部的本质要求,干部不廉洁是群众反映的热点之一,也是各级纪检监察部门重点查处的行为之一。

(一)利用职便收受他人巨额财物

利用职权或职务上的便利为他人谋利益,收受对方财物,这就是我们常说的受贿。比如,广东医学院原党委书记江文富,在医疗设备采购、基建工程设计、学生食堂承包等经济活动中,伙同其子收受贿赂642万元;四川大学原副校长安小予,在新建江安校区工程招投标、工程建设等方面,多次为承建商谋取利益,收受承建商所送现金、银行卡、越野车等财物353.4万元;中国人民大学招生就业处原处长蔡荣生,在学校特殊类型招生过程中为考生提供帮助,收受贿赂1000多万元。南昌航空大学党委原书记王国炎,利用担任江西师范大学校长助理、新校区建设办公室主任,南航党委书记的职务便利,在基建工程、合作办学、人事调整等工作中大搞钱权交易、权色交易,收受贿赂600多万元,被判处有期徒刑15年,61年出生,33岁当硕导,34岁当教授,47岁当正厅,江西省中青年学科带头人,是"明星",最后成了"阶下囚",他在忏悔中将自己腐败犯罪代价归纳为"十个一"：政治上一撸到底，经济上一穷二白，名誉上一文不值，地位上一落千丈，形象上一无是处，自由上一无所有，家庭上一塌糊涂，身体上一身病痛，良心上一生自责，总体上一败涂地。这些案例很鲜活，代价是血淋淋的，警醒教育我们，要慎重对待手中的权力，谨慎用权，廉洁用权，科学用权。咱们也有基建工程、物资采购、店面发包、食材采购、零星修缮、医疗设备及药品采购、教材采购、学生入党、研究生推免、选调生推荐、学生转专业等一系列权力，用权者一定要牢记，有权不任性，有权就有责，注意集体研究决定，注意把权力关进制度的笼子里，绝不个人说了算，绝不收受对方的一分一厘、一品一物，绝不搞权钱交易。商人们往往不可靠，一旦有事，他们会跑得比谁都快，不把你拉下水，他们怎么上得来。大家要经常反省、经常思考，我一直在讲，我们是用别人血淋淋的代价来警醒自己，还是用自己血淋淋的代价来警醒别人，要经常想，想清楚，只有想通了，才不会走错路，才不会走上不归路。

（二）违反中央八项规定精神

这方面案例很多，尽管《中国共产党纪律处分条例》中没有这个条款，但在案件审理中还是把它单列出来。一是违规公务接待。包括无公函接待、同城接待、超标准接待、上烟和高档酒水、接待手续不完整、工作日午餐饮酒，等等。还有违规公款聚餐，比如节假日组织老师聚聚，同事退休搞个欢送宴，老领导来访吃个饭，来了新同事搞个欢迎晚宴，这些感情上可以理解，自己掏腰包可以，用公款支付就不行。关于公务接待，不是不能做，但要规范，不能违反相关规定；还有，整个学校公务接待费总额不能超过上一年，超过了就不行。

二是违规公款购买赠送发放礼品。包括茶叶、土特产品，等等。购买茶叶送礼是高压线，坚决不行；购买少量的办公用茶，可以，但数量、标准要控制，要把握一个度。还有，不能以各种名义购买或发放奖品或礼品，有的学校"七一"开展登山活动，给参加活动的所有党员、预备党员和入党积极分子发放用公款购买的奖品，支部书记受到党内警告处分，好好的一项活动搞歪了；有的学校借召开研讨会之机，给参会人员发放用公款购买的纪念品，校长受到党内警告处分。这两个案例，如果学校会计审核严一点，不让报账，书记、校长就不用受处分。当然，这里讲的是礼品，而像工会用工会经费购买发放少量节日慰问品给会员是允许的，但资金来源只能是工会经费，用行政经费购买就不行；总额不超标可以，超过了就不行，以前是1000元，现在提高到1300元，超过就不行；发票开节日慰问品可以，开礼品就不行；对象是会员可以，超出这个范围就不行，这就是政策界限。

三是公款娱乐。以工会、支部活动的名义，用公款支付到高档娱乐场所的有关费用，比如打高尔夫球、KTV、洗脚、按摩等等，是不允许的。有个中学晚上开完毕业班教师会后，组织行政人员、班主任、毕业班教师等到娱乐场所唱歌，并以餐费形式报销759元，最后，校长、总务主任受到党内警告处分。就是个人花钱到娱乐场所也要慎重，要遵纪守法，坚守规矩，像晋安区住房保障和房地产管理局一副局长在夜总会包厢娱乐，多次与女服务员发生不雅行为，最后被传上网，自己被开除党籍、行政撤职处分，还连累住建局书记、局长、纪委书记受处分。

四是公费旅游。有的是以学习培训为名搞公费旅游，纯粹就是玩，到的都是旅游景点，一堂课都没有。有的出去开会带上老婆孩子，会后游玩，相关费用带回单位报销，或由下属单位处理，构成了公费旅游；相关费用让管理服务对象处理，也是违反八项规定精神的，所以，带家人出去玩要讲究时机、方式、方法。有的借学习培训或公务出差之机，绕道公费旅游，并把绕道的住宿费、车油费公款报销。这里强调一点，祖国江山多美好，可以看，关键在于你怎么看、费用怎么办，费用自理没事，把旅游费用摊入培训费或差旅费就坚决不行，其性质就是公款旅游，咱们一高校领导就是把到江西婺源、三清山的旅游费用摊入差旅费，被省纪委给予党内警告处分，总金额才2000多元，数额不大，但性质很不好。办理这类案件，我们把握两个方面，一个是看有没有跟领导报告，领导同意与否，另一个是由此产生的费用是否在公款列支，旅游期间交通住宿门票等费用自理、补贴不拿就没问题，用公款开支就不行。还有一点要注意，绕到其他地方的费用一分钱也不能报，比如，出差审批是福州到乌鲁木齐，回程是乌鲁木齐到福州，如果绕道敦煌，从敦煌回来，乌鲁木齐到敦煌，以及回程的交通费都不能报，报了就有问题，因为这些地方及相关费用和公务活动没有任何关系，属于私人绕道。这个界限要把握好。当然，如果上级纪委有新规定，以上级纪委规定为准。

还有三种行为要注意。一是变相公费出国旅游。比如，海南一个学校没有按照规定程序报批和违规通过旅行社渠道，擅自组织教职员工持因私护照公款出国旅游培训，书记被党内严重警告，校长被党内严重警告、行政记大过处分。二是出国绕道旅游。私自增加出访城市，相关费用财务报账；私自变更出访城市，私自更改行程，延期回国，等等，这些都是违反出国纪律的。三是以工会名义公款旅游。工会组织活动，应坚持就地、就近、节俭的原则，不要门票的可以，买门票到景区游览也不行，也属于公款旅游。

五是违规接受宴请。包括接受管理服务对象的宴请，进入会所的宴请等等。近期中纪委通报的辽宁省人大副主任王阳等5位副部级干部违规接受宴请，都是属于这种情形，有的还上会所，都受到了严肃处理。所以，哪些饭能吃、哪些饭不能吃，哪些场合可以去吃，哪些场合不能去吃，是政策界限，要很好把握。有一点很明确，接受管理服务对象提供的宴请、旅游、健身、会员卡等等，都是违纪行为。还有，要特别留意"一桌餐"。2016年10月8日，中央第11巡视组向江西省委反馈巡视"回头看"情况时指出："一桌餐成吃喝新变种，出现了不吃公款吃老板"的现象。所谓的"一桌餐"，是指由私人住宅改造、不对外公开营业、仅为少数特定人员提供餐饮娱乐服务，具有私人会所性质的隐蔽场所。我建议，没有营业执照，没有对外营业，提供野生动物的场所，管理服务对象的私人会所，等等，都是危险区域，我们都不要去。

六是违规使用公车。早期公车私用现象非常突出，经过几年整治，这种现象明显少了。但外界情况分析，也出现了一些新变种：有的是一边拿补贴，一边肆意占用下属单位车辆搞迎来送往；有的是借别人的车子办私事，把相关费用拿到财务去报销；有的是私车公养，用公家的油卡给个人私车加油；有的加油量与行车里程不匹配，每公里油耗大得离奇，审查发现是驾驶员虚开发票套取油费或用油卡给私家车加油；有的虚增公车维修费来套取资金，等等。对此我们要高度关注，切实做好廉政风险点的排查和防控工作，避免类似情况的发生。特别强调一点，校友捐赠的车子也是公车，也要纳入公车管理范畴；领导干部私自驾驶公车，也属于违纪行为。

七是违规发放津补贴。事业单位违规发放津补贴是案件多发地带。现在，我们学校每季度都要填表上报绩效发放情况，党委书记、纪委书记都要签字，一旦超额,不但要退,还要问责相关领导。有个省属事业单位,2014年核定年度绩效总量334.75万元,实际发放638.48万元,原单位负责人被党纪立案审查。我们在内部审计中也发现,个别单位存在超标准发放加班补贴的现象,有的虚报加班天数,整个暑期加班天数达到100多天,尽管这些是横向课题经费,属于额外的工作,发点劳务费可以理解,但不能没有标准,这方面我们制度有缺失,学校没有这方面的文件规定,最后我们没有按照违反八项规定精神来查办,仅责成有关学院重新核定,超标准部分上缴财务。当然,如果学校早有规定,就不是这个处理结果,那是顶风违纪,必须党纪政纪处理。所以,我们提醒大家,发钱时多想想能不能发,有没有违规,没有把握的就多听听财务、审计、纪检监察部门意见,不要今天领钱高高兴兴,明天退钱愁眉苦脸,还要受到党纪政纪处分。

八是借婚丧喜庆敛财。这是常见案例。比如,有个学校校长为其女儿操办结婚喜宴,本校教职工来了44名、送礼金8200元,校长被党内警告处分,礼金全部退回。有个音乐学院院长违规为女儿举办婚宴,学院党委书记、纪委书记不但未予阻止,还亲自出席,党委书记还致辞,最后,院长被免职、党内严重警告,党委书记、纪委书记被党内警告处分。现在,喝酒的名目很多,有升学宴、满月酒、乔迁宴,等等。对此,我们要把握好,哪些酒能喝、哪些酒不能喝,哪些人请可以去、哪些人请不能去,哪些人可以请、哪些人不能请,哪些场合领导可以参加、哪些地方不适合参加,这是界限,也是我们的政治生命线。关于婚宴这里说明一下,省里没有统一标准,主要是各地经济发展水平不一,亲戚数量不一,但也有些地方有规定,有规定的按照规定执行,没有明确规定的,我个人认为要把握好:一是规模和标准,可以略低于当地平均水平,主要目的就是避免造成不良影响,让群众以为我们在讲排场、摆阔气、搞铺张浪费,与党员特别是党员领导干部的身份不相符。二是参加对象。限于亲戚朋友,管理服务对象不要请。从各级纪委查处的案件看,有两点是共性的,一个是有管理服务对象参加,二是收管理服务对象礼金,这两条都有,必须纪律处分,不管数额大小,就是100元也要处理。

五、违反群众纪律的风险

群众是我们的衣食父母,群众的利益只能实现好、维护好、发展好,不能受到损害，坑爹的事咱们不能干。有几个方面我们要避免。

（一）损害群众合法权益

比如校务、院务不公开，侵犯群众的知情权、参与权和监督权；绩效分配方案没有广泛征求群众意见，少数人说了算，结果领导搞得高高的，其他人搞得低低的，群众利益受损害，群众意见很大；制定招生、研究生推免等工作方案时，人为加设门槛，影响学生的学习权，等等。这些我们一定要避免，做这些工作时，要以人为本，将心比心，经常性换位思考，注意维护群众合法权益。

（二）漠视群众的呼声

比如，有个学校校长，对符合条件的转学诉求一推再推、态度恶劣，被媒体曝光，造成不良影响，才予以办理，最后，校长被党内严重警告，当时卡人家就没道理。有的对群众的信访件和意见建议置若罔闻，不理不睬，最后被上级查处了才后悔。所以，我们要时刻倾听群众呼声，时刻把群众的冷暖放在心上，想群众之所想，急群众之所急，办群众之所需。

（三）侵犯群众利益

比如，有家民生银行组织 30 名员工到小学与 30 名贫困生开展"一帮一结对子"活动，每名贫困生资助 1200 元，学校向每位受资助的家长收取 200 元用于午餐接待，构成了教育乱收费，校长被撤销职务、党内严重警告。还有个例子，有个大学辅导员未经班上全体同学同意，就把本科毕业班学生的第四年奖学金集中起来，用于毕业会餐，个别同学不同意，告到学校，最后，该辅导员因侵犯学生利益被查处。所以我们一直强调，好事要办好，涉及群众出钱出物出力的要慎重。

（四）违反师德师风

这部分有些内容属于中央八项规定精神，但还是再强调一些，高校这样的案件易发多发。有个中小学校长，节假日违规收受学生家长送的购物卡 3000 元，受到了党内警告处分，违纪款项被收缴。还有，接受学生家长出资的旅游活动、高档娱乐活动，接受学生家长的谢师宴，利用课程补考收受学生及家长的礼品礼金，两性关系与学生搞得不清不楚，等等，都是违反师德师风的行为。我们的辅导员长期与学生在一起，承担着学生日常教育管理、入党、评先评优、研究生推免、选调生推荐等重要工作，要特别注意处理好与学生及家长的往来，一旦接受了不该接受的东西，办了不该办的事情，触碰了纪律底线，我们就要查处。对此，我们要时刻保持清醒头脑，避免不必要的麻烦。我们研究生数量越来越多，导师与学生关系要处理好，绝不能出现性骚扰、性侵等丑恶、违纪违法事件，校纪委必定发现一起、查处一起。还有，学术不端问题，在高校也是易发多发，有个学校的在职博士生，为尽快毕业，通过网络中介机构，虚假出具了3篇论文发表证明、2个专家审阅博士论文意见，最后获得了博士学位，因群众举报，经组织查实，构成了骗取博士学位的错误，被党内严重警告、免职、调整工作岗位。还有剽窃、抄袭，等等，都是属于学术不端行为，我们一定要避免，要靠自己的真本事，来展示自己的真才实学、学术造诣。

六、违反工作纪律的风险

工作纪律是党组织和党员在党的各项具体工作中必须遵循的行为规则，是党组织和党员依规开展各项工作的重要保证。违反了工作纪律，就要受到惩处。

（一）落实两个责任不力

就是党委主体责任、纪委监督责任落实不到位，管党治党失职失责。前面，我们有讲到，党的十八大以来，全国共有7000多个党组织、400多个纪委、6万多名党员领导干部，因管党治党失职失责被问责，相当部分是党委书记、纪委书记。有的是乱作为，党委去研究违纪违法的事，像喀什地区教育学院党委书记、副院长，在新校区建设过程中，召开3次党委会议研究施工单位给学院"捐赠"车辆，先后收受4家中标施工企业5辆车；研究向施工企业收取罚款，设立"小金库"用于账外开支，最后，被留党察看二年。有的是不作为，管党治党不力，有的纪检组对本系统出现的系统性案件，发现问题不报告、不处置，没有尽到应尽的责任，被严肃问责。这就倒逼我们始终把主体责任、监督责任扛在肩上，丝毫不能松懈。

（二）落实"一岗双责"不力

像厦门市人防办主任因1名班子成员、1名巡视员和4名处长违纪违法被查处，本单位发生系列腐败案件，被"一案双查"，受到了党内严重警告、行政撤职处分。像新罗区原教工委书记因教育系统发生系列腐败案件，有19人被党纪立案，其中10人涉法，自己被立案调查，纪工委书记受到党内警告处分。所以我们要各司其职，各尽其责，既要自己廉洁自律，更要抓好本单位、本系统、自己分管部门和领域的廉政风险防控工作。

（三）巡视配合和整改不力

比如，省委巡视组在巡视福建汽车集团时，时任董事长不积极配合，提供的材料不及时、不完整、出错率高，影响了巡视工作，被省纪委通报，之后还被立案调查。还有，清流县对2014年省委专项巡视反馈意见整改落实不到位，依然违规向民营企业出借财政性资金22笔、6616万元，先后两任县委书记、县长等17人受严肃追责。因此，对巡视整改要高度重视。

（四）安全防控不力

包括防控台风、校园保卫安全、校园饮食卫生、突发性事件、网络舆情防控等防控不力，处置不到位，造成不良后果，也要追究纪律责任。像尼伯特台风造成闽清73人死亡、17人失踪，闽清县13位干部和4个单位受到了责任追究。这就要求我们，要制定好、落实好各种安全预案，做到心中有数，有章可依；安全事件发生时，要第一时间赶到现场，靠前指挥，沉着应对，把损失降低到最低程度。

（五）违反保密规定

有的属于国家秘密，超越权限违规了解、掌握，违规泄露给其他人员，给党和国家的安全带来重大隐患。有的属于重大敏感信息，比如，省人社厅一副厅长，把省政府正在研究的医药改革方案，用微信发给家人，家人再向外传播，造成了严重后果，被留党察看一年，行政撤职，按正处级非领导职务安排。有的属于重要纪检监察信息，比如，福建农林大学原监审处副处长，在配合省纪委调查案件中，将调查情况透露给相关人员，受到留党察看二年，撤销监审处副处长职务，调离纪检岗位。就我们学校而言，还有泄露考题、泄露考试机密等风险，特别是我们承担了高考阅卷、普通高考艺术体育类专业考试、硕士和博士研究生招考等重要工作，保密性强，敏感度高，一定要做到零差错，任何的泄密都是重大事件。

七、违反生活纪律的风险

生活无小事，处理不好，也会触碰纪律底线。

（一）生活奢靡

比如迷恋品牌，讲求奢华。现在，网上热炒的表叔、带叔、包叔，讲的就是追求与党员身份不相符的高档商品，这些我们还是要避免，尽量朴素些、低调些，有钱不能任性。还有，住宿就要五星级酒店，吃饭就要高档菜肴，休闲就要KTV，等等，都要不得。

（二）与他人发生不正当性关系

党的十八大以来，"与他人通奸"曾经是中纪委通报中的热词，有20多名高官都有这样的字眼。这方面处理很重，有个县信访局局长在市政府驻北京联络处挂职期间，与有夫之妇多次发生不正当性关系，造成不良影响，受到党内严重警告、行政撤职处分。关于包养情妇，从落马的高官看，绝大部分有这档事，闹出了很多笑话，有的情妇多达2位数、3位数，有的姐妹通吃、母女通吃，有的多人共用一个情妇，有的给情妇写保证书，等等。这次《条例》修改，把通奸、包养情妇修改为"与他人发生不正当性关系"。同时强调一点，利用职权、教养关系、从属关系或者其他类似关系与他人发生性关系的，从重处分，特别是我们老师和学生的关系，千万要把握好。特别是对老师性骚扰、性侵学生的行为，学校是零容忍的，各级纪委是零容忍的，发现一起查处一起，绝不手软，像北航的陈小武，一撸到底，就是教育部长江学者也撸掉，学术再高，也不能没有道德底线，没有纪律底线。

（三）违反社会公序良俗

就是在公共场所有不当行为。比如，在茶艺居赌博，有些中小学校长就因工作期间上茶艺居打麻将赌博被查处。公共场合酗酒，就是自己出钱，太张扬引起群众不满，或损害学校声誉，照样要处理。酒后闹事，酒后骂人、打人、毁车、破坏公物，等等。过量饮酒致人死亡，我省已有好几个厅级干部因此被处分，所以喝酒要把握量，劝酒要把握度，逼酒坚决不行，往客人身上倒酒是流氓行为，坚决不行。吸毒，有个高校一把手就因吸毒被开除党籍、开除公职，这个坚决不要去碰，否则，毁了自己，毁了家庭，这方面历史教训很深刻，鸦片对中华民族造成的伤害决不能忘啊！酒驾醉驾，特别是醉驾，一旦追究刑罚，就必须开除党籍、开除公职，现在有个规定，你们开车的重大违章行为，交警部门会及时通报我们，学校纪委也将追究相应责任。对于过量饮酒致死、醉驾致死，法院也加大了办案力度。前段时间，永安男子王某某连喝两场酒后，独自醉酒驾驶摩托车返家，途中遭遇交通事故身亡。家属向永安法院申诉，最后法院判处请客的邓某某赔偿被害人王某某家属7万元，同时，同桌共饮者连带承担本案受理费2316.5元。法官介绍，因宴请者和同饮者未尽到提醒或劝阻的义务，应当承担一定的事故责任。法官还强调，参加宴请时，如果饮酒出事，同桌饮酒者有以下4种行为之一，可能需要承担法律责任：一是强迫性劝酒；二是明知对方身体情况不宜饮酒仍劝其饮酒诱发疾病；三是未安全护送醉酒者；四是酒后驾车未劝阻导致发生车祸等损失。所以，希望大家把握好。

（四）违反社会公德和家庭美德

比如，不自觉承担社会责任，老人不赡养，孩子不抚养，家庭暴力，等等，这些与共产党员、教师的身份极不相称。如果家属有反映，组织就要介入调查，启动问责程序。

八、意识形态的风险

高校是培养人才的地方，培养什么样的人、如何培养人、为谁培养人，是大事。高校是意识形态工作的前沿阵地，抓好是本职，不抓是失职，抓不好就是渎职。有几种情形要特别注意。

（一）发表错误言论

有的发表与中央大政方针不一致的言论，有个被查处的省部级领导，把中央八项规定与餐饮业下滑简单粗暴地对接起来。有的发表与自己身份不相符的言论，有个设区市的党委书记，在"三严三实"专题教育党课中讲到："有些党员干部违纪违法被审查，两天啥都招了，没有点骨气和意志。"也许他忘了，自己是市委书记，自己是在上党课。有的对错误的言论没有及时制止、听之任之，外省有个设区市的市委领导在主持中心组学习中，没有及时制止受邀前来作报告的民营企业主发表的反党言论，造成了不良影响，最后，会议主持人被党内警告处分。所以，请谁上课、上什么课、讲什么内容，都要严格把关，这是政治问题。这些案例告诉我们，发言、讲话、写文章、作报告，要牢记政治纪律和政治规矩，千万不要信口开河，满说满去，一旦触碰了纪律底线，就要被严肃问责，违反政治纪律，怎么处分都不过分；对于在公开场合发表的反马克思主义、反党言论，要及时制止、反驳和批判，及时向组织报告，这是政治使命。还有，我们学校每年因公、因私出国都大几百人次，国外的反动书籍、光盘及其他宣传品不要看，不要买，更不要带入关，这些都是违反政治纪律的，将受纪律处分。

（二）不守课堂纪律

有的教师喜欢在课堂上讲怪话、发牢骚，亵渎三尺讲台。有的片面夸大社会现实问题，2014年11月14日，《辽宁日报》刊发了一封公开信《老师，请不要这样讲中国》，披露了部分高校大学老师在课堂上"抹黑中国"的情况，端起碗来吃饭，放下碗来骂娘，骂共产党。这篇文章，是辽宁日报记者在征集300多条微信留言的基础上，深入北京、上海、广州、武汉、沈阳等5个城市20多所高校，用半个多月时间，听近百堂教师授课，记录13万字笔记，整理形成的。文章指出老师在课堂上主要问题有三类：第一是缺乏理论认同。有的老师用戏谑的方式讲思想理论课，揭秘所谓马克思恩格斯的"隐私"；将毛泽东与古代帝王进行不恰当比较，解构历史，肆意评价；对党的创新理论不屑一顾，动辄把实践中的具体问题归结为理论的失败。第二是缺乏政治认同。有的老师传递肤浅的"留学感"，追捧西方"三权分立"，认为中国应该走西方道路；公开质疑中央出台的重大政策，甚至唱反调；片面夸大贪污腐败、社会公平、社会管理等问题，把发展中的问题视为政治基因缺陷。第三是缺乏情感认同。有的老师把自己生活中的不如意变成课堂上的牢骚，让学生做无聊的"仲裁"；把"我就是不入党"视为个性，显示自己"有骨气"；把社会上的顺口溜和网络上的灰色段子当作论据，吓唬学生"社会险恶"，劝导学生"厚黑保身"。这篇文章写得很好，这些问题引发了我们很多思考，咱们的课堂有没有这种情况，咱们有没有"大嘴巴"老师，也希望大家去听听，及时把相关情况报告校领导和职能部门，便以及时应对。有的散布歪理，像武汉理工大学一马院教授，在上课时曲解马克思主义剩余价值论，认为中国工人的剩余价值被政府和资本家联合拿走，依此推断中国是权贵资本主义，被教育部便衣巡视员暗访到，最后，该教授被行政记过处分，马院党委书记被党内警告处分，院长被通报批评。还有，穿着袈裟到课堂授课，在校园内乃至课堂上公然传播宗教，等等，这些都是不允许的。所以，我们要牢记，三尺讲台是教书育人的公共阵地，不是教师私人领地;学术研究无禁区,课堂讲授有纪律,公开言论有底线。

(三)乱发微信短信

有的肆意散布干部任用信息,有个县区文体旅游新闻出版局局长、党组书记,违规传播县市区主要领导干部换届任用情况信息,被撤销党内职务、行政撤职、按科员安排;有个县区党委办副主任微信传播虚假换届信息,传某某某到福州当市长,被党内警告处分。还有,对于反对"四项基本原则"、传播错误思潮、攻击党和国家领导人等言论的短信、微信不要去转发,更不要去点赞,点赞了就表示赞同,就有问题。

(四)意识形态工作不力

前段时间,我们查办了两位老师,都在自己创办的新浪博客、微博、微信公众号中发表鼓吹历史虚无主义、民族虚无主义和片面夸大社会问题的文章,一个被行政记过处分、停课反省2年、禁止校外授课,一个被降低岗位等级,从副教授降为讲师。我们一定要深刻反省,引以为戒。我在想,他们从2013年甚至更早就开始发表文章,怎么我们一直没发现,这也暴露了我们工作还存在不少薄弱环节:一是我们对网络意识形态的复杂性估计不足,马克思主义意识形态工作仍然面临着历史虚无主义、新自由主义、民主社会主义、宪政民主、普世价值、公民社会等错误思潮的挑战,马克思主义理论研究、武装和捍卫要常抓不懈;二是监管不力,我们的教职工、学生创办了那么多的博客、微博、微信公众号,而我们没登记、没监管、没引导,错误言论没人发现,这是很大的漏洞和隐患,必须扭转;三是舆情监测没跟上,我们有网络舆情监测团队,我们有舆论监测设备,怎么就监测不到这些错误言论呢?对此,我们要举一反三,抓紧整改,避免类似情况再次发生。希望大家严格按照学校的部署要求,落实好意识形态工作责任制,扎实做好每一项工作;今后,学校将加大对意识形态工作不力的问责力度,希望同志们好好努力。

九、制度漠视的风险

构建现代大学制度,是个大方向。现在,我们制度很多,有的文件收到后就归档,束之高阁,不学习、不研讨、不领会、不落实,触碰了底线被问责,才后悔。有的不按规章制度办事,我行我素。有的制度执行不到位,比如廉政风险防控制度、预决算制度、管党治党责任机制、意识形态工作责任机制落实不到位，等等。这些问题要高度关注。制度的生命力在执行，我们要用十分的精力抓好制度制定工作，用十二分的精力抓好制度执行工作，做到"六个跟上去"：一是各单位学习贯彻要跟上去，促进按章办事成为自觉行动；二是主管部门的宣传解读要跟上去，促进制度规定入心入脑；三是监督检查要跟上去，促进制度规定落到实处；四是督促整改要跟上去，促进问题整改解决和工作规范运作；五是风险防控要跟上去，促进廉政风险防控贯穿制度执行全过程；六是执纪问责要跟上去，促进拒不执行制度、整改落实不力的行为得到严肃查处。

这里特别强调几个问题：一是科研经费使用违纪违法。像浙江大学陈英旭教授，将科研经费划入自己控制的公司，贪污745万元，被判刑10年。北京市邮电大学宋茂强教授借用他人身份证办理银行存折，冒名领取劳务费，将65万元科研经费据为己有，被判处10年6个月。北京中医药大学教授李澎涛、王新月夫妇二人以虚假采购耗材的方式向一家生物技术公司支付264万元，涉嫌贪污，被移送司法机关处理。山东大学刘兆平采取虚开发票的方式，骗取科研经费等公款341.8万元，被判刑13年。我们学校每年科研经费都在1.5亿元左右，这一块资金怎么管好、用好，发挥效益，避免违规违纪，课题组长、组员要认真思考，职能部门要好好监管。二是设立小金库。从来源看，有的是违规收费；有的是截留，社会捐赠资金不入账，资产处置收入不入账，资产出租收入不入账；有的是套取，以会议费、培训费、非法票据等形式套取资金，等等。从用途看，有的用于违规接待，有的用于违规送礼，有的用于报销应由个人支付的费用，有的用于给行政人员发放福利，等等。这方面处理很重，不管资金哪里来，用到哪里去，单位负责人一律要追究党纪、政纪责任，情节严重的还要追究法律责任，相关人员一个也跑不掉。三是报账进度缓慢。有个现象我一直不解，为什么我们的科研经费老被收走，这有制度规定的因素，但主要是人为因素，我们报账进度太慢了，该支出的没有及时支出，该结账的没有及时结账。所以，这方面要吸取教训。四是胡乱以单位名义开发票。2017年暑假期间，我们在追查一单是以福建师范大学名义开具购买茅台酒的发票，发现是咱们学校一教授为女儿庆生纪念而购买，每年买一瓶，今后当嫁妆，很有创意，但买私人物品以单位名称开具发票总是不妥当。所以我希望大家，今后凡买私人用品，特别是高档烟酒，不要以福建师范大学名义开具发票，避免不必要的麻烦。

十、为官不为的风险

乱作为不行，不作为也不行。特别是师大在高水平大学建设中，与其它院校的差距，迫使我们停不起、坐不住、慢不得，不作为、慢作为，对我们来讲，都是死路一条。

（一）缺乏清醒的认识

没有认识到不作为是一种羞耻，不作为也是腐败，不作为要严厉问责。对于为官不为，中央领导态度十分明确。2014年10月8日，习近平在党的群众路线教育实践活动总结大会上讲话中指出："我们做人一世，为官一任，要有肝胆，要有担当精神，应该对'为官不为'感到羞耻，应当予以严肃批评。"2016年1月18日，习近平在省部级主要领导干部学习贯彻党的十八届五中全会精神专题研讨班上讲话中指出："综合各方面反映，当前'为官不为'主要有三种情况：一是能力不足而'不能为'，二是动力不足'不想为'，三是担当不足而'不敢为'。"2015年10月8日，李克强总理在国务院部门主要负责人会议上指出："不作为的懒政也是腐败！""要严厉问责那些混日子、不作为、得过且过的行为。"

今年5月8日，《天津日报》报道了天津市委对天津市工信委党组书记、主任不作为进行问责的情况，其被免职，分管领导、相关部门负责人被诫勉或批评教育。其之所以被问责，一是项目协议2013年8月签订后，市工信委一直未组织研究，到2017年3月未实质性进展；二是承办部门4次呈报请示未得到批复；三是对方当事人与其当面沟通被推脱敷衍；四是造成信访举报不良影响。

因此，作为师大一分子，我们应该有所作为，锐意进取，为党旗争光辉，为学校添光彩，有益学校发展的事多做，有损学校形象的事坚决不做，当好校园生态的护林员。

（二）缺乏进取的精神

有几个事情我很困惑，我们有1700多名专任教师，怎么2017年申报优秀教学成果的却寥寥无几；我们有900多的高职称教师，有7000多名博士硕士研究生，而我们申报国家级课题数量怎么那么少，发表的文章怎么那么少；在校院两级会商时,为什么有那么多学院把目标定得低低,跳都不想跳,就想摘桃子;在高水平大学建设绩效评估中,为什么我们还有学位授权点专项评估不合格和限期整改的学位点、研究生学位论文中还有问题论文,等等。所有这些无一不暴露我们在工作上的差距,进取上的差距,其背后就是思想作风上的差距,不想干事创业,不想争先创优,幸福感很强,过日子很轻松。但大家有没有想到这种幸福、轻松是表面的,暂时的,不可持续的,留给我们更多的是危险、危机和危害。如果咱们的教职工不想干事,咱们学院不想干事,那迟早高水平大学建设就跟我们没关系,最终受伤的是学校,更是我们教职工,到时,我们还有什么荣誉感,还有什么自豪感?所以,形势很严峻,我们要增强忧患意识、危机意识、进取意识,只有努力才有前途,只有一起努力,才有美好的愿景。差距没关系,关键在努力,只要大家齐心协力,我们后发优势还是有的。要牢固树立人人有责的理念,每个人都要有正确的价值观,始终把学校发展、学生成才、教师成事、社会进步、国家强盛作为我们的价值追求,始终使自己成为有益于学校、有益于人民、有益于社会、有益于国家、有益于党的人。我们要牢固树立无功便是过的理念。清代大才子纪晓岚写了一则故事:有一七品知县死后到了地狱,对阎王爷说自己虽没有什么功劳,却一生为官清廉,每到一处,连口热水也不喝,只喝凉水。岂料阎王爷大发其火:"为官一任,不能造福一方,能算好官吗?如果不贪即为好官,那还不如雕一木头知县放在那,连凉水也不用喝,岂不比你更清廉?要知道无功即为过啊!"

(三)缺乏长效的机制

主要是激励约束机制尚未根本建立,怎么做,要认真探讨。一是要有好的价值导向。就是要教育引导教职工把个人荣辱、价值实现与学校发展联系起来,以做事为荣,以不做事为耻,小平同志说了,不作为,一点马克思主义都没有;以改革发展为荣,以不思进取为耻;以辛勤劳动为荣,以安逸享乐为耻,等等,增强干事创业的思想自觉和行动自觉。二是要有好的利益导向。就是要改革校院两级分配体制,把个人收入与个人劳动付出、劳动成果等结合起来,与个人对学院、学校发展贡献结合起来,形成多劳多得、少劳少得、优劳优得、不劳不得的利益导向,劳动越多,成果越大,贡献越大,收入也越多,鼓励大家去做事。三是要有好的用人导向。坚持干部标准,坚持选任程序,谁优秀谁上,谁会做事做成事谁上，谁有担当谁上，谁适合谁上，不唯资历论，不唯年龄论，不唯亲密论，不唯批条论，去年以来提拔、调整的这些处级干部，都是认真做事的，不做事还想提拔，没门。四是要有好的政策导向。就是要建立容错纠错机制，鼓励和支持教职工干事创业，勇于改革，敢于担当，锐意进取，对因探索新事物造成失误错误的免于问责，及时纠错纠偏，保护大家改革创新的积极性。五是要有好的工作导向。就是要对每一位教职工定下基本工作量，比如专任教师的课时、科研数量、发表论文数量，等等，达不到基本工作量的，该扣钱的扣钱，该低聘的低聘，让不想作为的人坐不住；超工作量的该奖励就奖励。六是要有好的舆论导向。对工作业绩突出、表现好的，该表彰的要表彰，该树立典型要树立典型，学校媒体该宣传的要宣传；对工作懈怠、表现差的，该通报批评的要通报批评，就是要形成赏优罚劣的舆论导向，激励正能量，抑制负能量。

（作者为福建师范大学党委常委、纪委书记，本文为黄清波同志在2017年10月12日校两级中心组（扩大）学习会所作的专题辅导报告）

关于全面从严治党的思想方法透视

郑又贤

全面从严治党蕴含着深刻的哲学基础,是马克思主义思想方法与我国具体实际相结合的产物。深刻理解和自觉贯彻全面从严治党的战略举措,就必须确立科学的思想方法即马克思主义的思想方法。而且,只有坚持马克思主义的思想方法,才能准确把握其提出依据、内涵要求、精神境界和践行特色。

一、提出依据:从实际出发,实事求是,积极应对世情、国情和党情的新挑战

从实际出发,实事求是,是马克思主义的根本思想方法。凡属正确的决策,都必须坚持从实际出发,实事求是。"实事求是,是无产阶级世界观的基础,是马克思主义的思想基础。"[1]如毛泽东所说:"'实事'就是客观存在着的一切事物,'是'是客观事物的内部联系,即规律性,'求'就是我们去研究……从其中引出其固有的而不是臆造的规律性,即找出周围事变的内部联系,作为我们行动的向导。"[2]从实际出发,实事求是,迎对世情、国情和党情的新挑战,是全面从严治党提出的最主要的、最直接的思想方法。

(一)应对国际形势的新挑战而提出"全面从严治党"

世界形势的变化对我们党的建设产生了重要的影响,这集中体现在四个方面:一是随着苏联解体、东欧剧变,以及由此所带来的人们对共产党及其事业的某种漠视态度,使国际共产主义运动陷于低潮,而且迄今没有出现明显的复苏局面。在这种情况下,很难避免人们会滋生"社会主义事业可以继续吗""共产党的执政能够持久吗"等疑虑。二是以美国为首的西方资本主义国家,既有比较强大的经济实力,又有比较发达的科技优势,还有历史上形成的在许多重要领域几乎占据了垄断地位的国际话语权,再加上北约军事集团虎视眈眈,不少人对社会主义事业能否取得最终胜利忧心忡忡。三是在经济全球化的进程中,以美国为典型的、充满冷战思维的西方大国,利用各种机会向包括中国在内的社会主义国家输出其所谓"普世价值",图谋以其观念为主导加速推行"文化全球化",旨在从意识形态上"和平演变"社会主义。四是出现"民主社会主义"和"第三条道路"等主张或思潮,它们试图在社会主义和资本主义、政府干预与自由经济之中找到某种折中的模式或做法,这对中国的社会主义改革具有一定的冲击或干扰作用。

面对上述国际形势的新挑战,中国共产党必须坚持全面从严治党,以治党促治国,以治党强事业,以治党聚民心,以治党求胜利。因为,只有通过全面从严治党,中国共产党才能为持续执政树立良好的政党形象,为建设和发展中国特色社会主义事业提供坚强的组织领导;并带领全党和全国人民全面深化改革,继续创造举世瞩目的成就,坚定人们对中国特色社会主义的道路自信、理论自信和制度自信,粉碎来自西方国家的意识形态入袭和和平演变的阴谋。

(二)助推"三个全面"发展战略而提出"全面从严治党"

中国共产党在正式提出"全面从严治党"之前,就已经逐步明晰地形成了"三个全面"的战略目标或举措。其一,在邓小平提出"小康之家""小康社会"设想的基础上,党的十六大首次提出了"全面建设惠及十几亿人口的更高水平的小康社会"的目标,党的十八大进一步明确提出到2020年"全面建成小康社会"的任务。其二,党的十八大提出"全面深化改革开放"的目标,随后党的十八届三中全会通过了《关于全面深化改革若干重大问题的决定》,进一步系统阐述了"全面深化改革"的指导思想、目标任务、重大原则。其三,继党的十八大提出"全面推进依法治国"之后,党的十八届四中全会在党的历史上第一次把法治建设作为中央全会的专门议题,并通过了《关于全面推进依法治国若干重大问题的决定》。至此,"三个全面"战略业已形成。习近平在关于十八届四中全会《决定》的说明中曾经指出:决定体现了"全面建成小康社会、全面深化改革、全面推进依法治国这'三个全面'的逻辑联系"[3]。

"全面从严治党"就是在上述"三个全面"战略形成的基础上提出的。

2014年10月，习近平在党的群众路线教育实践活动总结大会上正式提出并具体部署了"全面推进从严治党"的工作。全面从严治党对于推进"三个全面"发展战略具有重要的意义。其一，有利于"三个全面"发展战略的贯彻实施。习近平说得好："全面从严治党，是我们党在新形势下进行具有许多新的历史特点的伟大斗争的根本保证。"[4]坚持党的领导，"是党和国家的根本所在、命脉所在，是全国各族人民的利益所系、幸福所系"。[5]正如胡锦涛所言："回顾90年中国的发展进步，可以得出一个基本结论：办好中国的事情，关键在党。"[6]其实，全面建成小康社会、全面深化改革和全面依法治国都离不开中国共产党的正确领导。中国共产党也只有通过全面从严治党，才能使自己永远前进在中国特色社会主义的道路和方向上，才能不断提高自己的执政能力和水平，才能带领着全党和全国人民去实现"三个全面"的伟大目标。其二，把"三个全面"发展战略升华为"四个全面"战略布局。2014年12月，习近平赴江苏考察调研时，在"三个全面"后面再加上一个"全面从严治党"，首次提出"四个全面"的观点，并要求推进这"四个全面"的协调发展。2015年2月2日，在省部级主要领导干部研讨班开班式上，习近平第一次明确肯定"四个全面"是"战略布局"。他说："党的十八大以来，党中央从坚持和发展中国特色社会主义全局出发，提出并形成了全面建成小康社会、全面深化改革、全面依法治国、全面从严治党的战略布局。"其中，"全面建成小康社会是我们的战略目标，全面深化改革、全面依法治国、全面从严治党是三大战略举措。"他要求"努力做到'四个全面'相辅相成、相互促进、相得益彰"。[7]

（三）适应党员队伍结构的新变化而提出"全面从严治党"

党员队伍结构和成份的新改变，给党的建设造成了比较直接的影响。其一，相对比较容易接受西方意识形态主张的青年党员在增多，这对党内的思想政治理论教育提出了更高的要求，特别需要强化全体党员在思想、政治和理论方面的是非明辨能力，并自觉地抵御西方意识形态的渗透和影响。其二，党章的学习明显偏少，以党章作为行为遵循的自觉性也有所减弱，这是一些党员党性不强的重要原因。其三，共产主义理想信念趋于淡化，虽然中国特色社会主义共同理想具有比较好的社会基础，但也受到了一定的冲击。借助中国梦的宣传和教育，中国特色社会主义共同理想在党员中获得更多的认同和支持。其四，一些党员个人主义膨胀，程度不同地放松了党性修养，纪律意识有所弱化，特别是遵守政治规矩的自觉性不够强。他们说话随便，信口开河，热衷编撰形形色色的"政治笑话"，乐于传播各种各样的思想政治谣言，恣意发表违背党的政治立场和观点的言论。上述这些，都是当前急需通过从严治党加以教育、引导和解决的问题。为了成功应对党情的新挑战，中国共产党就必须全面从严治党。

我们应该谨记胡锦涛的告诫：在世情、国情、党情发生深刻变化的新形势下，党面临着许多前所未有的新情况、新问题、新挑战，不但"执政考验、改革开放考验、市场经济考验、外部环境考验是长期的、复杂的、严峻的"，而且"精神懈怠的危险，能力不足的危险，脱离群众的危险，消极腐败的危险，更加尖锐地摆在全党面前"，所以"落实党要管党、从严治党的任务比以往任何时候都更为繁重、更为紧迫。"[8]

二、内涵要求：坚持普遍联系观点，尊重客观规律，实现"全面""从严""科学"与"治党"的有机结合

"全面从严治党"有其特定的内涵，包含着一系列的要求，但最重要的就是坚持"全面""从严""科学"与"治党"的有机结合。其中，"治党"是共性，也是关键；"全面"是方法，也是基础；"从严"是标准，也是要害；"科学"是遵循，也是目标。正是这种有机结合，使全面从严治党具有其独特的内涵和要求，成为"四个全面"战略布局的必不可少的一环，并是"四个全面"战略布局取得成功的重要保障。

（一）"治党"是共性，也是关键

正如中央政治局2015年2月12日会议所强调的，从严治党，关键在治。无论是"全面治党""从严治党"还是"科学治党"，都要讲"治党"；若离开"治党"讲"全面""从严""科学"，都失去其在"全面从严治党"中的本来意义。这是共性，也是关键。

为什么强调"治党"是关键？因为只有通过认认真真、实实在在的治党，我们的党才能及时发现并切实治理党内所出现的各种各样的突出问题，实现自我净化、自我完善，即便在党员队伍发生重大变化的条件下依然能够保持和发展党的先进性和纯洁性；才能不断提高自身的素质和能力，经受住长期的、复杂的、严峻的执政、改革开放、市场经济和外部环境的考验；才能有效防治精神懈怠，避免出现能力不足，防止脱离群众，克服消极腐败。

治党的重点是治吏，要从严管理领导干部。习近平明确强调：全面从严治党，关键是要抓住领导干部这个"关键少数"，所以要"坚持从严管理干部"。[9]治吏要与治权有机结合起来，管理干部最重要的就是管住他们不滥用职权，规范权力运作，实现权为民所用。

治党就要落实治党责任。历史和现实都告诉我们，不明确责任，不落实责任，不追究责任，治党只能是一句空谈。各级党的组织必须真正承担起这个责任，而且必须履行好这一责任。"是不是各级党委、各部门党委（党组）都做到了聚精会神抓党建？是不是各级党委书记、各部门党委（党组）书记都成为了从严治党的书记？是不是各级各部门党委（党组）成员都履行了分管领域从严治党责任？"但正如习近平所言："一些地方和部门还难以给出令人满意的答案。"[10]这是我们党的各级组织和领导干部应该认真反思，并切实加以有针对性地改进的。

（二）"全面"是方法，也是基础

所谓"全面"，强调的是思想方法，即要坚持唯物辩证法普遍联系的观点，把治党看成是一个系统工程，坚持整体性的思维方式，全面地分析和推进治党工作。全面治党，突出的是"全面性"的特征，反对孤立的、片面的观点。治党工作涉及方方面面，而其中的每一个方面又都是相互联系着的，不能顾此失彼，更不能任意偏弃。

全面治党，包含着相互联系的四点要求：其一，要全面理解治党的内涵，不能将其看成是一事、一时的，而是要使之涵盖思想建设、组织建设、作风建设、反腐倡廉建设和制度建设等方方面面，并贯穿其全过程。其二，要全面落实中央关于治党的战略部署和具体安排，不能搞各取所需或自行其是，以确保其发挥最佳的整体效应。其三，要全面调动各个方面、各个层次的积极性、主动性和创造性，使治党成为全党、全国、全社会人们的自觉行动，竭尽主人翁的精神和群众的智慧深入开展治党工作。其四，要从党的建设的各个方面和各个层次建立一整套务实管用、相辅相成的体制和机制，全面提高治党的成效。

全面治党，是全面从严治党的基础。因为，只有做到全面治党，才能有效避免在从严治党和科学治党的过程中出现各种各样的片面性;才能最大程度地把一切可以调动的力量全部动员起来,群策群力,确保从严治党和科学治党能够落实到中央部署的每一个领域和每一个环节上,以充分发挥其应有的效力和作用。

(三)"从严"是标准,也是要害

在全面从严治党中,"从严"是就治党的标准而言,强调要坚持高标准、严要求,讲求的是提高治党的质量和水平。从思想方法上说,这是指治党工作与提高质量的关系,并把提高质量放在第一位。治党的关键不在于做了多少事,而在于是否严严实实地、高质量地管了该管或抓了该抓的事。关于这一点,习近平说得非常透彻:"一些地方和单位'四风'问题越积越多,党内和社会上潜规则越来越盛行,政治生态和社会环境受到污染,根子就在从严治党没有做到位;一些地方和单位看起来党在管党治党,但没有管到位上,没有严到份上……只要真管真严、敢管敢严、长管长严,就没有什么解决不了的问题,就不至于使小矛盾积重难返、小问题酿成大患。"所以他说:"世间事,做于细,成于严。"[11]

从严治党,包括如下六个相互联系的内涵和要求:一是思想教育从严。特别要注意加强对党员进行马克思主义的政治立场、基本观点、思想方法和理想信念教育,并在狠抓落实和提高实效上下功夫。二是权力运作从严。每一个党员、尤其是党员领导干部,不但应该有受权于人民和为人民用权的自觉意识,而且严格遵循用权程序,坚持阳光操作以接受群众监督。三是作风要求从严。习近平指出:"风清则气正,气正则心齐,心齐则事成。"既要继续深化纠正"四风"问题,又要由工作作风而推进到组织作风、政治作风和思想作风领域,而且"真管真严、敢管敢严、长管长严",不断提升作风建设的层次和水平。四是干部管理从严。要形成强有力的措施和办法,严格把好干部的"入口"和"试用"关、随机"警示"和"诫勉"关、"述职"考核和"升降"职务关,并有效防止其流于形式或走过场。五是制度执行从严。制度不在多,在于精,在于管用。要坚持制度面前人人平等,执行制度没有例外,坚决维护制度的严肃性和权威性。[12]六是腐败惩处从严。如习近平在中共第十八届中央纪委第二次全会上所尖锐指出的:不论什么人,不论其职务多高,只要触犯了党纪国法,都要受到严肃追究和严厉惩处。从严治党,惩治这一手决不能放松。

(四)"科学"是遵循,也是目标

科学治党,就是要求遵循客观规律,坚持以科学的思想和理论为指导,避免治党工作的盲目性和失误。尊重科学,是治党的基本遵循,在任何时候都不能违犯,尤其要防止重蹈诸如"文化大革命"之类瞎折腾的覆辙。毛泽东说得好:"对以前的错误一定要揭发,不讲情面,要以科学的态度来分析批判过去的坏东西,以便使后来的工作慎重些,做得好些。""对待思想上的毛病和政治上的毛病,决不能采用鲁莽的态度,必须采用'治病救人'的态度,才是正确有效的方法。"[13]所以,科学治党的根本,是在于要了解和把握治党的客观规律,并按照客观规律办事,实现治党的预期效果。从这个意义上说,科学既是治党过程的基本遵循,又是治党的归宿和目标。

坚持科学治党,就必须正确划清如下四个界限:其一,治党不是要"反对"党。治党的目的,是为了使党更清明、更纯洁、更正确,不是要反对或推翻党的领导,更不能随意污蔑或诋毁。其二,治吏不是要"整人"。治病是为了"救死扶伤"。治吏不能把干部往"死"里"整",揭发不是泄私愤,批评是为了"救人"。如毛泽东所言:"我们揭发错误、批判缺点的目的,好象医生治病一样,完全是为了救人,而不是为了把人整死";"任何犯错误的人,只要他不讳疾忌医,不固执错误,以至于达到不可救药的地步,而是老老实实,真正愿意医治,愿意改正,我们就要欢迎他,把他的毛病治好,使他变为一个好同志。"[14]其三,治权不是要"夺权"。治权,旨在规范权力运行,阻止任何公权私用或滥用行为。只要是合法的、正当的权力运作,都应该保护和尊重,而且要鼓励其充分发挥主观能动性。其四,科学治党不是不允许有失误。正如毛泽东所说:"任何政党,任何个人,错误总是难免的,我们要求犯得少一点。犯了错误则要求改正,改正得越迅速,越彻底,越好。"[15]全面从严治党,从总体上说,还是一个新的课题,特别对规律性东西的把握还十分有限,难免会有失误,但要求尽量少犯,犯了就要改正。

三、精神境界：突出内因决定论，发挥主观能动性，体现勇于担当、注重内省和自励自强的辩证统一

中国共产党提出全面从严治党，向人们充分展示了一种区别于其他政党的崇高的精神境界，即勇于担当、注重内省和自励自强。从思想方法上说，一方面，这是坚持唯物辩证法的内因决定论，表明中国共产党勇于担当，能够直面自己的不足或问题，并注重内省，从思想建设和把握"总开关"入手，寻找解决问题的思路或办法。另一方面，这是强调充分发挥主观能动性，注重自我革命、自我超越、自我升华。"有无认真的自我批评，也是我们和其他政党互相区别的显著的标志之一。"[16]毛泽东早在1941年就曾强调说："共产党员决不可自以为是，盛气凌人，以为自己是什么都好，别人是什么都不好；决不可以把自己关在小房子里，自吹自擂，称王称霸。"[17]中国共产党曾经就"文化大革命"的失误作过深刻反省，如《关于建国以来党的若干历史问题的决议》所指出的："历史已经判明，'文化大革命'是一场由领导者错误发动，被反革命集团利用，给党、国家和各族人民带来严重灾难的内乱"，是一场"全局性的、长时间的左倾严重错误"。对此，"毛泽东负有主要责任"，但"党中央对此也应负一定的责任"。[18]正因为有这种深刻的反省，中国共产党才能真正从"文化大革命"的阴影中走出来，才会有后来的超越和升华。

（一）全面从严治党展示了中国共产党勇于担当的历史责任感

这里所说的历史责任感，主要包括相互联系的两个意思：一是从思想和观念上说，指中国共产党有着肩负中国今天和未来发展的主人翁精神。这是一种觉悟，是一种胆魄，也是一种骄傲，大有发展中国"舍我其谁"之气概。所以习近平强调：是否具有担当精神，是否能够忠诚履责、尽心尽责、勇于担责，是检验每一个领导干部身上是否真正体现了共产党人先进性和纯洁性的重要方面。而且，担当大小，体现着干部的胸怀、勇气、格调，有多大担当才能干多大事业。二是从实践或行为上说，指中国共产党勇于担责，并以实际行动发挥着主人翁精神。所以习近平指出自己的执政理念，就是为人民服务，担当起该担当的责任。勇于担当，就不能消极懈怠，而必须奋发图强；就不能相互推诿，而必须敢于主动承担责任；就不能终日浑浑噩噩，而必须增强忧患意识，努力学习，增强履行担当的能力和本领。只有全面从严治党，才能使党员、特别是

党员领导干部，既能从思想与观念上树立勇于担当的精神，又能从实践或行为上付出勇于担当的实际行动，同时又有足够的能力和水平去履行艰巨而光荣的历史担当。

(二) 全面从严治党体现了中国共产党更加注重思想内省

全面从严治党，是以加强思想建设为基础的，特别重视从思想根子抓起，"解决好世界观、人生观、价值观这个'总开关'问题"。习近平强调指出："对党员、干部来说，思想上的滑坡是最严重的病变，'总开关'没拧紧，不能正确处理公私关系，缺乏正确的是非观、义利观、权力观、事业观，各种出轨越界、跑冒滴漏就在所难免了。思想上松一寸，行动上就会散一尺。"[19]2013年6月开始的以"为民务实清廉"为主要内容的党的群众路线教育实践活动，实际上就是在全党开展的一次深入的思想政治教育。看起来这是以纠正"四风"问题为重点，其实涉及党的建设的方方面面，特别是在帮助党员拧紧思想"总开关"上下了狠功夫，也取得了明显的成效。更加注重思想内省，是全面从严治党的一个重要特点。

(三) 全面从严治党昭示了中国共产党自我净化的决心

中国共产党要解决自身的问题，使自己强大起来，主要不是靠外力的推动，而是靠自己的努力。在这里，内因是决定的因素。在全国组织工作会议上，习近平指出："成为好干部，就要不断改造主观世界、加强党性修养、加强品格陶冶，时刻用党章、用共产党员标准要求自己，时刻自重自省自警自励，老老实实做人，踏踏实实干事，清清白白为官。"[20]这虽然说的是干部，但适合全体党员；特别是其中所提的"时刻自重自省自警自励"，不但适用于党员个人，而且适用于各级党组织。现在党内还存在许多问题，存在不正之风，甚至严重的腐败现象，不能只依赖于或等待着社会的督促，应该从自己的努力开始，严格自律，自我净化。不但群众所提出的合理意见要吸收，要认真地去改；而且，群众还没有发现的地方，自己要主动地去找，并自觉地加以纠正。敢于"引火烧身"，强调自励自强，追求自我净化，这是全面从严治党的另一重要特点。

四、践行特色：肯定实践的能动性，凸显行为的受动性，促进依法治党、制度治党、依规治党的相辅相成

全面从严治党的践行即在实践中的贯彻和实施，从思想方法上说，涉及到了正确看待主观能动性和客观规律性的关系问题。按照马克思主义的观点，人的主观能动性主要体现在两个方面：一是能够能动地反映世界，获得人们所需要的认识或知识；二是能够能动地改造世界，即使客观符合人的目的。但这两方面能动作用的正确发挥，都是会受到限制的：不但要受到客观条件是否具备的限制，而且更重要的，是要受到是否符合客观规律的限制。所以人的活动，人的主观能动性的发挥，不是随心所欲的，而是能动性与受动性的有机统一。

全面从严治党，需要充分发挥全党乃至全国人民的主观能动性。这主要包括两个意思：其一，全面从严治党是建立在对党的建设规律尽可能正确认识的基础之上的实际行动。一方面，要深入探讨和准确把握从严治党的内涵要求和客观规律，特别是要结合本地区、本单位、本部门的实际，将其具体化为富有可操作性的贯彻实施的思路和方案。另一方面，要抓实践中的具体落实，要使"从严治党必须具体地而不是抽象地、认真地而不是敷衍地落实到位"。其二，全面从严治党只有动员全党乃至全国人民共同行动起来，才可能取得预期的成功。首先是各级党组织及其领导干部要切实负起责任来，都能聚精会神地抓党建或都履行了分管领域从严治党的责任。其次是全体党员的积极性都要充分调动起来，既发挥了主体的主观能动，又以客体的身份在推进治党中改造和提升自己。再次是党外群众、各民主党派和社会组织或团体也要动员起来，而且要充分利用网络媒体等现代化手段，构建全面从严治党的全方位的、立体的、反应快捷的监督和建言系统，以使中国共产党能够随时保持清醒的头脑抓好从严治党工作。

但全面从严治党的成功与否，不能仅仅诉诸于主观因素的作用，还得看其是否符合社会发展和党的建设的客观规律。坚持依法治党、制度治党、依规治党，是从党的长期建设中总结出来的，是对客观规律的正确反映。全面从严治党必须坚持这三个相互联系又分属不同层次要求的重要原则。

第一，坚持依法治党是全面从严治党的根本遵循。说它是根本遵循，因为它是最高原则，制度治党和依规治党都必须服从于依法治党。中国共产党和其他任何一个党派、社会组织、社会团体一样,甚至同一切现实生活着的个人一样,所进行的任何活动都必须遵守中国的宪法和具体法律。治党也是如此。不能在法外建党或治党,不能以党代法,更不能把治党凌驾于宪法和法律(其中也包括党内法规)之上。中国的宪法和具体法律,是对客观规律的反映,从总体上是符合中国的国情和实际情况的。全面从严治党,必须自觉遵守中国的宪法和具体法律。凡是违背中国宪法和具体法律的言论、行为或做法,都同全面从严治党格格不入。

第二,坚持制度治党是全面从严治党的基本遵循。说它是基本遵循,因为它具有最广泛的普遍性,广义的制度包括法律制度和党内规章,涉及治党的各个领域、方方面面。在当前,制度治党特别要注意在两个方面付出努力:一是要充分认识制度的重要意义,提高建立健全制度的自觉性。因为,制度问题更带有根本性、全局性、稳定性和长期性。全面从严治党必须建立健全相应的规章制度。当前特别要在完善理论学习、思想交流、人才培养、用人管权、民主决策、反腐倡廉等制度方面狠下功夫,并探索其运行和持续发展的长效机制。二是要用制度乃至法规来保障制度的严格执行,不留"暗门"、不开"天窗",真正"使制度成为硬约束而不是橡皮筋"。[21]

第三,坚持依规治党是全面从严治党的直接遵循。说它是直接遵循,因为"依规治党"之"规",主要指党章和其他党内法规或规章制度,相对于一般的法律或制度来说是属于最高标准的要求,是每一个共产党的组织和成员必须自觉遵守的。当前,要进一步健全和完善党的规章制度,并在实现如下目标上下功夫:(1)要有利于切实确立党章的应有权威,维护党章的严肃性。因为,"党章就是党的根本大法,是全党必须遵循的总规矩",[22]但在现实中却明显地被淡化了,甚至被虚化了。(2)要有利于强化全体党员、特别是党员领导干部的党性观念,并注重培育和发挥党员的先进性,有效提升党在群众心目中的地位和威望。有些党员和干部,正是因为偏离了党性原则、丧失了党员应有的先进性,导致了不正之风乃至腐败现象,从而损害了党的形象和威信。(3)要有利于强化全体党员的组织纪律性,维护党的团结和统一。一方面,从严治党就要把党的纪律挺在前面,把纪律建设摆在更加突出的位置,并确保党的纪律规定"系统配套、务实管用",[23]同时要"注重党内法规同国家法律的衔接和协调,构建以党章为根本、若干配套党内法规为支撑的党内法规制度体系"。[24]另一方面，一定要严格执纪，铁面问责，架起制度的高压线，划出纪律的红线，"严要求、动真格、真实抓、抓真实"。[25]当前，特别要注意提高党员遵守和执行政治规矩的自觉性，防止在政治上不讲原则，信口开河，对中央决策阳奉阴违，自行其是，干扰党和国家的和谐统一。

坚持依法治党、制度治党和依规治党，属于层次性、侧重点不一样的原则或要求，但其总体目标是一致的，即都是为了推进和实现全面从严治党。它们是相互联系、相互补充、相辅相成的。任何一个党的组织，任何一个党员或干部，都必须自觉遵循这三条原则或要求，都不允许以任何借口违犯其中的任何一条。只有在这三条原则或要求的实施和践行中，全面从严治党才能得到真正的贯彻，也才能取得预期的效果。

总之，全面从严治党包含着丰富的哲学意蕴，只要对其进行深入的挖掘和把握，就必然可以从中获得许多深刻的思想方法启迪。只有坚持辩证唯物主义和历史唯物主义，坚持马克思主义的思想方法，才能真正透彻理解全面从严治党的内涵和要求，才能卓有成效地贯彻和践行全面从严治党的战略决策。

参考文献

［1］《邓小平文选》第2卷，北京：人民出版社，1994年版，第143页。

［2］《毛泽东选集》第3卷，北京：人民出版社，1991年版，第801页。

［3］习近平：《关于〈中共中央关于全面推进依法治国若干重大问题的决定〉的说明》，新华网2014年10月28日。http：//news.xinhuanet.com/politics/2014-10/28/c—1113015372—3.htm。

［4］习近平：《全面从严治党是我们党在新形势下进行具有许多新的历史特点的伟大斗争的根本保证》，中央纪委监察部网站2015-03-06。http：//news.163.com/15/0306/08/AK0TEOUG00014SEH.html。

［5］习近平：《关于〈中共中央关于全面推进依法治国若干重大问题的决定〉的说明》，《人民日报》2014年10月29日。

［6］［8］胡锦涛：《在庆祝中国共产党成立90周年大会上的讲话》，《人民日报》2011年7月2日。

[7]《习近平:在省部级主要领导干部学习贯彻十八届四中全会精神 全面推进依法治国专题研讨班开班式上发表重要讲话》,《人民日报》2015年2月3日。

[9][10][11][12][19][21][23][25]习近平:《在党的群众路线教育实践活动总结大会上的讲话》,《人民日报》2014年10月9日。

[13][14]《毛泽东选集》第3卷,北京:人民出版社1991年版,第827－828、828页。

[15]《毛泽东选集》第4卷,北京:人民出版社1991年版,第1480页。

[16][17]《毛泽东选集》第3卷,北京:人民出版社,1991年版,第1096、809页。

[18]《关于建国以来党的若干历史问题的决议》,《人民日报》2008年6月23日。

[20]习近平:《在全国组织工作会议上的讲话》,《人民日报》2013年6月30日。

[22]习近平:《认真学习党章,严格遵守党章》,《人民日报》2012年11月20日。

[24]《习近平关于党风廉政建设和反腐败斗争论述摘编》,北京:中央文献出版社、中国方正出版社,2015年1月,第49页。

(作者为福建师范大学马克思主义学院教授、博导,本文原载《福建师范大学学报》(哲学社会科学版)2016年第1期)

建立健全以保持廉洁为核心的权力监督体系

郑又贤

党的十八大报告首次提出"建设廉洁政治"的任务,而且强调坚持中国特色反腐倡廉道路,就要"做到干部清正、政府清廉、政治清明"。[1]这是对马克思主义党建理论、政治观和廉洁观的丰富和发展,也是对反腐倡廉建设提出了更高的要求。从反腐倡廉的意义上说,建设廉洁政治最重要的就是廉洁权力运作,预防权力腐败。而要做到这一点,就必须以保持"廉洁"为中心,建立健全权力监督体系。

一、着眼廉洁分权,强化权力资源配置的监督

从历史上看,权力腐败大多同权力过分集中有关。因为权力过分集中在少数人乃至个别人手里,或过分集中于某一具体的组织和机构,容易使这些权力转化为个别人或少数人的特权,导致公共权力私有化,所以合理的分权成为预防权力腐败的重要前提。建立健全以廉洁为核心的权力监督体系,应该从加强权力资源配置的监督开始。

（一）监督权力资源配置的客体与主体

所谓权力资源配置,就是指各级党委及其组织部门、各级政府及其相关职能部门,对其所管辖的权力进行总体布局,并将之分别配置到辖下的各地区、各单位或各部门。权力资源的配置,最基本的包括两个层次：一是对权力机构的配置。无论是党组织机构还是行政建制机构,从总体的趋势来说,应该遵循大部门制的原则,趋于精减；二是对权力岗位的配置。这同样包括党政领导以及其他公务人员岗位,从总体上来说,也要避免因人设事、设岗,贯彻精减编

制的原则。符合规律地精减机构和编制，从某种意义上说就是在做预防权力腐败的工作，或者说在减少产生权力腐败的可能性。要实现廉洁分权，就必须强化对权力资源配置的监督。

在这里，对权力资源配置实施监督的对象即客体，就是各级党委及其组织部门、各级政府及其相关职能部门。因为，一般说来是由它们来进行权力资源配置的。那么谁是监督的主体，即是由谁来监督各级党委及其组织部门、各级政府及其相关职能部门对权力资源的配置呢？监督的主体是多方面、多层次的：一是就组织、领导监督而言，有上一级党组织和政府机关；二是就预防权力腐败的专门机构监督而言，包括各级纪检、监察部门，以及预防腐败或反贪机构等；二是就民主党派而言，基于中国特色社会主义的党派制度，他们作为"参政党"对于中国共产党的执政和国家政府的决策实施民主监督；四是就普通群众监督而言，主要指与所配置权力相关的利益群体或广大人民群众；五是就媒体监督而言，主要指其（包括通过媒体发表意见的人们）根据所获得的相关信息，对业已提出或已经做出的权力配置开展评论，以形成必要的舆论监督。

（二）监督权力资源配置的重点内容

对权力资源配置的监督，重点是考察其权力资源配置的总体布局是否合理，是否有利于促进廉洁政治建设上。具体地说，实施监督主要包括如下两个方面的内容：

一方面，要对权力资源配置的科学性、合理性进行监督。这里既包括对权力机构的配置进行监督，也包括对权力岗位的配置进行监督，并着重监督其配置的科学性、合理性。权力的配置，虽然要考虑现实的可行性，但却是非具体对象性的。它所遵循的是科学的原则，特别是要依据相应的政治或行政管理科学的基本原理来实施配置；当然还要坚持实事求是的精神和态度，注意从所在地区、领域或单位的实际情况出发，并要预测实际情况可能发生的新变化来做出决定。它不涉及具体对象，不对具体人负责，即无须考虑将来由哪一个人来承担，更不要考虑某一具体人是否具有这方面的能力。实行权力配置的监督，重点是看这种配置是否科学，是否合理，是否具有客观的可操作性。

另一方面，要对所配置的权力机构和权力岗位的权限设定进行监督。其中，要着重考察和监督其对权限的设定是否具有预成性、权威性、稳定性和制衡性。

所谓"预成性",就是指权力配置应该在权力具体运行者上岗之前加以明确,而且即将上岗的人不能参与所在单位或岗位的权力配置工作,以避免其配置受到人为的、非公正因素的干扰。所谓权威性,就是指负责组织权力配置的部门或机构,要有一定的权威,并以制度的(必要时可以采取法律的)形式来规范权力的配置,使之具有刚性或强制性。所谓稳定性,就是指业已形成的权力配置不能随意改变。如果的确是情况发生了比较大的变化,当然可以作一些相应的调整。但在权力配置时,就应该明确说明出现什么情况可以修改这些规定,以及由什么机构来作出修改。只有这样,才能使这种关于权力配置的民主制度"不因领导人的改变而改变,不因领导人看法和注意力的改变而改变"[2]。所谓制衡性,就是指权力机构或具体岗位的配置,应该充分考虑彼此之间要具有相互制衡的可能性。这也是实施权力监督的重点。十八大报告指出:"要确保决策权、执行权、监督权既相互制约又相互协调。"[3]这里所强调的"既相互制约又相互协调",就是指彼此之间的某种制衡性。在权力配置中,要力戒形成任何不受制约的权力。因为,一旦出现"至高无上"的权力,这种权力就很容易为所欲为,进而导致形形色色的腐败现象。当前,实施权力的相互制衡,首先要让党政"一把手"的权力受到有效的制约,以防止出现"一言堂"和独断专行;同时要关注相对独立的领域、单位或个人的权力,因为其具有比较明显的自主性和比较灵活的自由裁量权,加上"天高皇帝远",很容易演化出以权谋私和腐败行为。实行权力配置的监督,就是督促其权限设定必须是预成的、有权威的、相对稳定的和相互制衡的。

二、坚持廉洁"亮岗",强化招聘岗位竞聘的监督

所谓"亮岗",就是指招聘岗位要预告公布,而且对其职责、权限要作明确的说明,让应聘者和广大群众一目了然。这是"保障人民知情权、参与权、表达权、监督权"[4]的具体举措,也是搞好岗位竞聘的前提条件,还是我们实施权力监督不容疏忽的重要一环。

(一)要监督"亮岗"是否确定了合适的范围

要做到廉洁招聘干部或人才,就必须坚持适度"亮岗"。过去,往往凭领导意志来划定招聘的"小圈子",这种情况应该彻底改变。如果是向全社会招聘人

才，就应该面向全社会"亮岗"；如果是向某一特殊领域或部门招聘人才，其"亮岗"范围也必须是相应的领域或部门的全体干部和员工。只有这样，我们才能在更大的范围内选拔优秀人才，也才能赋予全社会的人们或某一领域、某一单位、某一部门的全体干部、员工以同等的应聘机会。实施权力监督，就是要看其"亮岗"的范围和对象是否合乎要求。

（二）要监督"亮岗"是否首先做到"明权"

所谓"明权"，就是指根据岗位配置的初衷，预先告知所招聘的权力岗位的角色和职能，并提出应聘者必须具备的任职条件。这有利于人们根据自己的实际条件或能力，决定是否应聘或应聘什么样的岗位。但是在确定应聘者条件时，一定要根据履行所设置岗位职责的客观需要，既不能有直接目标指向地让某一特定应聘者"对号入座"，也不能根据主观好恶提一些诸如具有健康和性别歧视之类的非必要条件，以避免造成任何的不公平现象，特别要杜绝各种形式的腐败或不正之风。这也是实施权力监督要牢牢把握的重要一环。

（三）要监督上岗后有否再"亮岗"

招聘时的"亮岗"，是为了让应聘者明白所设岗位的职权、性质、特点，从而能够更好地作出自己能否竞聘该岗位的选择；上岗后的"亮岗"，一般是在本单位具体分工明确后进行，主要是告诉广大群众和员工担任该岗位职务的人的责任、权力和义务，目的是让群众和员工更好地对其实施监督和考察。这两次"亮岗"既有区别又相辅相成。前者规范着后者，后者贯彻和体现着前者，并是对前者的具体化和补充。实施权力监督，一是考察其有否进行上岗后的再"亮岗"，二是考察其是否使两次"亮岗"有机衔接起来。以往在上岗后的分工，往往不顾招聘时的"亮岗"内容，完全另搞一套，这是应引以为戒的。

三、规范廉洁授权，强化岗位应聘人员选任的监督

建设廉洁政治，关键在于选准人才，提升权力运行者的思想境界和能力素质。其中最重要的，就是把好两个"关"：一是"人民授权"关；二是岗位应聘人员的选任关。实施权力监督，就要考察并督促其切实把好这两个关。

（一）要监督其有否把好"人民授权"关

授权，从最终的意义上说，就是人民授权。但在现实操作中，人民是委托

相应的党组织或政府机构及其领导人来授权的。这个环节往往容易被疏忽。其实，社会主义国家的权力本性是通过授权而得以体现和保持下来的。一方面，它要求受人民委托的组织、机构或领导人，必须忠实于人民的意愿、特别是根本利益，把在本质上属于人民的权力分别授予各个具体人；而不能把这种权力看成是自己的，尤其不能把它"私有"化，更不能把授权当成自己对被授权人的"恩赐"或"关爱"。恰恰在这个问题上，以往有许多人把它扭曲了，最后衍生出以权谋私乃至腐败等现象。另一方面，它要求被授权人也要有清醒的认识，自己不是接受某个人的"恩赐"，而是接受人民的委派而使用权力的，不能只是向授权的组织、机构、领导个人负责，更重要的是对人民尽职尽责。许多领导干部或公务员，正是在这个问题上出现了本末倒置的状况，使人民的授权名存实亡。实施权力监督，应该在纠正各级组织、政府机构或领导人的认识或做法上下功夫，使人民授权环节实至名归。

（二）要监督其有否把好应聘人员选任关

科学的授权是以正确的选任为基础的。其中很重要的，是必须认真做好对权力岗位应聘主体的推荐、考察和聘用。实施权力监督，主要就是看如下四条：

一是看其有否尊重群众公平公正地推荐适用的人才。这里的关键，是让群众有发言权，并充分考虑群众推荐的多寡，绝不把大多数群众反对的人推荐到各级权力岗位上来；但也要反对唯票数论，尤其要避免用极少的票数差来决定是否聘用。

二是看其有否对应聘人员进行全面的考核。首先，要把思想道德素质考核放在突出地位，以利于净化权力运行队伍。在具体实施中，要把一般素质考核和特殊素质考核有机结合起来，特别要注意考核其履行本岗位职责的特殊素质；要把政治理论考核和现实思想政治表现考核有机结合起来，绝不能搞"一份卷"定音，要更加注重其现实的思想政治表现的考核；同时，要重视其专业工作能力的考察，因为在现实中，很多人就是因为缺乏这种能力而造成工作失误，进而衍生出各种各样的不正之风和腐败现象，或是让不正之风和腐败现象得以乘虚而入。

三是看其确定聘用人员有否通过党委全委会票决。我们虽然要尊重群众的意见，重视群众的投票推荐，但不能搞群众说了算，要通过党委全委会的票决来作出聘任的决定。党委全委会的票决必须是公平公正的,首先要全面了解群众推荐的情况,特别是群众推荐的理由,并了解应聘人员的考核情况;其次要实行一人一票制,并尊重党委会全体成员的自主选择,反对任何人(哪怕是党政"一把手")私下"拉票";再次,一旦票决后,不得以任何借口随意推翻。

四是看其聘任有否实行试用期和任内罢免制相结合。实行"试用期",已经成为许多单位聘用干部的制度化、程序化的规定,在认识和实践上没有太大的问题。但困难是在于,通过一年的试用未必就能使应聘者的真面目都暴露出来,而在正式任命一段时间后才发现其不合适。所以我们建议,在实行试用期的同时,对权力岗位的聘任还要建立随机调整乃至罢免的制度,即根据上任后的实际情况随机调适,或对不称职者实行任中罢免。《中国共产党党内监督条例(试行)》专列一节谈"罢免或撤换"问题,指出"党的地方各级委员会委员,有权向上级党组织提出要求罢免或撤换所在委员会和同级纪委中不称职的委员、常委""党的地方各级纪律检查委员会委员,有权向上级党组织提出要求罢免或撤换所在委员会不称职的委员、常委"等。[5]我们认为,有必要把这种任中罢免或撤换制度推广到一切权力运行领域,使大家都做到能上能下,公平竞争。为了对应聘者和广大人民群众公平、公正,有关随机调整或罢免的规定要透明,而且应该预先加以明确,如出现什么情况时才实行任内随机调整或罢免,由谁实施对运行权力者的考核和罢免,等等。

四、健全廉洁运权,强化权力运作程序的监督

要实现运用权力的廉洁,其中非常重要的是应该按程序操作。凡是腐败或不正之风,大多是违反科学程序,随心所欲地运作权力。正是为了避免此类现象的发生,党的十八大从不同的角度反复强调行使权力的程序化问题。如明确提出,要"健全决策机制和程序","确保国家机关按照法定权限和程序行使权力"[6],等等。实施权力监督,一个很重要的内容,就要看权力的运作是否遵循应有的程序,抑或是随心所欲的,以督促其廉洁运权。

(一)要监督其是否建立了权力运行的规范程序

健全廉洁运权,首先要健全权力运行的程序。党的十六大报告提出,要"完善深入了解民情、充分反映民意、广泛集中民智、切实珍惜民力的决策机

制",并"建立与群众利益密切相关的重大事项社会公示制度和社会听证制度,完善专家咨询制度,实行决策的论证制和责任制,防止决策的随意性"[7]。这虽然讲的是决策的程序,但对于健全权力运行的程序很有启发。其一,行使权力前要作深入的调查,详细了解将要作出决断的事情的来龙去脉;如果情况不明,绝不盲目决策。其二,凡是同群众利益相关的事情,不要草率地"替人民做主",而是要深入了解民情、民意,并把他们的意见作为重要的参考依据,尽量采纳却不搞群众说了算。其三,一旦形成初步意见,一定要根据即将作出决断的内容的特点,通过相应的途径广泛征求意见,特别是要认真听取批评和建议。其中,与群众利益密切相关甚至可能对社会产生重要影响的决策,应该聘请专家咨询或举行社会听证会,确保不出现重大失误。只要条件许可,应该尽可能实行"安民告示",以进一步吸取群众的反映,也可避免让群众措手不及。其四,及时搜集决策后的成效反馈,以利于对既定决策作可能的调适或纠正。这是行使权力过程中应该遵循的最基本程序,一般情况下不允许有任何"越轨"的权力运作行为。

(二)要监督其是否把一般程序与具体实际有机结合起来

当前,我们特别要注意从本地区、本单位、本部门的实际出发,探索和规范权力运行程序,并使之切实可行又易于操作。例如《中共中央关于进一步加强多党合作和政治协商制度建设的意见》明确要求"充分发挥民主党派的民主监督作用",并强调要"进一步拓宽民主监督的渠道","切实完善民主监督机制"。[8]据此,福建省委在构建民主党派知情和监督平台上做出了许多努力,坚持每年定期和不定期地向民主党派、工商联和无党派代表人士通报党委、政府的重要工作和重要情况,纪检监察部门还坚持每年向他们通报党风廉政建设情况;省委、省政府还明确要求各级党政决策要坚持"三在前"的原则(即作出重大决策,民主协商要在党委决策之前、人大通过之前、政府实施之前)和"三在先"的原则(即制定经济和社会发展的中长期规划,要先协商后决策;决定重要人事安排和解决关系人民群众切身利益的重大问题,要先协商后决策;制定重要的地方政策性文件,要先协商后通过)。在决策程序上坚持"三在前"和"三在先"的原则,为民主党派参与协调或建言提供了经常性、制度性的平台,从而大大加强了民主党派直接参与民主监督的力度和成效。这是值得充分肯定的做法。

(三) 要监督其是否推行权力运作的公开化、透明化

作为程序性的要求，我们还要逐步拓展乃至完全公开权力运行的具体内容。这是方便权力监督的重要步骤和必要措施。就目前发展的客观趋势来说，权力运行的状况越来越公开、越来越透明；而且在公开的内容上，也越来越广泛，几乎拓展到权力运行的方方面面。1996年，中央纪委第六次全会提出要实行政务公开制度；1997年，党的十五大明确提出城乡基层要"实行政务和财务公开"[9]，中央纪委也据此要求全国乡镇、县级政权机关全面推行政务公开，在有条件的市（地）级政权机关也要推行政务公开；2002年，党的十六大进一步强调要"认真推行政务公开制度"和"完善公开办事制度"[10]；2004年，《中共中央关于加强党的执政能力建设的决定》首次提出"逐步推进党务公开，增强党组织工作的透明度，使党员更好地了解和参与党内事务"[11]的要求，时任中央纪委副书记的何勇更具体指出："依照国家法律、法规和有关政策规定，对运用行政权力办理的与人民群众利益相关的各类事项，只要不属于党和国家机密，都要向社会公开。"[12]这使权力运行的公开化实现了新的飞跃。应该说，现在实现权力运行的公开化和透明化已经有了比较坚实的法律和政策基础，关键在于如何去认真贯彻。我们要遵循党的十八大的要求，"推进权力运行公开化、规范化，完善党务公开、政务公开、司法公开和各领域办事公开制度"，"加强党内监督、民主监督、法律监督、舆论监督，让人民监督权力，让权力在阳光下运行"。[13]

五、立足廉洁用权，强化权力具体作为的监督

关于权力的具体作为，主要指运行主体有没有发挥权力的应有作用，以及怎么发挥权力的具体作用。

(一) 要鼓励权力的"主动作为"，但反对乱作为

权力的"主动作为"，是指权力运行主体通过发挥主观能动性，根据自己的理解甚至出自某种故意，让手中所握有的权力发挥了最大的作用。这也包括两种情况：一种是让权力恰到好处地发挥作用，既不越权，也不闲权。这是权力运行的最佳状态，也是实施权力监督所大力促进的。另一种是把权力运用到了

它所适合的范围之外，表现为对权力的滥用。一方面，它可能偏离了权力的本性，化公为私、以权谋私。这是权力腐败的最重要表现，也是我们实施权力监督最需要花力气加以制止的。另一方面，它也可能偏离了权力的特殊职能，超越其所适用的时空条件。例如，曾经拥有某种权力的领导或公务员，在卸任并到新的岗位之后，依然在运用原有的权力；任职某一地区、单位或部门的领导或公务员，把自己的"手"伸到了不属其管辖的地区、单位或部门……类似的越权行为，也是要予以纠正的。

（二）要批评权力的"消极作为"，激发权力使用中的创新精神

权力的"消极作为"，是指权力运行主体履行职责缺乏主观能动性，虽然也在发挥作用，但消极、被动。上面有督促，它就有动作，而且经常是看着上头"依样画葫芦"，照搬照抄，毫无创意；上面没有督促，就"做一天和尚敲一天钟"。有的人可能是因为在这个岗位呆久了，出现这种"老油条"的心理或态度；有的人可能是因为自身缺乏履行本职的能力，而只能"邯郸学步，亦步亦趋"。虽然这不等同于腐败，但它却给腐败提供了可乘之机。我们实施权力监督，同样要纠正这种权力消极作为的状态。

（三）要杜绝权力的"不作为"，防止腐败乘虚而入

权力的"不作为"，是指权力运行主体放弃应有的行使权利，使其形同虚设。尽管在现实中完全不作为的人很少，但基本不作为者还是大有人在的。人们常说一些领导或公务员"占着茅坑不拉屎"，指的就是不作为的情况。这大多是因为有的人不屑于组织上给他安排的职务或岗位，有的人只是把它作为过渡的"跳板"。不作为，必然造成编制的浪费，造成权力的"空档"，特别容易被腐败行为乘虚而入。我们要坚决杜绝这种权力"不作为"的发生。

（四）要纠正权力的"被作为"，避免滋生"辐射性"权力

所谓权力的"被作为"，是指一些领导或公务员手中的权力辐射到了同其具有特殊关系的人们身上，他们借助这种辐射性权力在发挥作用，特别是谋取私利乃至搞腐败。这种辐射性权力，是介乎权力与非权力之间的过渡性力量，虽不掌握现实的"权"，但却可以借助某种现实的权力而程度不同地影响着相应的社会组织协调、指挥和决策。辐射性权力一般发生于权力运行者的"身边"或"后院"，而且往往容易诱发各种各样的腐败现象。例如：权力运行者的亲属，

利用其同权力运行主体的亲密关系，借助该权力的威慑力量来谋取私利；权力运行者的秘书、"心腹"乃至司机等，也可以利用便于向领导"进言"而谋取私利；权力运行者的朋友、同事、同学、老师、学生或合作伙伴等，同样可以利用其特殊身份所拥有的辐射性权力谋取私利……所以十八大报告强调："各级领导干部特别是高级干部必须自觉遵守廉政准则……既严于律己，又加强对亲属和身边工作人员的教育和约束，决不允许搞特权。"[14]这对于预防权力的"被作为"和辐射性的权力腐败，具有重要的现实意义。

六、完善廉洁管权，强化权力运行全程的监督

权力的运作是一个动态的发展过程，在其任何环节上都可能偏离廉洁的轨道，从而都需要得到监督。所以，保持权力运作的廉洁，不是一时一事的，而应该是全程的跟踪监督。

（一）要对权力运行者加强马克思主义权力观的教育

当前，加强马克思主义权力观的教育，最重要的是进行两个方面的思想教育：一是加强"一切权力属于人民"的思想教育。不论什么权力，都是人民赋予的，而不是哪一个领导给予的，所以只须向人民负责，并以向人民高度负责的精神去行使自己的职权。任何向某一领导"报恩"或"尽忠"的态度，都是错误的。二是加强"公共权力只能服务公众"的思想教育。本文所说的"权力"，归根结底都是一种"公共权力"，其中也包括作为特殊形态的公共权力的党内各种权力。因为，它们都是由各级党政组织或机构及其所属干部和公务人员掌握并行使的，用以处理公共事务、维护公共秩序、增进公共利益的权力。这种权力本来就是源自公共生活的需求，所以必须服务于公共生活的健康发展，而且也只能为公共生活的主体——广大公众服务。我们要通过马克思主义权力观的教育，使每一个权力运行者树立起为人民负责、为公众服务的信念，自觉预防权力的私有化，坚决反对以权谋私。

（二）要让权力运行者保持"警钟长鸣"

俗话说："常在河边走，难免不湿鞋。"建设廉洁政治对于权力运行者来说，虽然首先要靠自觉和自律，但若离开他律和监督，也往往容易放松警惕，出现精神懈怠，从而被不正之风或腐败邪念乘虚而入。所以，我们要通过各种方式提醒他们保持廉洁，特别要尽可能让他们多了解为政不廉或贪污腐败者的深刻教训，甚至在他们的办公场所营造廉洁用权的浓郁气氛，使他们时刻"警钟长鸣"，自警、自重、自励，永远保持洁身自爱。

（三）要及时地把握和反馈权力运行的实际成效

了解权力运行的实际成效，是实施权力跟踪监督的重要一环，而且体现着过程跟踪监督的特殊意义。我们不能等到过程结束后才去了解权力行使的效果，而应该在其运行过程中及时把握和反馈权力运行的成效，以利于在其可能出现失误甚至造成重大危害之前防范于未然。实施这一环节的监督客观上比较难，因为它不是光靠上级组织或纪检监察部门所能做到的。这需要发挥所有监督主体的积极性，特别是广大群众监督的作用，甚至要发挥各种媒体的监督作用。网络监督是"双刃剑"，要充分发挥其正面的积极的作用。

（四）要重视对权力运行的延伸监督

这里所说的"延伸"，是指不局限于权力运行的"当下"监督，而且要关注权力运行"后续结果"的监督。其中最典型的，就是要善于发现和查处"期权腐败"。所谓期权腐败，就是指某些领导干部或公务员在任时利用手中掌握的各种审批权、决策权及政策优惠等，为预期可能使之未来得到丰厚回报的企业、个体老板提供特殊的、非正当的权益或好处，待其离任或退休后再通过应聘各种职务等方式，从这些企业或老板那里获取非正当的私利。对发现和惩处期权具有比较大的困难，这是因为，领导干部或公务员的权力"投资"同利益"回报"不是同时的。他们的权利交易是发生在领导干部或公务员任职期间，而其利益"回收"的兑现却是在领导干部或公务员卸任之后，其时间跨度短则数月、长则数年乃至十几年，具有明显的潜伏性和隐蔽性，不易被及时地发现和查处。而且，领导干部或公务员同企业或老板的这种权利交易，既是"互惠"的，又是先投入、后回报，很符合企业或老板追逐眼前私利之心，往往具有比较强的默契性，客观上给破获期权腐败增添了不少的困难。实施权力运行过程的监督，就是要警惕并尽可能阻止这种交易的发生；而且要采取一些"延伸"性的措施，一旦发现"期权腐败"，就要进行彻底追究。有的地方或单位规定领导干部离职或退休后，在若干年内不得受聘于当领导时与之有密切关联的企业，是值得提倡或借鉴的做法。同时，我们对领导干部要加强离任审计，尤其要加大离任后

"下海"或到企业任职的领导干部的经济审计力度，追究可能潜伏的"期权腐败"，限制期权腐败的兑现；对领导干部还要实行永久性责任追究制，一旦发现问题，无论离职时间多长，不管身在何处，都要实行法纪处分或制裁。

参考文献

[1] [3] [4] [6] [13] [14] 胡锦涛. 坚定不移沿着中国特色社会主义道路前进为全面建成小康社会而奋斗 [N]. 人民日报, 2012 - 11 - 18 (001).

[2] [11] 中共中央关于加强党的执政能力建设的决定 [N]. 人民日报, 2004 - 09 - 27.

[5] 中国共产党党内监督条例（试行）[EB/OL]. (2004 - 02 - 17) [2013 - 06 - 28]. http：//www. people. com. cn/GB/shizheng/1026/2344222. html.

[7] 江泽民. 全面建设小康社会，开创中国特色社会主义事业新局面 [N]. 人民日报, 2002 - 11 - 18 (1).

[8] 中共中央关于进一步加强中国共产党领导的多党合作和政治协商制度建设的意见 [EB/OL]. (2005 - 02 - 18) [2013 - 06 - 28]. http：//cpc. people. com. cn/GB/64162/71380/102565/182142/10993406. html.

[9] 江泽民. 高举邓小平理论伟大旗帜，把建设有中国特色社会主义事业全面推向二十一世纪 [N]. 人民日报, 1997 - 09 - 13 (1).

[12] 何勇. 进一步推动政务公开工作向纵深发展 [J]. 求是, 2004, (14).

（作者为福建师范大学马克思主义学院教授、博导，本文原载《三明学院学报》2013年第5期）

全面从严治党视域下的反对铺张浪费

——从毛泽东到习近平的思想史考察

李方祥

厉行节约、反对浪费，是中国共产党在长期的革命、建设和改革时期形成的宝贵传统，它代表了中国共产党密切联系群众的优良作风，直接关系到党领导人民群众夺取政权、执掌政权的群众基础。从毛泽东到邓小平、江泽民、胡锦涛、习近平，党的领导人不仅在思想上历来强调反对浪费，而且在实践中不断探索从制度上防止、反对和严惩铺张浪费行为，不断增进同人民群众的感情。当前，梳理和回顾中国共产党反对铺张浪费的优良传统，对于进一步贯彻落实中央"八项规定"，学习领会习近平总书记系列重要讲话精神，推进全面从严治党，具有极强的现实针对性。

一、执政初期中国共产党对抵制铺张浪费行为的初步探索

厉行节约、反对浪费，是无产阶级政党执政为民的重要表现，也是国家机关和人民政权为人民服务宗旨的反映。马克思在总结巴黎公社的革命实践时就把"廉价政府"作为代表工人阶级利益的一项根本原则。

（一）在群众运动中抵制和惩处铺张浪费行为

新中国成立后，中国共产党成为全国范围的执政党，掌握和调配国家和社会资源。虽然中国共产党多次强调党和国家机关工作人员要注意制止奢侈浪费行为，但新中国成立后不久在一些领域惊人的浪费现象还是存在的。1951年11月1日，东北局书记高岗向中央呈报了一份关于开展增产节约运动，进一步深入反贪污、反浪费、反官僚主义斗争的报告，其中关于国家机关暴露出来的贪

污浪费严重状况引起了毛泽东的高度关注。毛泽东在1951年11月20日转发该报告时写了一段批语，肯定了东北局的经验，并且明确提出"在此次全国规模的增产节约运动中进行坚决的反贪污、反浪费、反官僚主义的斗争"。[1]这是毛泽东首次提出开展"三反"运动。高岗的报告使毛泽东下决心在全党开展"三反"运动，后来毛泽东自己说："发现贪污问题的严重性和大规模地惩治贪污分子，从东北开始，是由高岗同志亲自动手的。"[2]在"三反"运动的逐步深入中，军队系统也暴露出突出的浪费现象。1951年12月8日，华北军区后勤部党委向中央提交了关于"三反"斗争的报告，反映了军区后勤部门的严重问题。1951年12月11日，毛泽东在转发该报告所写的批语中严肃地指出："军事系统各部门，特别是后勤部门，贪污、浪费和官僚主义的情况极为严重。"[3]毛泽东特别强调指出，必须在整个军事系统，特别是在后勤部门开展"三反"斗争。毛泽东对军队后勤系统的严厉批评，使总后勤部产生了极大的震动。总后勤部部长杨立三1951年12月13日致信毛泽东对工作中的缺点和错误作了全面的检讨。毛泽东在1951年12月14日的回信中对其态度给予肯定，同时还进一步指出军队后勤系统问题的严重性，并明确指出后勤部门贪污浪费和官僚主义的严重状况根源在于党组织民主生活不健全："据我所知，我军整个后勤系统长期缺乏这种民主的自我检讨和相互检讨，以致政治空气极不浓厚；党的生活极不健全；许多领导同志胸襟狭隘，思想不开展，作风不民主，只顾小局，不顾大局；后勤系统中贪污、浪费和官僚主义极端严重，这种严重性至少不小于政府的财经系统和公安系统。"[4]这是毛泽东对后勤系统中贪污、浪费和官僚主义问题严重性所作的一个估量。军队是人民的军队，是捍卫人民政权的台柱子，毛泽东密切注意着这支他亲手缔造的人民军队中出现的一系列问题，关注着人民军队的反浪费工作情况。1951年12月2日，装甲兵司令部向中央呈报了关于精简节约工作的报告，这是军事方面的第一个有关精简节约的报告，受到毛泽东的重视。1951年12月5日，毛泽东批转了该报告并指出，"反贪污应和精简节约及反对浪费分开来做"，而装甲兵司令部的报告正是着重在精简节约和反对浪费上，"很有意义，使人高兴"。[5]此后，各个军区党委纷纷行动起来深入开展"三反"运动，并及时向党中央、中央军委汇报工作情况。1951年12月，毛泽东审阅了《西北军区党委关于精简节约开展"三反"斗争的指示》《华北军区党委关于军区高干会议情况报告》，并撰写了批语。公车私用实际上也是一种浪费，也曾引起毛泽东的重视。1951年12月18日，外交部亚洲司服务员魏宝贵给毛泽东写信，反映中央机关某些干部用公车接送子女上学的现象。毛泽东收到来信后批给时任中央办公厅主任的杨尚昆，要求"查明酌办"。[6]

1951年12月初，毛泽东在修改《中共中央关于实行精兵简政、增产节约、反对贪污、反对浪费和反对官僚主义的决定》时，在"中央人民政府不久将颁布惩治贪污的条例"之后补充了"惩治浪费的条例"，[7]首次表达了他制定和颁布专门惩治浪费的条例的计划。1952年3月8日，政务院第127次政务会议批准通过了《中央节约检查委员会关于处理贪污、浪费及克服官僚主义错误的若干规定》（以下简称《规定》），第一次对浪费问题的处理方针、原则和办法提出了统一的政策性标准。《规定》把浪费分为个人生活的超支与铺张浪费、集体生活的超支与铺张浪费、业务上的浪费等3类，并对每类浪费行为进行了详细区分：关于个人生活的超支与铺张浪费，分为合理的超支、半合理的超支、铺张性的超支及挥霍性的超支；关于集体生活的超支与铺张浪费，分为合理的超支、不合理的超支；关于业务上的浪费，分为由于经验不足或全无经验造成的浪费、由于负责人严重的官僚主义或经管人员失职造成的浪费。[8]《规定》还针对不同类别的浪费现象制定了相应的处理办法：对于个人生活与工作上的挥霍性超支，以及由于负责人严重的官僚主义或经管人员失职所造成的业务上的浪费和损失，视情节酌予刑事处分；对于集体生活中不合理的超支，如铺张性的会议招待、应酬，过分的机关购置、陈设、建筑等，视情节酌予行政处分。[9]

（二）把勤俭建国作为中国共产党执政的基本方针

"一五"计划的实施，使我国打下了比较好的工业基础，可是在实施过程中中央也发现了在基本建设、企业经营管理、各机关、学校、企业和部队的办公开支和生活设施等各个领域仍然存在比较严重的浪费现象。比如，国家机关的行政管理费虽然在国家整体支出中的比重在逐年下降，但是仍然存在铺张浪费的现象；非生产性的房屋建筑，讲究豪华装饰，大量采用贵重的或特殊的材料，购置豪华的室内设备，造成惊人的浪费，等等。1955年6月13日，李富春在中央各机关、党派、团体的高级干部会议上作题为"厉行节约，为完成社会主义建设任务而奋斗"的报告。1955年7月4日，中共中央印发了李富春的报告，并出台了《中共中央关于厉行节约的决定》,明确提出:严格控制非生产性建设,削减非急需建设项目,认真降低设计标准和工程造价;改善经营管理,贯彻经济核算制,加强财务成本工作,杜绝浪费;严格遵守老企业、老单位增产增事不增人,新企业、新单位增人从老企业、老单位多余售货员中调配和优先录用复员建设军人的原则;机关、学校、企业、部队的生活设施必须简洁朴素,现行行政办公杂支的开支标准,特别是有关汽车、宿舍、家具的使用标准应当降低。[10]

在总结我国"一五"时期社会主义经济建设基本经验的基础上,1955年10月11日毛泽东在中国共产党第七届中央委员会第六次全体会议(扩大)上,首次提出"勤俭建国"这一重要概念,指出:"要严格地节约,反浪费。现在城市里头大反浪费,乡村里头也反浪费。要提倡勤俭持家,勤俭办社,勤俭建国。我们的国家一要勤,二要俭,不要懒,不要豪华。"[11]此后,毛泽东在许多场合又多次提及并阐述了"勤俭建国"的思想。其中,1957年2月毛泽东在《关于正确处理人民内部矛盾的问题》这一重要讲话中提出"要提倡勤俭建国",[12]并且专门论述了"关于节约"的问题。他从我国基本国情出发阐述了坚持勤俭建国方针的重要性:"要使我国富强起来,需要几十年艰苦奋斗的时间,其中包括执行厉行节约、反对浪费这样一个勤俭建国的方针。"[13]把勤俭节约、反对浪费摆在建国方针的重要位置,这在科学社会主义发展史上是首次,体现了毛泽东治国理念的独创性。"勤俭建国"这个概念经毛泽东提出后,在党内和全国逐渐传开并被接受,刘少奇、周恩来、朱德、陈云、邓小平等领导人在各种讲话中也经常使用这一概念。

毛泽东毕生都关注着我们党能否坚持勤俭建国的方针,能否保持革命战争年代形成的艰苦奋斗的优良传统,因为他深知能否坚持勤俭建国关系到中国共产党能否保持不变质、不变色,能否防止一些领导干部从人民公仆蜕变为"工人贵族"。当时,毛泽东主要是通过开展群众运动的方式来反对铺张浪费的,但他其实特别希望能够通过制度来防止和惩处铺张浪费的行为。1952年4月,在前期实践探索的基础上,中央人民政府颁布了《中华人民共和国惩治贪污条例》,但惩治浪费的条例却由于种种原因而没有正式颁布。

二、改革开放新时期把厉行节约纳入从严治党的战略部署

改革开放以来,中国共产党一方面大力提倡恢复和弘扬艰苦奋斗的优良传统;另一方面,面对改革开放以来形形色色的各种考验,开始考虑和探索从具体制度层面上防止党员领导干部铺张浪费,努力地在改革开放的新形势下进一步保持党同人民群众的血肉联系。

(一)明确把反对铺张浪费作为治党管党的重要内容

早在1974年11月,邓小平就指出:"提倡勤俭建国的方针,更能够调动群众的积极性。这不仅在经济上积累资金建设了自己的国家,而且在政治思想上对群众的影响也是好的。"[14]他十分关注在改革开放新时期继承和弘扬革命和建设时期形成的厉行节约的宝贵传统。1980年1月,在《目前的形势和任务》这篇重要讲话中,邓小平把要有艰苦奋斗的创业精神作为我国实现现代化的四个基本条件之一。他提醒全党"最大的问题还是要杜绝各种浪费",[15]尤其是党的高级干部要带头厉行节约、艰苦创业,不允许搞特殊化、当老爷。他提出,在这方面"中央已经作了一些规定,今后还要作更多更严的规定"。[16]从一些领导干部走上贪腐道路看,往往是从丢掉了艰苦奋斗传统、利用权力挥霍浪费公款开始的。邓小平多次强调全体共产党员都应该永远保持艰苦奋斗的传统,"坚持这个传统,才能抗住腐败现象"。[17]

勤俭节约本质上是一种群众立场和群众观点。1992年我国确立社会主义市场经济体制,但市场经济是把"双刃剑",其负面影响(如拜金主义、权钱交易等消极价值观念)不同程度地影响到党内,腐蚀了一部分党员领导干部,以致部分党员领导干部追求高消费和物质享受,大肆挥霍浪费,把党的群众路线的优良传统和艰苦奋斗精神抛到脑后。一些领导干部沉溺于纸醉金迷的生活,挥霍公款、吃喝玩乐:有的经常出入豪华会所、酒楼、夜总会等高消费场所;有的在所谓的"培训中心"等隐蔽场所公款吃喝;有的超标准修建办公楼,用巨额公款装修豪华办公室;有的滥发纪念品、礼品,滥发各种补贴、津贴;还有的到景区召开会议,用公款旅游,等等。面对铺张浪费成风的现象,党中央提出了"治国必先治党,治党务必从严"的战略部署,从改进党的作风建设入手推进从严治党。江泽民明确提出要加强群众路线教育,指出"对我们的领导干

部要狠抓一下群众观点、群众路线的教育,这个教育抓好了,实事求是之风,艰苦创业之风,勤俭节约之风,诚心诚意为人民谋利益之风,才能大兴起来,而形式主义、官僚主义、奢侈浪费、以权谋私等等歪风才能扫除掉"。[18]2001年9月召开的党的十五届六中全会通过了《中共中央关于加强和改进党的作风建设的决定》(以下简称《决定》),紧紧围绕保持党同人民群众的血肉联系这个关键问题,明确提出"八个坚持、八个反对"的要求。其中,关于"坚持艰苦奋斗,反对享乐主义",《决定》明确指出:"办一切事情都要遵循勤俭节约、艰苦创业的原则,量力而行,精打细算,讲求实效。领导机关和领导干部的工作条件只能随着经济发展而逐步改善,要把资金更多地用于发展经济和改善人民生活。反对讲排场,比阔气,铺张浪费。"[19]同时,《决定》立足于制度建设,强调建立健全制度和机制,推进作风建设的制度化、规范化,明确提出"改革完善管理体制和制度,刹住奢侈享乐之风"。[20]比如,明确禁止用公款大吃大喝、巧立名目公款旅游和进行高消费娱乐;要求不得违反规定修建楼堂馆所;要求强化预算管理和审计监督;要求清理和取消"小金库";要求进一步改革完善公务活动接待制度,等等。

(二)强调改革开放仍然要长期坚持勤俭节约的方针

新中国成立后经过近30年的发展,我国社会主义事业取得了巨大的成就,但从总体上看当时我国的经济和综合国力与世界上发达资本主义国家相比,仍然存在较大的差距。党的十一届三中全会开启了改革开放的新时期,把党和国家的工作重心转移到经济建设上来。1987年召开的党的十三大,确立了"三步走"经济发展战略,绘制了21世纪中叶达到中等发达国家水平、实现现代化的宏伟目标。改革开放使我国焕发出新的生机,经济保持较高的速度持续增长。针对这种新形势,邓小平提醒人们:"我们还要夹着尾巴做人,要很谨慎,并且要艰苦奋斗,艰苦奋斗还是要讲,一点不能疏忽,要勤俭办一切事情,才能实现我们的目标。"[21]

(三)明确把"三公经费"零增长作为党政机关厉行节约的具体目标

经过30多年的改革开放,我国现代化建设取得了举世瞩目的历史性成就,综合国力迈上一个新的台阶。从1978年到2007年,我国国内生产总值由3645亿元增长到249500亿元,年均实际增长9.8%,经济总量上升为世界第四。[22]

这种经济实力与改革开放前及改革开放初期相比都有了显著的不同，国家的财力有了明显增强。与此同时，一些党员干部拜金主义、享乐主义和奢靡之风有滋长蔓延之势，精神懈怠；一些领导干部骄奢淫逸、惊人的铺张浪费现象比较突出。这不仅与科学发展观是根本相悖的，而且严重损害了党群关系。对此，胡锦涛明确指出，虽然当前我国经济总量扩大了，但是"我国还是发展中国家，仍处于并将长期处于社会主义初级阶段"，要求全党"必须坚持厉行节约，反对浪费的方针"，并且提出即便将来国家综合国力更强大，"艰苦奋斗、勤俭节约的好传统仍然不能丢"。[23]他特别强调指出，要"严格控制一般性支出，对公务购车、会议经费、公务接待费用，以及党政机关出国（境）经费等支出实行零增长，严格预算支出管理，严格控制新建楼堂馆所，坚决制止铺张浪费、奢靡之风，做到令行禁止、违者必究"。[24]其中，推动"三公经费"支出向全社会公开、接受公众监督，是进一步抵制铺张浪费的重要举措。根据中央的有关精神，2010年3月国务院明确要求各部门于当年6月公开支出情况，并且提出要细化"三公经费"的解释说明等严格要求，避免敷衍了事。根据国务院的要求，98个中央部门陆续公开了部门决算。此后，党中央和国务院又进一步推动了省级政府两年内全面公开"三公经费"。从2012年10月1日起，我国所有县级以上政府都必须将"三公经费"纳入预算管理，并定期向社会公布，接受人民群众的监督。

改革开放30多年来，中国共产党反对奢侈浪费、加强党的作风建设和反腐败斗争的探索，为党的十八大以来以习近平为总书记的党中央执行"八项规定"，进一步推进全面从严治党积累了宝贵的实践经验。

三、党的十八大以来把反对铺张浪费作为全面从严治党的新常态

党的十八大以来，以习近平为总书记的党中央对奢靡浪费现象十分痛心。2013年1月17日，新华社上报了《网民呼吁遏制餐饮环节"舌尖上的浪费"》材料，反映我国当前餐饮环节的浪费现象，尤其是公款浪费触目惊心。习近平总书记在审阅材料时作出重要批示，明确指出务必狠刹浪费之风，提出要"大力弘扬中华民族勤俭节约的优秀传统，大力宣传节约光荣、浪费可耻的思想观念，努力使厉行节约、反对浪费在全社会蔚然成风"[25]。

（一）从反对"四风"入手进一步密切党群关系

在2013年1月22日召开的第十八届中央纪律检查委员会第二次全体会议上，习近平总书记专门强调，虽然国家的财力有了显著的增加，但仍然要坚决反对讲排场、比阔气。他认为，产生餐饮等各方面浪费现象的一个很重要的原因是，公款吃喝和商务宴请造成的铺张浪费，以及对公款消费缺乏监管。他严肃地指出，如果任这类现象发展，"就会像一座无形的墙把我们党和人民群众隔开，我们党就会失去根基、失去血脉、失去力量"。[26]在党的群众路线教育实践活动中，党中央把反对奢靡之风作为"四风"的重要内容。习近平总书记指出：提出反对"四风"，就是提出了一个抓反腐倡廉建设的着力点，提出了一个夯实党执政的群众基础的切入点。[27]在一些党政机关的公务活动中确实不同程度地存在着各种铺张浪费现象，比如公款吃喝、违规配车和公车私用、公款旅游、超标准使用办公用房和修建豪华楼堂馆所、大搞节庆论坛等。有的领导干部对此早已习以为常，而广大人民群众却反映强烈。可见，反对奢侈浪费行为尤其是公务消费的铺张浪费，不仅可以挽回国家财政经济损失，而且直接关系到党的形象，关系到党与人民群众的血肉联系。也正是从巩固党的执政基础这个战略高度，习近平总书记把倡导勤俭节约、反对铺张浪费作为全面从严治党的重要内容。

（二）凸显党规党纪的刚性约束作用

抵制奢侈浪费，不能仅仅依靠宣传、倡导，更需要完善制度的刚性约束和监督。习近平在充分肯定了提倡勤俭节约、反对铺张浪费工作所取得的阶段性成果的同时，开始考虑从制度层面使反对铺张浪费行为规范化、常态化。2013年2月22日，他在人民日报社上报的《专家学者对遏制公款吃喝的分析和建议》等材料上作出重要批示，指出："下一步，关键是要抓住制度建设这个重点，以完善公务接待、财务预算和审计、考核问责、监督保障等制度为抓手，努力建立健全立体式、全方位的制度体系，以刚性的制度约束、严格的制度执行、强有力的监督检查、严厉的惩戒机制，切实遏制公款消费中的各种违规违纪违法现象。"[28]在认真总结中国共产党反对铺张浪费的历史经验，尤其是党的十八大以来执行"八项规定"、反对"四风"的实践经验的基础上，2013年11月党中央、国务院制定了《党政机关厉行节约反对浪费条例》，结合党政机关公务活动和公务消费的新情况和新问题，对经费管理、国内差旅、因公临时出国（境）、公务接待、公务用车、会议活动、办公用房、资源节约等方面的公务消费行为作了详细规定。2015年10月21日，中共中央制定了《中国共产党廉洁自律准则》《中国共产党纪律处分条例》这两个重要的党内法规，把"坚持尚俭，艰苦朴素，勤俭节约"作为全体共产党员廉洁自律的基本规范，同时还进一步对违反勤俭节约规范的铺张浪费行为的处分作出严格的规定。如对于违反有关规定组织、参加用公款支付的宴请、高消费娱乐、健身活动，用公款购买、赠送、发放礼品，用公款旅游、借公务差旅之机旅游或者以公务差旅为名变相旅游，以考察、学习、培训、研讨、招商、参展等名义变相用公款出国（境）旅游，违反公务接待管理规定，超标准、超范围接待或者借机大吃大喝，违反有关规定配备、购买、更换、装饰、使用公务用车或者其他违反公务用车管理规定，违反会议活动管理规定，以及违反办公用房管理规定，等等，根据情节轻重给予直接责任人和领导责任者警告、严重警告、撤销党内职务、留党察看直至开除党籍处分。这些规定体现了党中央依规治党的战略部署，用最严格的党纪从源头上约束和禁止党员领导干部的铺张浪费和特权行为。

  党的十八大以来制定了一系列禁止铺张浪费的相关制度，体现了以习近平为总书记的党中央从严治党的战略部署，特别是坚持思想建党与制度治党的紧密结合，这是最突出的一个特点。思想建党是中国共产党的优良传统，同时中国共产党也十分注重通过制度建设使党的建设科学化、规范化。特别是改革开放以来，中国共产党在社会日益多元化、思想日益复杂化的新形势下，不断完善党的各项制度建设，为管党治党提供了制度保障。党的十八届三中全会适应党的建设新情况，通过了《中共中央关于全面深化改革若干重大问题的决定》，明确提出党的建设制度改革的任务。党的十八届三中全会后，中国共产党开始系统清理、整合党内法规制度，2013年11月制定了《中央党内法规制定工作规划纲要（2013-2017年）》，目的是通过5年左右的时间，新制定一批党内法规，废止一批已经过时的党内法规，形成内容科学、程序严密、配套完备、运行有效的党内法规制度体系。"五年规划纲要"把完善党政机关厉行节约反对奢侈浪费方面的党内法规列入党的作风建设方面的党内法规规划，明确提出：清理以往反对和禁止铺张浪费行为的各项制度规定，以改革创新精神加强厉行节约反对浪费制度体系建设；制定党政机关厉行节约反对浪费条例，坚决遏制公务支出、公款消费中的违规违纪违法现象。[29]《党政机关厉行节约反对浪费条例》的制定，为形成不能不愿不敢铺张浪费提供了长效保障机制，同时也为进一步建立和完善立体式、全方位的厉行节约反对浪费制度体系奠定了基础。

参考文献

[1] 毛泽东：《建国以来毛泽东文稿》第2册，中央文献出版社，1988，第513页。

[2] 毛泽东：《建国以来毛泽东文稿》第2册，中央文献出版社，1988，第535页。

[3] 毛泽东：《毛泽东文集》第6卷，人民出版社，1999，第191页。

[4] 毛泽东：《建国以来毛泽东文稿》第2册，中央文献出版社，1988，第546页。

[5] 毛泽东：《建国以来毛泽东文稿》第2册，中央文献出版社，1988，第568页。

[6] 毛泽东：《建国以来毛泽东文稿》第2册，中央文献出版社，1988，第576页。

[7] 毛泽东：《建国以来毛泽东文稿》第2册，中央文献出版社，1988，第600页。

[8] 中共中央文献研究室：《建国以来重要文献选编》第3册，中央文献出版社，2011，第96页。

[9] 中共中央文献研究室：《建国以来重要文献选编》第3册，中央文献出版社，2011，第96页。

[10] 中共中央文献研究室：《建国以来重要文献选编》第6册，中央文献出版社，2011，第246—247页。

[11] 中共中央文献研究室：《毛泽东著作专题摘编》（上），中央文献出版社，2003，第935页。

[12] 毛泽东：《毛泽东文集》第7卷，人民出版社，1999，第226页。

[13] 毛泽东：《毛泽东文集》第7卷，人民出版社，1999，第240页。

[14] 中共中央文献研究室：《邓小平年谱（1904—1974）》，中央文献出版社，2009，第2066页。

[15] 邓小平：《邓小平文选》第2卷，人民出版社，1994，第260页。
[16] 邓小平：《邓小平文选》第2卷，人民出版社，1994，第260页。
[17] 邓小平：《邓小平文选》第3卷，人民出版社，1993，第290页。
[18] 江泽民：《论党的建设》，中央文献出版社，2001，第194页。
[19] 中共中央文献研究室：《十五大以来重要文献选编》（下），人民出版社，2003，第2013—2014页。
[20] 中共中央文献研究室：《十五大以来重要文献选编》（下），人民出版社，2003，第2013－2014页。
[21] 中共中央文献研究室：《十三大以来重要文献选编》（上），中央文献出版社，2011，第3页。
[22] 中共中央文献研究室：《十七大以来重要文献选编》（上），中央文献出版社，2009，第791页。
[23] 中共中央文献研究室：《十六大以来重要文献选编》（下），中央文献出版社，2008，第875页。
[24] 中共中央文献研究室：《厉行节约，反对浪费——重要论述摘编》，中央文献出版社，2013，第51—56页。
[25] 中共中央文献研究室：《厉行节约，反对浪费——重要论述摘编》，中央文献出版社，2013，第51—56页。
[26] 中共中央文献研究室：《厉行节约，反对浪费——重要论述摘编》，中央文献出版社，2013，第51－56页。
[27] 中共中央文献研究室：《习近平关于协调推进"四个全面"战略布局论述摘编》，中央文献出版社，2015，第126页。
[28] 中共中央文献研究室：《厉行节约，反对浪费——重要论述摘编》，中央文献出版社，2013，第51—56页。
[29] 中共中央文献研究室：《十八大以来重要文献选编》（上），中央文献出版社，2014，第456页。

（作者为福建师范大学马克思主义学院院长、教授、博导，原载《福建农林大学学报》2015年第6期）

严明党纪，抵制历史虚无主义

李方祥

近日中共中央印发了《中国共产党纪律处分条例》（以下简称《条例》），明确把"诋毁、诬蔑党和国家领导人""歪曲党史、军史"作为违反政治纪律的行为，并视情节给予相应纪律处分。这一重要修改，体现了党的十八大以来以习近平为总书记的党中央全面从严治党、严明党的纪律的重大战略部署，从党规党纪的刚性约束层面对于有力抵制历史虚无主义等错误思潮将发挥极其重要的作用。

众所周知，改革开放以来尤其是近年来历史虚无主义沉渣泛起，一些人颠倒历史事实，搅乱历史是非，制造思想混乱，瓦解对党的信任，在社会上造成了极其恶劣的影响。值得注意的是，历史虚无主义在一个时期比较活跃甚至猖獗，与党内极个别人推波助澜甚至带头散布虚无主义错误观点，向党史、军史和国史发难有一定的关系。这些人丧失党的理想信念和人民立场，无视党的纪律，有的毫无忌讳地抹黑侮辱革命先烈，有的放肆地攻击丑化党的领袖人物，有的在公众场合"正义凛然"而在私密场合却嘲讽戏谑革命前辈，有的还把虚无党史、军史的谬论夹杂在学术研究之中，公然利用报刊、网络、讲坛等平台发表一些错误观点。他们头顶着共产党员的神圣称号却以丑化党史为荣，博取"开明"的美名，其行为不仅败坏了党的形象，而且践踏了党严肃的政治纪律。

90多年来，中国共产党经受过无数历史风浪的考验，关键靠革命理想和铁的纪律这两条。在党的纪律当中，最根本的是政治纪律，这是党的团结统一的根本保证，是党的战斗力和先进性的重要基础。习近平总书记深刻指出："如果党的政治纪律成了摆设，就会形成'破窗效应'，使党的章程、原则、制度、部署丧失严肃性和权威性,党就会沦为各取所需、自行其是的'私人俱乐部'。"在共产党内部由于放纵个别党员肆意丑化党的领袖、抹黑革命先烈而导致"破窗效应",并非没有前车之鉴。从赫鲁晓夫否定斯大林开始直至苏联剧变前夕,苏联社会弥漫着一股虚无苏共、丑化苏联历史的逆流,一些苏共党员甚至党的领导干部公然违背党的政治纪律,带头在党报党刊上公开谩骂、丑化、诬蔑苏共及其党的领袖,煽动对党不信任的情绪,但是这些党员没有受到应有的党纪处理,反而逍遥于党纪之外。最终在毁掉自己的同时,苏共也埋葬了自己。

中国共产党长期以来重视对全体党员进行党史、国史的教育,早在党的十一届六中全会就通过了《关于建国以来党的若干历史问题的决议》,十一届三中全会以来党的历次全国代表大会对党史的新发展都作出了郑重的总结,这为我们研究和宣传党史提供了根本依据。党中央这次新修订的《条例》,把"诋毁、诬蔑党和国家领导人","歪曲党史、军史"列入"对违反政治纪律行为的处分",这是我们抵制历史虚无主义的有力武器,对那些惯于信口开河、随心所欲散布不负责任观点的人,毫无疑问将是一种巨大的威慑。

《条例》的修订再一次说明,历史虚无主义不是一般性的社会思潮,它实质上是一股政治思潮。毛泽东同志曾经指出:"凡是要推翻一个政权,总要先造成舆论,总要先做意识形态方面的工作。革命的阶级是这样,反革命的阶级也是这样。"历史虚无主义思潮根本上是为敌对势力推翻政权制造舆论服务的,他们最常使用的伎俩之一就是通过丑化共产党的历史特别是丑化无产阶级革命领袖来达到这个目的。

历史虚无主义的破坏作用绝不限于对过去历史的歪曲,更在于影响现实的选择和对未来的引导。正因如此,历史虚无主义的传播总是与政治极端主义如影随形、密不可分,思想上的历史虚无主义,必然表现为政治上的极端主义,他们在实践上否定四项基本原则、颠覆现行制度。在当前历史虚无主义的各种表现形态中,有一种形态更需要引起我们高度警惕,这就是近年来以学术研究为包装的历史虚无主义。从表面上看,它似乎远离现实社会和政治,对社会的影响并不如民主社会主义、新自由主义等思潮那么直接,有时甚至以一种客观公正、中立的面貌出现,因而其传播和扩散往往未能引起人们的警惕,而误把它当作学术思潮中的不同观点加以"包容"。

大量事实表明，历史虚无主义并不满足于纯理论的研究，不甘心在书斋中坐而论道，一方面他们在历史研究领域否定革命，立足于舆论造势，与马克思主义争夺话语权，消解马克思主义在历史研究中的指导地位；另一方面，他们又热衷于在现实政治问题上发表自己的观点，通过对正确历史结论的根本性颠覆，来阐述他们对中国改革和发展道路的基本立场和观点。值得注意的是，近些年来，一些人为了避免与现行制度和主流意识形态直接对立与冲突，转而寻求在主流意识形态和国家政策允许范围内进行活动，以"讲真话""两头真""独立思考"等为幌子，依托其所控制的某些舆论阵地，或举行各种名目的纪念、集会等活动，或发表文章、举行演讲等，来影响和改变未来中国的发展方向。

总之，抵制社会上各种历史虚无主义，需要首先从全面从严治党入手，严明党的政治纪律，用党规党纪守护党的历史，使各级党组织和广大党员在政治方向、政治立场、政治言论、政治行为等方面自觉与党中央保持高度一致，带头弘扬正气、抵制丑化党史的歪风邪气。

（作者为福建师范大学马克思主义学院院长、教授、博导，本文原载《中国社会科学报》2015年11月5日第001版）

网络反腐的当下形态和法治轨道

杨建义

随着网络自媒体时代的来临,网络举报、监督成为百姓参与反腐败的重要渠道。尽管由网络揭露出来的腐败案件在查办案件的总数中所占的比例还很小,但由于互联网的放大效应,却成为人们关注的一个问题。可以说,网络反腐已成为反腐败工作的一种新常态。

一、当前网络反腐的类型与动因

2005年1月,有人网上举报苏州市财政局政府采购管理处原副处长郑大水在政府采购中收受贿赂,由此揭开了网络反腐的序幕。随后,利用网络手段反映官员腐败的现象逐年递增。从典型案件数量来看,2008年2例,2009年3例,2010年7例,2011年8例,2012年19例[1]。

(一)网络反腐的类型

网络反腐,是指通过网络技术及所引起的社会舆论效应,对执政行为的监督和对权力的约束,以达到有效预防、遏制、惩戒腐败行为的反腐败方式。从近年来典型案件的信息展现方式来看,网络反腐可以分为以下几个类型:

一是网络曝光。调查显示:75.5%的被访者选择"网络曝光"作为"最愿意选择的反腐参与渠道"[2]。从网络反腐典型案件来看,往往是通过微博、微信等网络公共平台,对当事人的典型言行进行曝光,且多以女色、性等易于被网民关注的话题为切入,有的还配上图片,所谓"有图有真相"。最为典型的是,某网站爆料"重庆市北碚区委书记雷政富接受性贿赂与少女淫乱",并公布了视频截图。此类网络信息一旦曝光在网上,网民往往通过粘贴、转载等方式,不断放大事件及其波及范围,形成强劲的舆论势头,由此引起当事者所在单位或相关部门的重视,进而引发对当事者的调查和处理。

二是网络人肉搜索。网络反腐具有"剥洋葱"式的深度挖掘特征。一旦官员不当言行被网络曝光,往往会激发网民围观和参与的激情,利用网络技术提供更为完善、精细的证据或信息,对其进行全方位"大起底",且冠以"某姐"、"某叔"、"某哥"等特定含义的网络语言,由此迅速形成议题聚焦和舆论聚集,从而倒逼相关单位和部门对当事者进行调查或查处。最为典型的案例是,周久耕发表"将查处低于成本价卖房的开发商"的言论,引来人肉搜索。进而,网友发现其开会时抽"天价烟",最终因受贿罪被判11年。"表哥"杨达才在陕西特大车祸事故现场的微笑照片在微博上疯传,被网友人肉出其职务,并被曝光其拥有几十块名表,最终被查处。

三是网络举报。网络举报,是指通过检察机关、纪检监察机关开设的举报网站进行举报的行为。2009年4月,最高人民检察院公布修订后的《人民检察院举报工作规定》,正式将网络举报增加为举报腐败行为的新途径。中央纪委、监察部和15个省级纪检监察机关相继开通了举报网站。网络举报数量逐年攀升,已占举报总量的近一半[3]。这是网络反腐最为重要的方式,也是网络反腐的发展路向。但因其官方性和信息的非公开性,也成为不被许多网友所热衷评论的途径。

(二)网络反腐的核心动因

网络反腐的优势在于便捷、匿名性和舆论场。通过纪检监察机关的监督举报网站,对腐败问题进行监督、举报,或者在网络媒体上对腐败现象进行揭露、曝光,二者都非常便捷。但区别在于是否能够形成舆论场。网络舆论则是网络反腐的核心动因和"杀手锏"。

网络传播过程很容易出现"蝴蝶效应"。任何一点小小的浪花,只要被大量网民关注或介入,都可能掀起轩然大波。一旦与反腐有关的某些事件、人物进入网络视野,便会立即引起公众长时间的关注与讨论,很快就形成强大舆论影响力。这就是为什么网民关注网络曝光、人肉搜索而相对忽视网络举报的原因。

网民举报,借助网络力量形成舆论压力,司法跟进调查、挖出贪官,是网络反腐的典型路径。网络反腐之所以借助"网络舆论",一方面,可以使反腐败工作形成强大的舆论关注，从而形成对腐败分子的威慑作用；另一方面，源于对反腐工作信心不足，希望通过曝光以形成网络舆论聚集，使腐败问题被置于全社会的监督之下，从而以舆论的力量来达成对腐败案件和人员的查处。如《财经》杂志副主编罗昌平2012年12月6日发布3条微博，向中纪委实名举报刘铁男的多项违纪行为。

分析可以发现，2012年网络反腐风生水起，此后，通过网络曝光、人肉搜索式的网络反腐案例明显减少。对此，尽管有的人认为，是一些腐败分子学会了"潜水"，让网民不易于发现。但根本的原因是网民看到了中央反腐败的决心，对反腐败信心进一步增强，无需过多依赖网络舆论达到反腐的目的，促使他们选择同样便捷的网络举报。在最高人民检察院举报网站中，署名举报占比已经接近85%[4]。

以上分析可以看出，网络反腐的核心力量和关键环节是"网络舆论"，也是区别于其他反腐形式的独特之处。网络举报并没有"网络舆论"的介入，实际上是举报方式的一种，只不过是改变了举报的载体而已，与传统的邮件、电话等举报方式没有本质的区别。因此，我认为"网络反腐"应该有狭义与广义之分。广义的包含网络曝光、网络人肉搜索和网络举报。狭义的则仅指网络曝光、网络人肉搜索两种形态。

二、网络反腐的风险与挑战

网络本身的"双刃性"也给网络反腐带来风险和挑战。"网络舆论"和"网络暴力"只有一步之隔，如果不能正确使用和认识网络反腐，"网络舆论"这一网络反腐的核心要素就容易走向"网络暴力"。

（一）网络舆论极化，易于影响对案件的公正查处，影响对政府和官员的信任、信心

"小鼠标扳倒大贪官"，每一个网络反腐案件似乎都像一场网络狂欢。这是网络舆论的力量，也恰恰隐含着风险。网络曝光或网络人肉搜索，往往易于形成网民聚集式"围观"，并导致各种评论、跟帖的一边倒局面，形成传播中的"舆论极化"现象，不允许也听不进分歧和对立的意见或声音。由此，在舆论一边倒的鼓掌和叫好中，相关部门的应对行动也就愈发迅速。实际上，相关部门

对案件的查处已经在一定程度上被"网络舆论"所牵制甚至"绑架",不利于按照案件查处自身的要求来办理。一旦出现案件办理与网民期待不同步、不一致,就转而质疑相关部门的作为,甚至把议题转向政府部门和官员群体,人为制造民众与政府、官员之间的矛盾,引发或加剧信任危机。

(二)网络反腐的匿名特征,易于散布虚假信息和谣言,成为诋毁当事人和泄私愤的平台

网络反腐从本质上看是非匿名的,但在表现形态上却可以是匿名的。由此,有些人利用了网络的匿名特征发布带有明显泄私愤的信息,或者是发布一些真假难辨的信息,甚至故意传播谣言,将一些无辜者卷入其中。上海交通大学新媒体与社会研究中心《2012年微博年度报告》显示,2012年24起影响较大的网络反腐案例中,非谣言误传的为15个,占总数的62.5%,也就是说将近四成有误[5]。尽管"误传"是可以查清楚的,但由于互联网具有不可逆的扩散性,虚假或不实信息对当事人的负面影响难以从根本上消除。如,2012年,有网友爆料,"房婶"广州城建系统退休人员李芸卿有24套房产。最后,广州市纪委监察局预防腐败局证实,是别有用心的人在网络上发布虚假信息,有报复嫌疑。

(三)网络反腐往往与女色、性丑闻有关,易于造成反腐严肃性和官员形象的消解

因网络反腐而落马的人员,多存在生活作风腐败问题。2008－2012年的39个网络反腐典型案例中,有13起涉及性丑闻,占33%[6]。有的官员的落马就源于"情妇翻脸",甚至是被妻子举报。如山东省农业厅原副厅长单增德,给情妇写离婚承诺书后反悔,被情妇发帖曝光。有的网络举报往往以"二奶""小三""内斗"等内容开道,有的网上传播的不雅视频和照片露骨到有"传播淫秽色情物品"的嫌疑。如2012年1月2日,网友在腾讯微博上爆料广西壮族自治区质量技术监督局干部段一中的"床照门",照片内容不堪入目。这些都在一定程度上消解了反腐的严肃性,也导致了民众对官员形象的扭曲。网友戏谑:在网上一个帖子想要红,只要带上"公务员、官二代"等关键词,不管正文内容是什么,必能引来一堆骂战。

(四)网络反腐曝光的大量信息,易于导致对他人隐私权的侵犯

网络反腐包含公民的大量个人信息,而且往往采取"人肉搜索"的方式,

将网络技术搜索的信息和网民提供的信息整合在一起,构成一种特殊的"数据库",使公民信息处于危险状态。网络发布的"重庆官员雷政富与18岁情妇不雅视频",有一个"情妇'周小雪'照片曝光"的链接,使用了就读于厦门某大学的小林(化名)在一家婚纱摄影店拍的、放在网络上展示的一组写真照片。这个行为显然已经侵犯了他人的合法权益。如果对这种现象听之任之,保护公民基本民事权利的规定就会变成一纸空文。曾经对"表叔"之表做出鉴定的"鉴表网友花总"(全名@花总丢了金箍棒)在微博上已宣布不鉴表,但他的电脑硬盘里,存了一万多张戴表照,涉及1000多名官员。这种行为是否正当?值得深入分析。

三、以法治轨道汇聚网络反腐正能量

网络世界不是法外之地。面对网络反腐存在无序发展的问题和可能,需要以法治加以规制和规范,才能推动网络反腐的健康发展,汇聚正能量。

(一)强化网络反腐舆论的引导和管理,正确用好网络反腐中的舆论监督功能

汇聚网络反腐正能量必须扬长避短。"扬长"就是要充分利用网络便捷的特性,发挥网络反腐的网民监督、舆论监督功能,形成全员监督、全时空监督的良好氛围。"避短"就是要规避网络反腐中的狂欢心理,强化网络舆论和网络行为的引导和规制,克服起哄、窥探等不良心态,使网络反腐真正做到法令得彰、风清气正。一是通过引导做到网民面对恶搞式的网络反腐和过度炒作时,保持一颗火热而理性的心;二是通过管理形成网络举报的初步甄别机制,担当起"谣言粉碎机"的角色,对虚假举报、散布谣言的账号进行初步过滤,提高网络反腐信息的真实性、可靠性,防止网络舆论成为不法行为的"帮凶";三是加强对惩治腐败案件的网络传播,回应网民关切,及时地通报网民揭露出来的腐败案件,给公众客观的反馈,形成举报、查处、反馈的有机衔接机制,避免网络非理性舆论的不必要发酵。

(二)合理界定网络反腐中公民监督权、举报权与尊重个人隐私权的关系,保障公民的合法权益

监督权、举报权与个人隐私权都是公民的合法权益,处理好它们之间的关

系是网络反腐的一个敏感领域,也是关系网络反腐健康发展的关键问题。正确处理二者关系的标准和准则就是依法依规。一般来说,网络反腐涉及的往往是为公众所关心、瞩目的官员。从在学理上说,官员的隐私权在一定程度上让位于公众的知情权。那么,哪些是官员必须放弃的隐私权,公民对官员的知情权边界在哪里,当网络反腐出现官员个人私生活与公众知情权冲突的时候,何者优先?"无罪推定"的原则是否适用于网络反腐?在没有证明被举报人为腐败分子的情况下,未经许可披露被举报人并造成伤害的信息是不是一种违法行为?只有对这些作出明确的规定,才能保证网络反腐不缩手缩脚,也不逾矩。

(三)严肃惩处诽谤和陷害等网络伪反腐行为,净化网络反腐空间

强化网络信息和言论的责任,以及加大查处力度,是各国通用的做法。美国司法部门一般情况下会给予新闻媒体从业人员发布尚未来得及核实的信息的豁免权,但网民没有这样的豁免权,必须对自己的网上言论负完全的责任,其不实的网上言论常常被定性为造谣诽谤,受到法律制裁。澳大利亚制定了《2003垃圾信息法》,即使是非澳大利亚人,如果涉嫌参与大规模制造垃圾信息,进入澳大利亚国境时也会被逮捕。这些都给我们强化网络信息和言论的责任提供了借鉴。在网络反腐中,对网民失实爆料要依据《侵权责任法》进行侵权责任追究;对借网络反腐的名义进行恶意中伤的,要追究其诽谤罪或诬告陷害罪。中纪委、中央组织部曾于2011年9月通报了云南省教育厅原办公室副主任李恩阔、云南电视台某频道原总监李瀛两起针对官员的网络诽谤事件,无疑对借网络反腐之名的恶意行为起到遏制作用。

(四)鼓励网络举报是发挥网络反腐正能量的必然选择

调查显示,78.3%的人认同网络举报监督行为在预防和治理腐败方面会发挥很大作用[7]。但是一些人担心通过网络举报,则有可能不被受理,或受理而不立案调查,或调查而无果。由此,他们更愿意选择在网上发帖揭发腐败,依赖"网络曝光——纪委介入——查实处理"这样的反腐路径。实际上,网络在反腐败过程中只是在更广泛、更便捷意义上扮演线索提供者的角色,这是网络在反腐过程中最为基本的作用和功能。因此,网络举报是发挥网络反腐正能量的必然选择。要引导和鼓励群众通过检察机关、纪检监察机关开设的举报网站进行举报,把网民高涨的反腐败热情纳入法律程序之中,形成一个比较权威的

网络举报和揭露平台。有关部门要对所有举报信息逐一有效核查，做到"事事有着落、件件有回音"，消除网民顾虑，增强反腐败信心，提高网络举报在反腐败工作中的获得感。

网络反腐的浪潮逐渐归于平缓，但网络反腐的变革性意义在于调动起全民的参与热情，带来一种监督力量的成长，要把这种力量纳入法治轨道上来，使每个人都可以为反腐败做出自己的努力。这要比网络反腐的热闹景象更值得肯定和珍惜。

参考文献：

[1][6]李显峰：《39个网络反腐典型案例：性丑闻和出位言行惹"人肉"》[N]，《京华时报》2012年12月12日。

[2]刘巍巍、蔡玉高：《"网络反腐"弊端不容小觑》[J]，《半月谈》2009年第23期。

[3]姜洁：《中纪委：群众网络举报已占一半署名举报大幅提升》[N]，《人民日报》2015年3月24日。

[4]李英华：《专家称实名举报仍是反腐主渠道网络反腐有局限》[N]，《检察日报》2012年12月11日。

[5]田享华：《2012年网络反腐较大案例超六成被证真实》[N]，《第一财经日报》2012年12月26日。

[7]韩妹、李涛：《78.3%的人认同网络举报对治理腐败能起很大作用》[N]，《中国青年报》2010年3月16日。

（作者为福建师范大学马克思主义学院教授、博导）

惩治腐败案件的大众传播问题探究

杨建义

当前,在惩治腐败案件中,政府和公众之间存在着明显的信息不对称。大众传播媒介因其自身的特性与优势,扮演着"雷达""瞭望者""感官的延长"的角色。因此,惩治腐败案件的大众传播问题显得十分重要,不仅有利于发挥大众传播的舆论监督作用,有利于良好反腐败舆论环境的形成,也有利于民众对惩治腐败成绩的认可和肯定。

一、惩治腐败案件大众传播的重要性

1. 惩治腐败案件大众传播是党取信于民的重要一环

在全面深化改革中,依然需要以党风廉政建设和反腐败斗争的新成效取信于民,为改革发展稳定提供坚强保证。改革开放以来,我国惩治腐败的力度逐步加大,取得的成绩有目共睹。如何把这些被查出的腐败案件适时适度地向公众传播,使这些成果让群众看得见并且感受得到,这是党在反腐败工作上取信于民的重要环节,也这是避免"塔西佗陷阱"的重要手段。① 因为人民群众的感受是反腐的晴雨表,反腐的一切努力,最终体现为群众对党风、政风的满意上。只有适时地把查处的腐败案件进行大众传播,这样才能取得群众的信任和支持。因此,做好惩治腐败案件的大众传播工作,也是反腐败工作的重要内容,

---

① "塔西佗陷阱"得名于古罗马时代的历史学家塔西佗,就是指当公权力遭遇公信力危机时,无论发表什么言论,颁布什么样的政策,社会都会给以其负面评价。网络时代,对公共事件的处理稍有不慎,或者日常工作中出现疏漏,都有可能陷入此种恶性循环。当一个部门失去公信力时,无论他们说真话还是说假话,都会被认为是在说假话。

关系到党群关系、干群关系问题，关系到党和政府公信力问题。

2. 惩治腐败案件大众传播是公众知情权监督权的必然要求

宪法赋予公民享有对国家事务、经济文化事业和社会事务的管理权以及对国家机关及工作人员的民主监督权，为公民参与反腐败提供了根本的法律依据。党的十七大报告中明确指出："坚持国家一切权力属于人民，从各个层次、各个领域扩大公民有序政治参与，最广泛地动员和组织人民依法管理国家事务和社会事务、管理经济和文化事业。"[1]深入开展党风廉政建设和反腐败工作，必须依靠人民群众的支持和参与。这里有个前提，公民必须有充分的知情权，这样才能行使监督权。"政府公开信息在发达国家是标准的政府行为，然而发展中国家在这方面却严重不足。"[2]因此，大众传播成为公众获得惩治腐败案件查处信息的重要途径。在信息时代，如果缺少了大众传播，就会导致政府和民众之间的信息沟通渠道减少，信息发送和接受双方信息理解的偏差加大，激化信息不对称带来的不信任、不和谐。

3. 惩治腐败案件大众传播是形成社会舆论警醒压力的基本手段

马克思指出："报刊按其使命来说，是社会的捍卫者，是针对当权者的孜孜不倦的揭露者，是无处不在的耳目，是热情维护自己自由的人民精神的千呼万应的喉舌。"[3]建国初期的查处贪污腐败问题，除了利用刘青山、张子善贪污案严厉惩戒以求"杀鸡做猴"之效，以及动员群众检举揭发发挥群体威力之外，毛泽东就特别重视在报刊上开展批评和自我批评。最为典型的就是1952年1月，即处决刘青山、张子善一个多月之前，人民群众对河北省委、省政府领导的官僚主义作风表示不满，投书《人民日报》，质问：刘、张小集团进行贪污行贿已有一年之久，像他们这样大规模地贪污、盗窃国家财物，在天津专区闹得风声很大，为什么河北省政府竟长期没有发觉？为此，河北省委副书记马国瑞、省人民政府主席杨秀峰分别在1月5日和1月8日的《人民日报》上作了题为"刘青山、张子善巨大贪污案给予我们的教训"和"沉痛的责任，惨痛的教训"的检讨。今天，大众传媒是现代社会公民行使自身权利、对公共事务进行理性和批判性审视的平台。"对消极腐败现象也要进行批评和揭露，发挥舆论监督的作用。"[4]因此，大众传播监督的本质在于，它是行使自身权利对权力运作尤其是权力滥用导致的腐败进行监督的一种直接民主形式，是公共领域的一个重要功能。

4. 惩治腐败案件大众传播也是对案件查处公信力的考验

由于腐败案件的涉案主体比较特殊,在中国民众中总有"官官相护"的心理预设,也有"官官相斗"的现实假设,民众往往对腐败案件查处的公正性、公平性存有不同程度的担忧和质疑。访谈中,一些受访者表示,媒体总是注重腐败大案要案的报道,其中又以经济腐败为多,这样的报道造成了老百姓"连高官都腐败,那他们的下属一定也腐败"的看法。因此,做好惩治腐败案件的大众传播,增强案件查处的公开性和透明度,是消除民众质疑、猜测的最好方法,也有利于增强案件查处的公信力。

二、惩治腐败案件大众传播中存在的问题

近年来,基于对舆论监督和民众知情权的需要,政府部门重视并加强了对惩治腐败案件的大众传播工作,中央纪委监察部和各级纪检监察部门建立了专门网站,强化了对党员领导干部违纪违法行为和查处情况的信息披露。但与舆论监督要求相比,与民众期待的知情权和监督权相比,惩治腐败案件的大众传播仍存在较大差距。

1. 权威传播渠道单一,内容简单,各种道听途说、外媒评说的信息杂陈。

目前,纪检监察部门、主流媒体是惩治腐败案件具有舆论导向性作用的传播媒介,其作用不容忽视。但这些主流媒体往往是登载信息发布性的新闻和突出舆论政治属性的各类评论文章。无论是话语风格还是信息量,都难以体现贴近民众的特点。由此,在民众的眼里,主流媒体不仅渠道单一,而且相关信息也是刻板的。民众就通过各种自媒体、网络等去搜寻更多更详细的信息,以满足自己对惩治腐败案件了解的好奇心。由此,各种所谓"小道消息"在微信圈中流转,通过"翻墙软件"获得的所谓外媒信息在朋友圈间相传。这种现象显然未必都与主流媒体的信息、导向相一致,一些人由此对主流媒体或惩治腐败案件本身产生怀疑或质疑,显然会削弱查处腐败案件以凝聚人心的作用。

2. 主流媒体与大众媒体的议程设置差异,干扰和削弱了舆论导向。

"舆论导向正确,是党和人民之福;舆论导向错误,是党和人民之祸。"[5]主流媒体和专题网站在惩治腐败案件大众传播中具有权威性,无疑要起到"舆论导向"作用。而导向作用的实现必须通过议程设置来实现。主流媒体是以大局、中心工作为出发点和立足点。"报社的同志要有大局意识、全局观念,坚持政治家办报,正确处理改革、发展、稳定的关系,登什么,不登什么,都要从大局出发,从党和人民的整体利益出发"。[6] 显然,其他一些大众媒体尤其是网络媒体就不一定这样,它们的议程设置是以观众的喜好、关注点为起点,一定意义上是为获得"眼球"服务的,可以被视为是一种自发的民意宣泄。应该看到,这些媒体可以在进一步丰富案件信息、满足民众信息需求上有帮助,但也由此使民众的关注点被转移、分散,无疑存在削弱舆论导向的风险和可能。

3. 政府部门与公众之间的信息不对称,带来对腐败案件查处情况的信度考量。

在惩治腐败案件大众传播中,纪检监察等部门与公众之间的信息显然是不对称的。这些部门以自身的信息优势决定信息传播的内容、数量和速度,拥有信息传播的主动权和主导权,甚至被披上一定的神秘色彩。而公众则处于信息弱势地位。比如"你懂的"一词的热议,对"通奸"一词的解释等,就是信息不对称的典型表现。按照经济学领域中信息不对称理论,其后果可能是逆向选择和道德风险。这种现象体现在惩治腐败案件的大众传播上,一个没有大众信息或缺少获得信息方式的民众,可能是宁可相信道听途说而不相信主流媒体,宁可相信外媒评说而不相信政府部门的信息。

4. 案件查处与信息公布之间的时差,易于形成大众传播的嘈杂与失序。

对惩治腐败案件的查处,按照现有的信息公布惯例,往往会现在相应的纪委监察部门网站中公布相关人员涉嫌违法或违纪的信息,从这个信息公布到案件的最终审结自然有个过程,有的甚至还是很长的过程。在案件审结之前,往往是主流媒体的信息的沉默期。但对民众来说,对问题的关注并不会消解,期待有更多相关信息的披露,而自媒体就充当了这个角色。尤其对于一些为公众所关注的人员的违法违纪,在官方信息的真空期,往往是"民间"信息的活跃期,内容涉及方方面面,成为大众传播的极为活跃的一个时间节点,各种消息不胫而走,真伪莫辨。

三、进一步加强对惩治腐败案件大众传播的对策建议

1. 充分重视惩治腐败案件的大众传播工作。

在反腐败与大众传播关系问题上，历届中央领导集体都有精到的认识、明确的论述和现实的运用。毛泽东利用大众传媒开展"批评与自我批评"，开启了来自于群众的报纸批评的道路。邓小平推动了大众传媒"舆论监督"功能的兴起。江泽民以"舆论导向"作为大众传媒的首要功能。胡锦涛着力推动信息公开和保障人民知情权。可以说，大众传媒对于反腐败的政治努力来说是一个极为有效的工具。加强对惩治腐败案件大众传播首先是要坚持正确的导向，传播的目的是体现中央惩处腐败决心，增强民众对惩处腐败的信心。运用好这个工具，自然需要重视惩治腐败案件的大众传播工作，充分发挥大众传媒的优势和特点，以案件为焦点把民众的关注引导到中央的决心上，从而树立民众的信心和信任。

2. 建立规范的惩治腐败案件大众传播机制，满足民众知情权，掌握舆论主导权。

大众传媒作为社会传播系统的一个极为重要的部分，理应成为党和国家的喉舌、社会良知的守护者，应当在弘扬正气、通达社情民意、引导社会热点、疏导公众情绪、搞好舆论监督和保障人民知情权、参与权、表达权、监督权等方面发挥重要作用。当前，要注意克服和避免一些媒体通过议程设置，通过报道什么、不报道什么，通过屏蔽什么、不屏蔽什么，删什么贴、不删什么贴，制造民意、引导舆论，绑架民意，影响腐败案件惩处。因此，纪委监察部、宣传新闻部门要通力协作，研究制定惩治腐败案件大众传播的规范机制，按照大众传播规律，明确信息发布的时间节点、内容和载体，既充分满足民众的知情权，又切实掌握引导舆论的主动权。必须对多样的媒体进行价值整合，统一纳入到法律法规管理中来，形成统一的社会责任意识，从而建立相互协作、相互补充的传播格局，为反腐败工作做出的现实的和潜在的贡献。

3. 设置查处与防范共生传播议程，既着眼案件查处信息，又体现反腐败的决心和努力。

惩治腐败案件的大众传播既要立足于案件查处情况，又要着眼于查处案件

之后"扎篱笆"的宣传。否则，案子越查越多，级别越查越高，金额越查越大，民众的信心就会越查越失去。甚至一些人认为，"现行体制不出大老虎都难"。如，对于腐败风险防控机制建设，对于惩治和预防腐败体系建设的大众传播明显不足，主要集中在一些主流媒体上，没有引起民众足够的关注，也就看不到反腐败上的其他努力和作为。再如，2009年被认为是中国反腐败制度建设年，出台了四部反腐败方面的政策和党规，表明中央逐渐建立完善的惩防体系的努力，却很少为民众所关注和议论，似乎成为一种无关民众的作为。应该大力研究在惩治腐败案件大众传播中融入宣传防止腐败制度建设的成绩，用图表、漫画等简单、通俗、易懂的方式，让民众全面了解和准确理解反腐败的体制、机制建设。应该抓住一些典型案件，以点带面地介绍反腐败所取得的成绩和长远的影响，使大众传播成为民众获得信心和信任的途径。

4. 在惩治腐败案件大众传播中注重廉政文化宣传

惩治腐败案件大众传播成效的实现，受到公众心理预设和环境价值预设的制约。实践证明，反腐败不单单是一场政治斗争，也是一场文化斗争，努力构建与培育廉政文化，是反腐败斗争的重要内容和重要目标。在惩治腐败案件大众传播中，要以案件警醒人、教育人，成为党员干部抵御各种诱惑和腐蚀的"清醒剂"，从内心深处确立"不想腐败，不会腐败，不要腐败"的思想。在大众传播中积极倡导廉政文化，营造廉政文化氛围，推进廉政文化建设，有效挤压"腐败文化"的空间。在大众传播中，要着力提升公众的价值理性和媒介素养，在多样的信息中学会分析、甄别，学会思考和判断，站得高、看得远、想得深，具有明确的价值标准，不被芜杂的信息所左右和困扰，看清主流和方向。

参考文献

[1]《十七大以来重要文献选编》（上），北京：中央文献出版社，2009年，第22页。

[2]［美］苏珊·罗斯·艾克曼著，王江，等译：《腐败与政府》，北京：新华出版社，1999年，第138页。

[3]《马克思恩格斯全集》（第六卷），北京：人民出版社，1961年，第275页。

[4]《江泽民同志视察人民日报社时的讲话》,人民日报,1996-10-21,第1版。

[5]《十六大以来重要文献选编》(上),北京:中央文献出版社,2005年,第401页。

[6]《江泽民文选》(第一卷),北京:人民出版社,2006年,第565页。

(作者为福建师范大学马克思主义学院教授、博导,本文原载《党政研究》2016年第2期)

大数据时代廉政价值构建的方式转换

曾盛聪

当代中国廉政建设和反腐败工作的持续深化,不仅仰赖日臻完善的制度基础,还指向更深层次的廉政价值的形成与彰显。与制度和职权的刚性约束力不同,通过廉政活动、制度建设、文化塑造与人格教育等实践而形成的领导清正、政府清廉、政治清明的廉政价值具有更深入、更持久的影响力和作用力。当代中国廉政价值构建适逢大数据的时代背景。日渐汹涌的大数据革命以前所未有的方式通过海量数据的比对并分析数据间的相关关系,输出有巨大价值的预测与服务,对当今世界的生产生活、信息输送乃至价值构建产生深刻影响。"用数据说话"到"用数据辅证"再到"用数据创新"成为大数据时代的基本趋势。廉政价值构建如何因应开放、自由、共享的大数据境遇,在漫无极至的大数据工具理性之下培育和提升廉政价值理性的凝聚力和感召力,是当今政治哲学和廉政建设领域值得探讨的课题。

一、大数据:廉政价值构建的新境遇

数据由小变大,巨量数据时代到来,意味着某种新质的出现,这种新质就是人的思维方式的变化,以及由此带来的社会生存和生活模式的重造[1]。生活除了有故事,还有漫无边际、触手可及的数据。在数据支配性越发强大的年代,不仅数据构建价值成为可能,而且传统故事发生作用的方式也在悄然改变。

首先,大数据开启了数据构建价值的可能路径,这是大数据对传统小数据处理模式的颠覆,是大数据带来的认识论与方法论革命性变革之所在。数据世界经历了三次革命性变革:从无数据到有数据,从生活数据到科学数据,从科

学数据到人文数据,大数据意味着人文数据开启[2]。人文数据的特定内涵在于,数据不再仅仅是一种简单机械的数目字堆积,人们能够从巨量数据及其内在关联性中把握规律、分析趋势和预知未来,人们建基于巨量数据可以更全面、更精准地进行价值分析和综合评价,过去属于"事实判断"的数据开始具有了"价值预测"与"人文建构"的功能。在传统的政治与公共管理领域,尤其是关涉政治合理性与价值性追问时,基本的路径依赖是"故事模式"亦或"案例模式",如典范价值宣传(诸如廉洁人格教育等)或反面典型警示(诸如腐败警示教育)传递出一种价值合理性与正当性判断并据此推进廉政人格塑造和廉政价值构建,这些"故事"不乏有数据成分,但更多是廉政建设主体有目的性、有针对性开展的故事"创造"(甚至不乏虚构要素)。而大数据时代数据日趋"全量"式地融入日常生活,当挖掘并使用数据成为现代人不可离弃的生活方式时,数据的人文意义就越发凸显出来。此时廉政价值构建不再局限于单一维度的故事模式,巨量数据的系统叠加功能使廉政人格塑造与价值构建不仅具有翔实数据支撑,同时获得数据相关性所揭示的价值演化规律与趋势的佐证和支持,而且其重要性与作用力日趋强大。数据的生活化是人文化的基础,在大数据时代"除了上帝,任何人都必须用数据说话"[3]。大数据通过理论与经验的数据化,实现了唯理论与经验论的数据化统一,让"数据发声"成为大数据时代认识论与方法论的基础[4]。

其次,大数据时代政府部门有能力通过数据开放的方式,实现公众参与与廉政建设过程的无缝隙对接,廉政价值构建有了更广泛、更厚实的民众基础。政府部门记录着每一位公民详尽、鲜活的个人信息和行为数据——个人档案中记录着清晰的人生轨迹、街头摄像头拍摄着每一次的出行路线、通信账单上能查到每一次的通话对象和时间……在传统小数据时代,这些数据的采集仅是为了维持整个社会的有序运转而做的必要的记录,数据的利用周期短、目的单一,数据间的关系以因果逻辑关系为主且数据挖掘程度低。然而依靠大数据技术,人们则能通过汇聚各个渠道产生和留存的杂驳数据,并根据日益壮大的数据间的相关关系网勾勒出所需要的人或事的信息全貌,从而使廉政建设中的社会监督功能被更好地运用。当然,由于政府部门在社会中所处的特殊地位,其在数据的使用效率上天然偏低,扮演的更多的是数据的托管者而非挖掘者。当前,借助大数据带来的技术上的突飞猛进，政府部门在信息安全的前提下，提供给公众在权限内更大的查阅使用数据许可，同时允许第三方组织提取和分析这些数据，开放可机读的数据窗口让公众成为重要的廉政建设的参与力量。美国的data.gov网站、英国的开放式数据中心的实践证明数据恰当开放的必要性与可行性。在廉政建设领域，大数据的技术手段和思维方式弥补了数据沉睡、运用浪费和技术短板，促进更广大公众对于廉政建设的全面融入，公众也能更深入、更直观体验和感受廉政建设的积极、正面、持续增效的影响，这正是廉政价值形成的社会基础。

再次，大数据时代强大的数据处理技术使廉政人格化形象塑造更富针对性，提升了不同人群对于廉政价值的感受性与认同度。廉政建设是一项系统工程，包括制度、文化、行为、人格等维度，多维廉政建设在精神层面不断积淀与凝炼成风清气正的廉政人格化形象，这是廉政价值的故事承载。在廉政的系统性建设中，不同个体所偏好的内容不尽相同，也就是说，不同人群对于廉政价值起作用的感受性因素是有所差异的，因此，廉政价值要实现吸引公众主动趋向其精神感召与价值引导，一份为个人订制的个性化数据与信息服务显然更容易实现这一目的。在传统小数据时代，由于受到成本和技术水平的限制，数据的采样多采用抽取随机样本的形式，以样本数据的特性代表某个区域的平均特征，我们形象称之为"画像"。"画像"体现出来的信息缺乏个性化细节，根据"画像"向公众推介的廉政人格化形象自然缺乏针对性。而大数据时代廉政建设主体可借助海量数据的关联性优势，能够有针对性抓取从目标个体所延伸出来的所有数据流，从而完整构建针对不同人群感受性特征的廉政人格形象，最终实现廉政人格化形象构建及其价值传播。概言之，大数据通过给予我们关于个人更详尽的数据信息，帮我们规避了"画像"的缺陷——直接将群体特征强加于个人……这种方法更完善、更精准和更个性化[5]。通过大数据筛选并推送到我们面前的廉政人格化形象是在排除了无用和陈旧的"数据废气"后，能够契合不同个体兴趣点和聚焦方式并对不同个体发挥引导、感召和教育的内容，有力地提高了廉政价值在不同群体中的感受性与感染力。

最后，大数据时代通过廉政数据相关性推演预测未来，契合廉政价值引领的前置性特征，更有利于廉政价值效应的发挥。廉政价值效应之一，就在于它的感召力与教育力所发挥出的腐败发生前的价值引导与行为矫正，是一种自我教育、自我纠偏、自我改造和自我提升。大数据时代通过廉政数据相关性推演预测未来并以此推进腐败预防，实现以预防为主的廉政建设思路，越发具有现实性和可行性。过去，只要遇到无法解释的事情，我们就会说那是偶然，似乎这种表面上的偶然行为推动了历史的演进，而事实发展之迂回曲折似乎如掷骰子一般[6]。大数据时代，廉政建设执行主体可将海量数据中已有的贪腐案件、腐败人员的特征数据抽取出来，将这些异常数据与正常数据群比对，梳理出腐败发生前的数据共性，以此作为贪腐萌芽的预警信号。正如大数据预言家艾伯特所言，"就算是偶然，它也具有内在联系，上帝从不掷骰子"[7]。当行政人员不断接收到与自身环境、职位、权力等相类似的带有行为发展必然性规律的预警数据后，个体对自身腐败行为的最终结果和必然受到惩罚的认知必将大大增强。大数据对腐败行为的预测与预警，必将强化行政人员自我纠偏的认知，并进而内化为洁身自好的价值认同，实现"不敢腐""不能腐"向"不想腐"转化。总之，大数据时代警示教育的数据信息将无处不在、无时不有，更有利于促进传统"故事模式"的行为规范与价值引导功能，从而更有力促进廉政价值的效应发挥，有利于廉政建设主体利用大数据推送提前驱除腐败因素，发挥廉政价值的前置性效应。

二、大数据对传统"故事模式"价值生成机制的冲击

大数据的生活化与人文化、广域推送能力和极具针对性的数据分析，使得廉政价值构建的"数据模式"成为可能。然而，漫无边际的大数据对传统价值构建的"故事模式"形成前所未有的冲击，"第三只眼"的监视无处不在，数据共享和"透视主义"时刻都潜藏着"理性失控"的隐忧；大数据的"神宠"地位，不可避免地伤及人的尊严、主体性和自由意志，这些都将成为大数据境遇中廉政价值的破坏性和解构性力量。

首先，不断趋近"全量"的大数据，不仅带来廉政价值构建方式位移，而且构成对故事构建价值的传统模式的冲击与解构。前有所述，大数据的特征不仅仅体现在它的"大"，而且还体现在数据不断变大最终由量变转向的质变，这种"新质"就是强大的数据间关系对未来的预测与构建。这一方面使廉政价值

构建的"故事模式"和"故事承载"将逐渐转向"数据模式"和"数据承载";另一方面也使得传统"故事模式"的细节创建尤其是为了特定价值传播而开展的必要"虚构性"细节,难以像过去那样能成功附着特定价值信仰和精神期盼的功能。当人们通过大数据可以一览无遗地掌握廉政故事的全景与脉络时,故事细节已无法虚构,或者说虚构的细节由于缺乏真实性已难以进入人们的内心世界,如此,"返本归真"的数据必然构成了对廉政故事的"祛魅"。在大数据时代,尽管人的精神世界的价值构建仍然离不开故事,但"故事模式"的价值生成机制在大数据作用下已同过去大不相同。由大数据刻录下的生活世界及其变化过程,展现出更加清晰的价值逻辑与发展趋势,尽管这种"合规律性"的价值和趋势未必是各阶段上人们所吁求的廉政建设"合目的性"的形态,但这种"合规律性"趋势因为有了笃实的数据支撑,而更容易被人们普遍接受和认同,从而获得社会生活中更强大的影响力与支配力。换言之,大数据时代,"合规律性"的价值形态将逐渐挤压甚至替代"合目的性"的价值形态而占据廉政价值构建的主体位置。

其次,"第三只眼"监视将使个人隐私和政府机密更加难以隐藏,廉政建设的"隐秘故事"被揭开或被聚焦,极易成为廉政价值的解构力和破坏力。大数据的自由、开放与共享的本质,将使"透视——聚焦——放大"成为社会价值传播的基本样态,腐败案例中形形色色的、离奇的腐败细节及私人生活的隐秘被揭开或被聚焦,其负面影响带来的破坏力和冲击力将不可小视,甚至容易造成"理性失控"的危险。大数据技术已经让社会丧失了遗忘的能力,取而代之的是不断"完善"的记忆[8]。亦即,由于大数据具有强大的"勾沉功能"和"复活功能",对于不同人群未曾了解的已发生的故事"记忆"能够不断补充完整,使得即便是尘封已久的腐败案例都能成为当下十分鲜活的故事。显然,大数据时代的廉政故事已经不再是平面化、纸质化的存在,而是转换成数字化形式并成为庞大数据流中一个数据节点而转化为永久铭存的"公众记忆"。一个积极正面的廉政故事被勾沉,是一种正能量的再造;但一个消极负面的腐败故事被记忆、被复活,则会给廉政价值构建带来难以消弭的负面影响。毋宁说,腐败故事的数字化记忆,将成为大数据时代廉政价值建构不可忽视的破坏性因素。另外,数据的共享方式固然是传播廉政价值观及其人格化形象的有力工具,但运用不当也将使公众的个人隐私乃至政府机密暴露于有心人之手。隐私泄露、数据滥用、监管失控、自由过度、行为放纵、责任缺失、身份模糊、名誉污损等，都将是大数据时代廉政价值构建不得不面对的新难题。"大数据造就的数字化记忆作为一种全景控制的有效机制，不仅支持了对等级森严的机构和社会的控制，并且还会去寻求对他们自身的支持，从而巩固并加深现有的（不平等的）信息权力分配。"[9]由数据共享开始而最终导致的数据垄断，终将违背大数据开放、自由、共享的本质。

再次，"数据依赖"的思维致使廉政价值引导和廉政人格塑造工具理性化，弱化人的主体地位，冲击廉政价值理性的作用机制。"数据依赖症"是大数据时代容易犯的病症，过于依赖数据，而数据远远没有我们所想的那么可靠[10]。尽管数据"大"到了可以揭示规律并精准预测未来，但廉政价值构建中的"合目的性"的"故事创造"仍有它特殊的不可替代的作用。正如在科学数据已广泛生活化的今天，人们并不会否定以虚构故事为内容的《圣经》在人类精神价值世界的巨大影响甚至支配作用一样。廉政价值构建从本质上说是经过廉政建设的系统工程而达致的价值提升与精神升华，是人内心的信念、认同和人格追随，是一种有别于冷冰冰的数据思维的价值理性。廉政价值构建的过程，本质上说也是人类追寻自由进步的过程，是人的主体性地位和人的自由意志的确立过程，它不仅要在改造和创造世界中获得，还要在摆脱自己创造物的控制和束缚中获得。然而，当大数据经拥戴走向登峰造极时，它便成为一个新的"上帝"，相应地，它被赋予某种超越工具的特性，大有替代人作为主体的作用[11]。依靠大数据技术及数据间关系而生成的"合规律性"的价值预测，为我们提供了一个看似更安全、更高效的数据"牢笼"，将一切可能性尽数囚禁，海量的存储数据和数据的选择将代替独立、自由的个人做出决定，但廉政价值作为一种无法全然"被数据化"的精神力量，其生成和发挥作用的机制必将被社会生活的数据"神宠化"所钳制。概而言之，如果我们过于崇尚数据规律而忽视人的主体作用，无视故事（哪怕是虚构的故事）可依托、可涵养、可寄望真切价值和鸿远智慧，那么，我们就难免会迷失在自我观、存在观和价值理性的缺失之中，沦为大数据的奴隶。

三、廉政价值构建的大数据思维与方法

尽管大数据不可被神话和绝对化，但数据趋"大"的量变到质变进程从未停歇，而且这一过程正在越发深刻地影响和改变我们的生活。在大数据时代，数据对故事的"祛魅"更加突出，强大的数据相关性揭示出的规律演化与趋势也将更经常左右人们的价值选择与行为方式。价值构建的"故事模式"依然重要，但远不足以适应大数据带给政治与公共生活领域的变革。确立大数据思维、理念与方法，让"数据发声"，推进廉政价值构建中的"故事模式"与"数据模式"的融合，是大数据时代的必然要求。

第一，确立大数据思维，充分利用巨量数据及数据间关系对于廉政价值演化规律的揭示与预测，彰显大数据在廉政建设领域的人文价值建构功能。既然数据演化生成的"合规律性"的价值形态将在大数据时代发挥出巨大的影响力与作用力，那么，我们就应该更加重视数据的整理与归类，厘清数据自身的量变和质变过程，梳理数据间关系，从而更精准把握大数据揭示出来的价值演化规律与趋势，据此指导廉政建设实践过程，发挥"人文数据"的价值建构功能，并不断校正基于特定目标的、承载"合目的性"价值的"故事模式"，实现廉政价值构建的"故事模式"与"数据模式"的有机结合和相互照应，促进"合目的性"价值形态与"合规律性"价值形态的融会贯通。具体而论，作为廉政建设执行主体的政府，应更加重视数据质量管理，保障廉政建设的数据依据，深化使用数据的实践，总结、评估、系统分析数据相关性及其功效，并进一步提出强化数据运用的措施。一是政府要成为数据的"整理者"，转变数据的采集利用仅仅是为了维持社会有序运转的短暂记录的小数据思维，改变传统的单一目的的数据整理思路，整合商业、社会、政府各个领域的数据服务，留存完整数据信息，为实现二次数据利用提供保障，降低数据沉没成本。二是政府要成为数据的"挖掘者"，要从小数据的因果关系分析上升为大数据的相关性关系分析，要将数据管理与公众生活更紧密关联起来，更加注重挖掘数据价值，提高数据及其相关性的挖掘程度。三是政府要成为数据的"推送者"，主动推送具有巨大价值引导力的数据信息，展开大数据下的趋势引领与价值引导，提升公众对于廉政活动的认同度，扩大合目的性的廉政价值在大数据环境下的影响力。

第二，树立数据共享理念，使自由共享的数据成为廉政价值正向表达的工具，有效化解大数据对廉政故事（包括典范人物宣传）的原委"返本归真"带来的冲击，引领社会公共理性形成。大数据时代，数据"大"到让人们看清公共生活的一切细节，的确大大压缩了虚构性的廉政故事的价值构建功能。当社会生活的一切细节不需要虚构时，人们自然不能再随意裁剪拼接故事细节，但人的精神信仰和价值观仍然需要创造性地构建。在一切细节都获得真实性数据支撑的生活中，如何才能继续发挥"故事模式"价值感召力，在考验着廉政建设主体的智慧。在开放、自由、共享的环境中，作为廉政建设主体的政府要善于开掘数据资源的正向价值。首先，改变以我为主的单向度思维，更加注重积极正向高价值数据的甄别与权衡。在混沌的大数据背景中，能够增强公众对政府部门的廉政信心、提高社会对政府廉政水平的认同感、推动社会对于廉政建设的关注度的数据信息，才能够被称为高价值的数据信息，政府应围绕廉政建设的核心使命提供数据信息，选择能够增进公众对政府部门问责能力、激发领导者自查动力的数据进行主动推送。其次，要以真实数据为基础，契合数据相关性演化的规律与趋势，对纯粹的数据信息辅以有权威性、有公信力的引导与解释，避免政府在"故事模式"中自导自演、自说自话，引领社会公共理性的形成。同样一组数据，在不同时间与环境下，面对不同对象时所能产生的解读是多向度的，同样的，廉政故事在不同的引导作用下也将产生截然迥异的价值取向。具备恰当解释和权威说明的数据信息既是对高敏感度案例进行的必要解读，也是引导公众正确认识腐败问题的公共理性视角。

第三，完善数据开放方式，善用开放的数据信息换取社会的信任和善意，帮助政府在不断被"记忆"补充完整的负面故事中化解压力，减小腐败案例的"数字化记忆"对廉政价值构建产生的负面影响。前已有述，被数字化记忆的各种负面廉政故事和细节随时可能被"勾沉"和被"复活"，并再次成为社会聚焦的话题。如何化解和降低本已封尘的腐败案例在当下的冲击与破坏，是大数据时代廉政价值构建无法回避的新课题。开放、自由、共享的大数据把社会公共生活推到"没有隐私"的时代，传统社会中隐瞒、封锁信息的某些做法在日益开放的环境中只能取得适得其反的效果。数据及其相关性所揭示的规律是大数据时代公众进行价值选择的重要参照，也是政府制定策略的重要依据，政府完全可以凭借其作为信息枢纽而占据的数据优势，不断完善数据开放方式，主动开放和推送各种数据信息包括过往的负面案例信息，来促进政府与公众之间的信息流动，建立彼此良性互动的信任关系，来化解政府在被"记忆"补充完整的腐败故事中不断形成的新压力。换言之，如果把信息公开仅仅解读为公众对政府的一种单方面的监督，是狭隘的、片面的，信息公开归根到底是政府的一种自我保护[12]。大数据时代廉政价值构建不能再被简单地理解为政府单向度开展的事情，根本上说是数据信息开放的环境下政府与公众关系的重构，而政府与公众之间的数据自由流动是必不可少的信任基础。

第四，坚持工具理性服务价值理性的目的，避免陷入"数据依赖"及"数据牢笼"的困局。诚然，今天的大数据已经体现出了未曾有过的强大功能，给我们的生活世界与价值世界提供了日益精准的数据描述与规律揭示，但数据的功能再强大，也不至于让我们对它顶礼膜拜和言听计从。我们应利用强大的数据信息来辅佐决策，升华人类的理性，而不是迷失在数据中，任由数据信息支配我们的选择。大数据的关键之处正在于：预测不同于预报[13]。在大数据认知问题上，对人的主体性的强调始终应当是第一位的[14]。当我们过于膜拜其功能并在它的支配下放弃自己的主观能动性和自由意志时，以价值理性为特征的廉政价值构建必将陷入被严丝合缝的数据所钳制的窘境。利用大数据的深度挖掘不仅包括数据技术及其相关性分析，还要加上人的能动选择。在人类历史上，许多"虚构"的故事和细节，根本不是就"虚构"而为的，而是指向特定的精神信仰和价值观而为的[15]。在大数据不断刻录下生活真实细节的今天，尽管"虚构"变得异常困难，但廉政价值构建的"故事模式"仍有它不可替代的合理性和价值性，当然这种模式要因应时代环境的转变而转变。因此，大数据时代廉政价值构建的方式从"故事"到"数据"的转换，并不是从钟摆一端走到另一端，而是要改变过去单一维度的"故事依赖"走向"故事"与"数据"有机融合、相互观照与相互证成，最终促进"合目的性"价值与"合规律性"价值的统一。

大数据不仅代表一个时代的技术力量在重塑我们的思维、工作和生活，而且在不停地拓展和擢升人的主体性和本质力量。在漫无极至的大数据工具理性面前，我们要理性审视并积极回应人的生存境遇的变迁，不断捕捉新的生存方式中价值构建的有效方式和可能路径。

参考文献

［1］［11］［14］［15］陈彩虹.上帝、数据和故事［J］.北京：读书 2015（10）：12 - 19.

［2］［4］黄欣荣.大数据哲学研究的背景、现状与路径［J］.北京：哲学动态 2015（7）：96 - 102.

［3］［12］涂子沛.大数据：正在到来的数据革命，以及它如何改变政府、商业与我们的生活［M］.桂林：广西师范大学出版社，2012：62；263.

［5］［10］［英］维克托·迈尔 - 舍恩伯格，肯尼思·库克耶.大数据时代：生活、工作与思维的大变革［M］.盛杨燕，周涛，译.杭州：浙江人民出版社，2013：205，208.

［6］［7］［美］艾伯特 - 拉斯洛·巴拉巴西.爆发：大数据时代预见未来的新思维［M］.马慧，译.北京：中国人民大学出版社，2012，87，96.

［8］苑雪.大数据时代网络社会管理中的政府行为模式创新［J］.广州：广东行政学院学报，2013（4）：25 - 30.

［9］［英］维克托·迈尔 - 舍恩伯格.删除：大数据取舍之道［M］.袁杰，译.杭州：浙江人民出版社，2013：142.

［13］［美］大卫·芬雷布.大数据云图：如何在大数据时代寻找下一个大机遇［M］.盛杨燕，译.杭州：浙江人民出版社，2014：6.

（作者为福建师范大学公共管理学院院长、教授、博导，本文原载《中共中央党校学报》2017 年第 2 期；《新华文摘》数字版（网刊）2017 年第 15 期全文转载）

家风建设助推反腐败道德治理

黄东阳　曾盛聪

对于家庭和家庭文化有着独特意蕴与特殊地位的中华民族，无论何时我们都要以优良家风来涵养和寄望真切价值与生命智慧，以刚健有为的家教助推和颂扬崇廉尚洁的浩然正气。

习近平总书记多次指出，不论时代发生多大变化，不论生活格局发生多大变化，我们都要重视家庭建设，注重家庭、注重家教、注重家风；领导干部的家风，不是个人小事、家庭私事，而是领导干部作风的重要表现。在今年1月12日十八届中央纪委六次全会上他再次强调，领导干部要把家风建设摆在重要位置，廉洁修身、廉洁齐家。《中国共产党廉洁自律准则》将"廉洁齐家，自觉带头树立良好家风"列为党员领导干部廉洁自律规范的重要内容之一。所有这些显示出家风建设在反腐败和廉政建设中的特殊意义。

反腐败道德治理离不开家风建设

在反腐败问题上，如果说制度性治理是一种外在于人的规范性治理方式，那么道德性治理则是一种内在于人的主体性治理方式，是现代社会境遇中反腐败综合治理不可或缺的维度。外在规范性与内在主体性的辩证施治，才能推动行为他律走向道德自律，最终促成"不敢腐""不能腐"向"不想腐"转化。

古人言："将教天下，必定其家，必正其身。"家风建设在反腐败道德治理中具有着力点或发力点的意义。中华民族是一个十分注重家庭生活与家庭教育的民族，在中华传统文化与社会生活中，家庭是治国安邦最基础的组织，也是一个人立身处世最重要的平台，它赋予一个人基本的信念、价值、品行与修为。

《孟子》说:"天之本在国,国之本在家,家之本在身";《大学》说:"身修而后家齐,家齐而后国治,国治而后天下平"。可见,家规与国法、家风与政风、家齐与国治是由此达彼、相互贯通、相辅相成的。中国在数千年历史进程中积淀形成了无比丰富的家风家教文化,各类优良的家规、家训、家风及其化育故事不胜枚举,成为今天开展反腐败道德治理不可多得的经典范本,是廉政建设弥足珍贵的精神文化资源。

在现代化背景下,传统农耕社会的世代型大家庭、大家族被两代人的核心小家庭所取代,当代社会的家庭也有了更宽泛的社会功能,但家风家教在反腐败道德治理中仍具有不可替代的独特价值。优良的家风仍然是社会形成崇廉尚洁的浩然正气的文明基因,良好的家教依然是塑造健全人格不可或缺的教化方式。对于一个领导干部来说,家风兴方能行为修,行为修方能为官正,为官正方能浩气存。相反,如果领导干部长期浸淫在家风不正、家法不彰、家教不严的家庭之中,就容易诱发贪腐邪念,滋生失范品行。近年查办的腐败案件中,"一人当官,全家腐败"的现象不在少数,从2015年2月至12月,中纪委网站共发布34份省部级及以上领导干部纪律处分通报,其中21人违纪涉及家属、亲属,比例高达62%。有不少案件最后出现了父子共赴公堂、夫妻同陷囹圄、兄弟紧随入狱的家族覆灭的结局,实为整个家门的不幸与悲哀,无不令人唏嘘感叹。

在市场经济环境下,社会关系更加多元,利益纠葛更加复杂,各种诱惑无处不在。要处理好制度规范与亲情人伦之间的关系,对各级领导干部来说,不仅需要有高超的处世哲学与智慧,而且更需要有笃实的政治信仰、道德操守与敬畏之心。今天,有许多光怪陆离的诱惑,这就需要从政者"正人心,息邪说,诅诐行,放淫辞",也昭示我们要更加重视现代人的道德与心灵秩序的建设,更加坚实地弘扬敦厚质朴的家风,推崇刚健有为的家教来匡正人心、敦品励行。人的精神家园、意义世界及对高贵人性的追求,是单靠外在于人的制度与法律建设所无法企及的。

如何用家风建设推进反腐败道德治理

道德治理视角下的家风建设,强调其社会性、参与性、协同性与系统性,既包含利用优良家风进行反腐败的道德治理，又包含针对不良家风的社会治理，是"德治"（家风作为治理手段）与"治德"（家风作为治理对象）的统一。就前者而言，要注重道德治理与制度治理、法律治理的协同，促进道德感召力与法律威慑力的统一；从后者来看，要注重家风建设与政风建设、家风建设与人文关怀的统一，以优良家风涵养社会崇廉尚洁的浩然之气，以社会浩然之气助推优良家风的蔚然形成。当前，把家风建设作为反腐败内在道德治理的着力点，尤其要注重以下方面的系统推进。

第一，注重中华传统优良家风的传承与颂扬。从颜氏家训、朱子家训、温公家训到"孟母三迁""岳母刺字""画荻教子"，中华优良家风和家教故事灿若繁星，寄托着古人的处世智慧与家国情怀，展现了中华民族最闪耀的民族气节与品格，不仅是今天廉政建设重要的精神资源，也是各级领导干部廉洁修身、廉洁齐家的品行指引。为此，我们要更加重视传统优良家风家训典籍、历史先贤家教故事的挖掘整理、研习颂扬，传承并弘扬华夏勤廉人物的风范与精神，培育和构建当代领导干部廉洁从政的精神家园与人格懿范。

第二，强化革命领导人优良家风的学习与借鉴。从毛泽东、周恩来、刘少奇等领袖人物，到焦裕禄、谷文昌、杨善洲等党的好干部，中国共产党人在长期的革命和建设实践中砥砺形成的优良家风家教典范，彰显出共产党人淡泊名利、清白为官、干净担当的人生价值与高尚情怀，是今天市场经济条件下各级领导干部廉洁从政、规范用权、清白持家、严明家教的典范。我们要格外珍视中国共产党人在革命建设、治国理政中的光辉典范的继承、习得与颂扬，发展并升华我们党所特有的超越性的政治品格及其精神境界，使之成为今天开展反腐败道德治理的精神明镜与人格力量。

第三，开展当代优良家风的培育与构建。在新的时代条件下，我们要与时俱进推进家风家训的生活化、时代化、大众化，接地气地开展当代家风的培育构建、评价试点和典范宣传，使当代家风建设走进人民群众的日常生活世界，融入群众的生活话语体系。当前，一些地方推出领导干部的家风评价试点工作是一项有意义的创举。通过领导干部典型家规、家风、家教的推举、评价、宣传、推广，形成当今时代的好家规、好家风、好家教的典范，发挥其应有的引领、感召和化育作用。当然，优良家风作为一种超越性的精神力量，有着自身的积淀规律与演化过程，因此，当代家风培育与构建要避免揠苗助长，特别要注重品德与心灵化育的内蕴性与渐进性，以实现合目的性与合规律性的统一。

忠厚传家久，诗书继世长。对于家庭和家庭文化有着独特意蕴与特殊地位的中华民族，无论何时我们都要以优良家风来涵养和寄望真切价值与生命智慧，以刚健有为的家教助推和颂扬崇廉尚洁的浩然正气。

（作者黄东阳为福建师范大学公共管理学院副教授、曾盛聪为福建师范大学公共管理学院院长、教授、博导，本文原载《中国教育报》2016年8月13日第004版）

新中国建立初期中共反腐倡廉思想与实践的启示

叶 青

上一世纪五六十年代清廉的党风政风一直为广大人民群众所称道。邓小平同志后来回顾这段历史时说:"那个时候,党和群众心连心,党在群众中的威信比较高,社会风尚好,广大干部群众精神振作。所以,尽管遇到困难,还是能够比较顺利地渡过。"[1]清廉的党风政风是党赢得民心、巩固执政基础的一个关键。而建国初期清廉的党风政风,也正是由于以毛泽东为核心的党的第一代中央领导集体,把抓反腐倡廉工作作为关系党和国家前途命运、盛衰兴亡的大事所带来的必然结果。

一、重视"教养"先行,筑牢领导干部的思想道德防线

毛泽东认为共产党的本色是廉洁奉公,党领导的政府在本质上是廉洁政府。腐败现象是旧社会留下的"污毒",是剥削阶级的思想意识腐蚀的结果。毛泽东强调新社会腐败现象的思想道德根源,因此也就强调思想教育。早在民主革命时期,他就主张思想建党优于组织建党。在进城前后,他又一再告诫全党:要警惕由于革命的成功而在党内产生的不健康思想,也要求党员务必继续地保持谦虚、谨慎、不骄、不躁的作风和艰苦奋斗的作风,要警惕敌人的糖衣炮弹。民主革命虽然胜利了,但只是万里长征走完了第一步,革命以后的路更长,工作更伟大,更艰苦。

为了提高干部和一般党员的思想政策水平,中共中央决定在1950年的夏秋冬三季,在全党范围内进行一次大规模的整风运动,整风的重点是放在整顿各级领导机关和干部的工作作风问题,整风的主要方式,是阅读有关文件,总结工作，分析情况，开展批评与自我批评，半年多时间的整风运动，对党员干部进行马列主义理论教育和党性教育，要求每个干部都要起维护和巩固党的执政地位的历史责任，保持廉洁奉公、艰苦奋斗、密切联系群众的党性修养和优良作风，树立一心为民、无私奉献、为新生政权奋斗的思想，有效地提高了党政干部的阶级觉悟和抗腐拒变能力，也密切了党群关系。1951年1月至1954年春，在整风基础上，中共中央又做出了整党的决定：利用3年时间，对党的基层组织进行一次整顿，"据统计，到1953年6月止，共有32.8万余人离开了党的组织，其中有23.8万余人是完全丧失了党员条件的堕落蜕化变质分子和混入党内的阶级异己分子而被清除出党的，有九万人是经过教育后不具备共产党条件而被劝告退党的。"[2]

从新中国政权诞生之日起，中国共产党从严治党始终把思想政治教育放在首位。今天，我们开展党风廉政建设，也要首先从和风细雨的思想政治教育入手，着眼于防范，筑起拒腐防变的思想道德防线，把拒腐防变的关口前移。坚持对党员干部的党的宗旨、从政道德、党纪、警示、廉政文化等经常性教育和集中培训，结合典型案例，以案释腐、以案释法、以案警示，提升教育实效性，使广大党员干部形成"以贪为耻、以廉为荣"的观念，做到"不想腐败"。没有了思想源头，以权谋私的腐败就会从根本上遭到摒弃和抵制。

二、建立制度，制定法规，确保政权的清正廉洁

针对腐败现象和犯罪行为的易发性、隐蔽性和复杂性等特点，毛泽东特别重视思想教育与制定法律法规相结合，为反腐提供制度保障。1951年中共中央颁布《中共中央关于精兵简政、增产节约，反对贪污、反对浪费和反对官僚主义的决定》，决定指出："一切从事国家工作、党务工作和人民团体工作的党员。利用职权和实行浪费，都是严重的犯罪行为。按其情节轻重，给以程度不同的处理，从警告、调职、撤职、开除党籍、判处各种徒刑，甚至枪决。"[3]1952年4月21日，中央人民政府根据《共同纲领》的有关规定制定的《中华人民共和国惩治贪污条例》，这是新中国成立后第一个反腐败法规。《条例》对贪污腐败者的刑事处罚，作了更加明确规定，为惩治贪污犯罪提供了统一的标准和法律武器。1957年10月2日，国务院公布了《关于国家行政机关工作人员的奖惩暂行规定》,《规定》列举了应该奖励的六种表现,其中5条均与廉政、勤政有关;列举的必须给予纪律处分的十二种表现,其中10条属于为政不廉。此外,这一时期颁布的法规制度还包括《中共中央关于处理贪污浪费问题的若干规定》《中央纪律检查委员会关于处理贪污、浪费及克服官僚主义错误的若干规定》《中共中央关于在"三反"运动中党员犯有贪污、浪费、官僚主义错误给予党内处分的规定》以及《中共中央监察委员会关于处分党员的批准权限的规定》等。

尽管这一时期党和国家的法规制度还不完善,但上述法律法规为今后的党风廉政建设奠定了制度基础与前提。在新时期,随着反腐倡廉实践的发展,反腐倡廉要靠法制度已经成为全党的共识。我们党要大力推进克服党内腐败现象的法制化进程,加强反腐倡廉建设和创新,着重健全重点领域和关键环节的规章制度,如用人制度、财务制度、决策制度、监督制度等,提高制度建设的质量和水平。既要重视制度的制定,又要加强对制度的执行情况的监督检查,提升党的各级组织和党员领导干部依法办事的自觉性和表率作用,提高制度的执行力,切实增强制度实效性,真正落实到用制度管权、管事、管人,把制度建设渗透到惩防体系建设各个重要环节、各项重大举措之中,减少腐败环节的滋生的制度漏洞,从制度上保证党政干部的廉洁。

三、对腐败分子不论职位高低、功劳大小,严惩不贷

除了颁布法律法规外,中国共产党还通过依法严惩腐败现象和犯罪行为的司法实践有效地锤炼了党政干部拒腐反变的思想基础,纯洁了革命队伍。虽然毛泽东曾不断告诫共产党员要严防糖衣炮弹的攻击,但是建国后不久,还是出现了一些党员干部滥用职权、贪污受贿的问题。为保持新生政权的纯洁性,1951年在全国开展的增产节约运动中,陆续揭发了许多党员干部贪污浪费、官僚主义作风的问题。最早是1951年11月在东北局的增产节约报告中出现,后来各地陆续都在报告中提到这一问题,引起了毛泽东以及党中央的高度重视。为此,中共中央于这年12月1日作出了《关于实行精兵简政、增产节约、反对贪污、反对浪费和反对官僚主义的决定》。之后的12月18日,毛泽东又起草了《关于反贪污斗争必须大张旗鼓的去进行的指示》,于是,全国范围的"三反"

运动便由此开展。

在这次的"三反"运动中,最典型的案例是受到了严惩的刘青山、张子善。这个案例一直影响至今,体现了党中央反腐败的决心和力度。在反腐败的斗争中,不论职位高低,功劳大小,都将受到严厉的惩处。刘青山当时任中共天津地委书记,张子善任天津地区专员,俩人分别是于1931年和1933年入党,在革命战争年代都是经历过生死的考验,并且为新中国的诞生做出了自己的贡献。但是,在他们执掌权力后,却在资产阶级腐朽思想和生活方式的侵袭下,走上了贪污腐化,蜕化变质的道路。

对于刘、张二人的处理,当时有很多不同的意见,有的主张基于二人的功劳,应该给他们重新改过的机会。毛泽东对此触动很大,因此主张,就是因为他们的功劳大,地位高,影响大,所以才要下决心处决他们,只有这样,才能挽救20个、200个、2000个、20000个犯有不同程度错误的干部。对于刘、张二人被处以极刑,这是共和国历史上的"开国第一刀",显示了我党从严治党、绝不手软的决心,它以铁的纪律维护了党的尊严,巩固建国初期党的执政地位。一位起义的国民党将领说:"有了这一手,共产党一定万岁。"毛泽东也发出感慨:"三反"运动"是共产党人统治国家的一次很好的学习,对全党和全国人民都具有很大的意义。"[4]

今天,中国共产党领导人民所从事的建设中国特色的社会主义、实现中华民族伟大复兴的事业是前无古人的伟业,面对的复杂情况和各种考验也前所未有,因此,坚持党纪面前人人平等的原则,切实反对一切特权,对于腐败分子,无论职务多大、地位多高,都要一视同仁,严惩不贷。这在当前社会转型关键期的反腐倡廉建设中,意义特别重大:既惩处了腐败分子,严肃了党纪政纪,又教育了广大干部,增强了廉洁从政意识;既充分体现了中央反对腐败的坚强决心,又维护了人民群众的切身利益;既严厉打击了违纪违犯行为,又促进了制度的完善和管理的加强。

四、党和政府各级领导干部必须清政廉洁,率先垂范

毛泽东作为中国人民的伟大领袖和无产阶级革命家,在领导中国革命和建设的过程中,处处以身作则,清政廉洁,两袖清风,为全党干部树立了光辉榜

样。早在井冈山时期，红军士兵就为此编唱歌谣："毛委员带头吃野菜，艰苦作风传万代。"毛泽东非常节俭，身上穿的衣服总是缀有好几块补丁。红军和革命政府的最高领导人与普通士兵分得同等数额的伙食尾子（伙食结余费），正是这种同甘共苦的生活制度和官兵一致的作风，使红军战士虽苦无怨，精神非常饱满，很有战斗力，度过了异常艰苦的岁月。

建国初期毛泽东反复告诫全党："因为革命胜利了，有一部分同志意志衰退……全心全意为人民服务的精神少了，而闹名誉、闹地位、讲究吃、讲究穿，比薪水高低，争名夺利，这些东西多起来了。"他强调指出："根本的是我们要提倡艰苦奋斗，艰苦奋斗是我们的政治本色。"[5]建国初期党和政府的各级领导干部，并没有忘本，保持战争时期优良传统作风，与人民同甘苦共患难。对人民热忱，时刻关心和维护人民的利益。一些入城的干部仍然保持"老八路"的作风，过着简朴的生活。60年代初期，为了克服国民经济的严重困难，毛泽东等党和国家领导人严格要求自己及其亲属，与人民群众同甘共苦，共渡难关。他曾几个月不吃肉，青黄不接时只吃菠菜，少吃粮食，以致全身浮肿。一件衣服，他补了又补，一件毛毯，从战争年代一直用到逝世。

领袖们的表率作用成为廉洁奉公的楷模，使简朴清廉、艰苦奋斗蔚然成风，使革命的政权能够深深扎根于人民群众之中，赢得人民群众的支持和拥护，有力地促进了党内外的团结和谐，增强了党和国家的凝聚力。建国初期，党和国家处于困难时期，但党的凝聚力却空前增强。全国人民在党的领导下，万众一心，很快渡过难关，实现新生政权的巩固和经济形势的好转。

诚然，党的各级领导干部身体力行，带头廉政，至关重要，它直接带动全党的风气，全党的风气又影响全社会的风气。这一宝贵历史经验，值得我们今天认真继承和发扬。在新时期，我们党要对领导干部严要求、严管理、严监督。各级领导干部要以身作则、身体力行，勤政廉明。自己手脚不干净，没有资格要求别人讲卫生。要时刻用纯洁性来对照自己、检点自己、修正自己，严格遵守领导干部廉洁自律各项规定，注重道德建设和品格塑造，树立良好的公众形象。既做发展的引领者，又要做道德的示范者。这应是当今构建党员干部长效预防腐败机制所必不可少的因素和条件

五、发动群众，发挥社会的舆论强力监督

早在中央苏区，毛泽东就指出：为了巩固工农民主专政，"每个革命的民众都有揭发苏维埃工作人员的错误缺点之权"，同时郑重承诺"苏维埃工作人员中如果发现了贪污腐化消极怠工以及官僚主义的分子，民众可以立即揭发这些人员的错误，而苏维埃则立即惩办决不姑息。"1945年7月，民主人士黄炎培先生曾向毛泽东提出一个问题，即如何跳出"其兴也渤焉""其亡也忽焉"的历史周期律。毛泽东当时的回答是："我们已经找到了新路，我们能够跳出这个周期率。这条新路就是民主。只有让人民来监督政府，政府才不敢松懈。只有人人起来负责，才不会人亡政息。"[6]

让人民监督政府，就要发动群众，进行群众监督。1950年4月19日，党中央作出《关于在报纸刊物上开展批评与自我批评的决定》，要求报纸刊物吸引广大人民群众经常有系统地监督国家的工作。[7]之后，《人民日报》等报刊几乎天天刊登读者来信，揭露基层干部中贪污浪费、投机倒把等不法行为，并刊登了各级政府的处理意见。这项利用舆论工具进行监督的决定，对于增强政府和党员干部队伍的公信力，巩固执政党的执政基础起了积极的作用。为了更好地发挥人民群众的监督作用，毛泽东还非常注意人民群众的来信来访。他在转发中央办公厅秘书室关于处理群众来信的报告时写道"必须重视人民的通信，要给人民来信以恰当的处理，满足群众的正当要求，要把这件事看成是共产党和人民政府加强和人民联系的一种方法，不要采取掉以轻心、置之不理的官僚主义态度。"[8]

1956年9月召开的党的八大，强调了执政条件下党的建设问题，邓小平在修改党章报告中指出："我们需要实行党的内部监督，也需要来自人民群众和党外人士对我们党的组织和党员的监督。无论党内的监督和党外的监督，其关键都在于发展党和国家的民主生活，发扬我们党的传统作风。"[9]民主监督可以说是腐败滋生和蔓延的免疫系统，让人民群众来揭露和惩治腐败，不仅可以在社会上形成强大的舆论监督，也有力地遏制了腐败，纯净了一些党员干部的不良作风，也更好地做到了全心全意为人民服务。但时至如今，对党员干部的监督更多地仍然依靠纪检监察、组织、审计等党政部门的行政监察，群众监督的力度还有待于切实加强。要努力推进工作的高透明度，确保群众了解政务党务的渠道畅通。要建立举报受理制度，充分利用互联网、举报意见箱、举报电话等形式，收集民意，并向举报人反馈举报事项处理结果。"阳光执政"、人民群众的民主意识增强、社会监督的广泛参与，应是有效防治腐败的关键所在。

现实是历史的继续，历史是现实的向导。今天，中国共产党已经走过90年的光辉历程，在全国范围内的执政实践也已超过60年，但当前消极腐败现象依然比较严重。正如胡锦涛在十七届中央纪委七次全会上强调："我们也必须清醒地看到，当前党风廉政建设和反腐败斗争面临不少新情况新问题，反腐败斗争形势依然严峻、任务依然艰巨。我们一定要充分认识反腐败斗争的长期性、复杂性、艰巨性，进一步坚定信心、加大力度，继续把反腐倡廉工作做深、做细、做实，做出成效。"在当前全面推进党风廉政建设伟大工程中，我们认真借鉴和运用建国初期我们党廉政建设的成功经验，从中获取智慧，深刻认识党对反腐倡廉工作规律，加强廉正风险的防控，这对于我们在新的历史起点上，以改革创新精神推进党的建设，深入开展党风廉政建设和反腐败斗争，具有十分重要的意义。

参考文献

[1] 邓小平文选（1975－1982）[M]，人民出版社1983版，第266页。

[2] 胡华：《中国社会主义革命和建设史讲义》[M]，中国人民大学出版社1985年4月版，第70页。

[3] 建国以来重要文献选编第2卷[M]，中央文献出版社1992年版，第488页。

[4] 关兴、陈挥：《中国共产党反腐倡廉史》[M]，上海人民出版社2001年版，第187页。

[5] 《毛泽东文集. 第七卷》[M]，人民出版社1999年版，第162页。

[6] 薄一波：《若干重大决策与事件的回顾》上卷[M]，中央党校出版社1991年版，第157页。

[7] 《中华人民共和国全鉴·第一卷1949－1953》[M]，北京团结出版社

1997年版，第537页。

[8] 董边等编：《毛泽东和他的秘书田家英》，中央文献出版社1990年版，第246页。

[9]《邓小平文选．第一卷》，人民出版社1994年，第215页。

（作者为福建师范大学社会历史学院副院长、教授、博导，本文原载《中共福建省委党校学报》2012年第7期）

职责、关系、权力：关于党的纪检工作的思考

黄晓辉　陈　武

党的纪律检查委员会，作为党内监督专门机关，自党的十二大以来，其工作一直在"双重领导"体制下进行，即"党的地方各级纪律检查委员会在同级党的委员会和上级纪律检查委员会的双重领导下进行工作。"① "双重领导"下的各方关系，主要涉及三个方面，即上下级纪委之间的关系、同级党委与纪委之间的关系、上级纪委与下级党委之间的关系。"双重领导"下的权力分配，主要涉及两大类别，即上级纪委与同级党委之间的领导权划分、同级党委与同级纪委之间的职权划分。完善"双重领导"体制，关键要厘清这三个方面的关系，配好这两大类别的权力。关系由工作产生，权力与职责相联。职责、关系、权力是在工作中形成的既相互联系又相互区别的统一体。因此，为了厘清这三个方面的关系，配好这两大类别的权力，首先必须明确党的纪检工作的主要职责。

一、明确党的纪检工作的主要职责

《中国共产党章程》（指现行党章，以下没有特别说明的，均指现行党章）第44条明确规定："党的各级纪律检查委员会的主要任务是：维护党的章程和其他党内法规，检查党的路线、方针、政策和决议的执行情况，协助党的委员会加强党风建设和组织协调反腐败工作。"《中国共产党党内监督条例（试行）》（2003年12月中共中央发布）第3条规定："党内监督的重点对象是党的各级

---

① 《中国共产党章程》（中国共产党第十二次全国代表大会1982年9月6日通过），第43条。载《中国共产党章程汇编（一大—十八大）》，第113页，中共中央党校出版社2013年5月版。

领导机关和领导干部，特别是各级领导班子主要负责人。"党的十八届三中全会决定第36条强调，"落实党风廉政建设责任制，党委负主体责任，纪委负监督责任。""各级纪委要履行协助党委加强党风建设和组织协调反腐败工作，加强对同级党委特别是常委会成员的监督，更好发挥党内监督专门机关作用。"《关于纪委协助党委组织协调反腐败工作的规定（试行）》（2005年7月11日中央纪委常委会讨论通过）第2条指出："纪委协助党委组织协调反腐败工作，是指纪委在同级党委的领导下，按照同级党委和上级纪委的总体部署和要求，协助同级党委研究、部署、协调、督促检查反腐败各项工作。"根据上述党章和党内法规的规定，纪委的主要任务或工作职责可以归纳为两个方面：一是履行监督职责，"维护党的章程和其他党内法规，检查党的路线、方针、政策和决议的执行情况"，其要点是执纪、检查、处置，①重点是"加强对同级党委特别是常委会成员的监督"；二是履行协助职责，即"协助党委加强党风建设和组织协调反腐败工作"，其要点是提出工作建议、协助组织协调和督促检查，②当好参谋和助手。

在纪检工作的上述两方面职责中，监督职责是主职责、原职责，协助职责是后来随着形势发展派生的，是根据形势的需要加上的。从1927年党的五大正式成立党内监督专门机关监察委员会（纪委的前身）至1979年改革开放前，纪委的主要任务或工作职责一直定位于"监督"。最早提到"协助"的是1979年1月在"文革"后新成立的中央纪委第一次全体会议上，该会议通过的《中共中央纪律检查委员会第一次全体会议通告》指出：遵照党中央的规定，党的纪律检查委员会的根本任务是，维护党规党法，保护党员的权利，发挥党员的革命热情和工作积极性，同一切违反党纪、破坏党的优良传统的不良倾向作斗争，协助各级党委切实搞好党风。[1]后来，在党的十二大章程中，把"协助党的委员会整顿党风"作为纪委的一项重要任务明确了下来（第44条）。党的十四大章

---

① "维护党的章程和其他党内法规"，即执纪；"检查党的路线、方针、政策和决议的执行情况"，即检查；对检查的情况必须具有处置权，这是监督权的核心，即处置。
② 作为党内监督专门机关的纪委，"协助同级党委研究、部署"的要义就是提出工作建议。这在《关于纪委协助党委组织协调反腐败工作的规定（试行）》的其它条文中也有体现，该规定第5条指出："根据同级党委的要求和实际情况，研究反腐败工作的重要问题，及时向同级党委提出意见和建议。"

程改提"协助党的委员会加强党风建设"（第44条），党的十六大章程，又进一步加上了"组织协调反腐败工作"的内容（第44条），从而形成了现行党章的提法。其实，纪委的监督职责本身就包括了对党风不正和腐败现象的纠正和查处，因此，当党把加强党风建设和反腐败工作提上议事日程后，纪委协助党委搞好该项工作本来就是应该的，就是份内工作。之所以要在党章上特别规定党委领导、纪委协助，是说明这项工作的重要性和目前形势的严峻性，不能仅仅停留于纪委的执纪、检查、处置上，而应该全面抓好，从源头抓起，齐抓共管，党委应该全面领导，亲自负责。正是在这样的背景下，纪委的"协助职责"提上了议事日程。从纪委协助党委加强党风建设和组织协调反腐败工作来讲，纪委的"监督职责"不变，并自然包括了对党委执行党风建设和反腐败工作情况的监督，[1] 但扩大了纪委工作的内容，即除了监督之外，还要研究党风建设和反腐败工作，当好党委的参谋和助手，为党风建设和反腐败工作提出建议，并协助党委组织协调、督促检查这项工作。[2] 但是，在实际工作中，由于各种原因，"一些地方和单位的纪委大包大揽、职能泛化、聚力不足的现象比较严重，极大地影响了监督效果"，[2] 所以，党的十八届三中全会决定特别强调："落实党风廉政建设责任制，党委负主体责任，纪委负监督责任，加强对同级党委特别是常委会成员的监督，更好发挥党内监督专门机关作用。"

所以，笔者认为，纪委履行"协助职责"，不能忘记了"监督职责"。应该强调，纪委作为党内监督专门机关，监督是主业，是主责，各级纪委的日常工作首先应该聚焦于执纪、检查、处置。从各级纪委工作的总体来讲是监督，这是不能忘记的；就党风廉政建设和反腐败工作来讲，是既监督又协助。党风廉政建设和反腐败工作是各级党委必须抓好的主要工作之一。在这项工作上，党委负主体责任，纪委负监督责任，纪委必须监督党委抓好这项工作，同时也有责任协助党委抓好这项工作。

---

[1] 既然党风建设和反腐败工作成为党委的一项工作职责，根据党章规定，纪委就有责任监督党委抓好这项工作。

[2] 从监督来讲，主要是对同级党委执行该项工作的监督以及对不正之风和腐败案件的查处，这是纪委履行监督职责的主要内容之一；从协助来讲，主要是对党委开展这项工作提出建议，并协助党委对所辖各职能部门和下级党委执行该项工作的组织协调和督促检查，这是纪委履行协助职责的主要内容。

最后，还有必要说明一下，在纪委的主要任务或职责中，长期以来，其监督对象主要是党员个人，有时候也包括了下级组织，但没有规定对同级党组织的监督职责或职权。① 所以，在以往的工作中，党的纪检工作主要是在同级党委的领导下进行。② 直到1982年党的十二大，在党的十二大报告中才明确提到，党的各级纪委"对中央以下的同级党委及其成员实行党章规定范围内的监督，对中央委员会成员违犯党纪的行为可以向中央委员会检举"，[3]并在大会通过的党章中规定：中央和地方各级纪委"检查和处理党的组织和党员违反党章党纪和国家法律法令的比较重要和复杂的案件"（第44条）。也正是在党的十二大通过的党章中，开始增加了纪委的"协助职责"，并明确规定党的纪检工作实行"双重领导"体制。从党的十二大提到的纪检工作的这两项任务来看，如果要对同级党委开展监督，就必须实行垂直领导，或纪委只对党的代表大会负责；但是，纪委又要履行"协助职责"，这又要求纪委同时要接受同级党委的领导，不能完全改变原来的同级党委领导的体制。从某种意义上说，这正是党的十二大提出党的纪检工作实行"双重领导"体制的主要原因。所以，我们有理由认为，正是党的纪检工作的"双重职责"决定了党的纪检工作的"双重领导"体制。这是我们厘清"双重领导"下各方关系和配好"双重领导"下的各方权力的关键因素，即厘清关系、配好权力，必须着眼于纪检工作的"双重职责"，以有利于"双重职责"的落实为原则和导向。职责决定关系，关系产生权力，权力为职责服务。这是职责、关系、权力统一体形成和运行的基本规律。

二、厘清"双重领导"下的三方关系

根据"职责决定关系"的原理，上述纪检工作的"双重职责"，客观上决

---

① 在党的十二大以前的历次党章中，关于纪检机关或监察机关主要任务或工作职责的规定中，都仅提到对党员或党员和党员干部的监督，在党内其它文件或纪委文件中，提到对下级党的组织的监督，从来没有明确提到过对同级党的组织的监督。
② 除党的五大和六大通过的党章外，十二大以前的历次党章都明确规定党的纪检或监察工作在同级党委领导下进行，但实际上也规定有上级纪委的有限的领导权。比如，党的八大章程第54条规定："各级监察委员会在各级党的委员会领导下进行工作。上级监察委员会有权检查下级监察委员会的工作，并且有权批准和改变下级监察委员会对于案件所作的决定。"

定了上述三方的这样关系：上下级纪委之间的领导与被领导关系、同级党委与纪委之间的被监督与监督关系和领导与协助关系、上级纪委与下级党委之间的指导与被指导关系。

第一，上下级纪委之间的领导与被领导关系。这是由于纪委履行"监督职责"的需要决定的。在"双重领导"体制中，之所以提出并强调上级纪委的领导，其目的就在于有利于纪委履行"监督职责"，可以超越同级党委，实现对同级党委的监督。根据权力的本性，不受监督制约的权力必然走向腐败，而要实现对权力行使者的监督，监督者不能受制于被监督者。从古至今，上至国家、政党，下至行会、社团，无不如此。因此，任何组织在其内部机构中，一般都设立有相对独立的监督机关或者配备有相对独立的监督人员，以监督制约权力的运行，维护组织纪律。为了保证监督的权威有效，这种机关一般实行垂直领导，或者直接对最高领导机关或最高领导人负责。对于这一基本原理的认识，我们党虽然经历了一个过程，但如上所述，自党的十二大以来，也已经逐渐明确，纪检工作的重点已逐渐转到了对同级党委的监督上，"对党员领导干部行使权力进行监督"，① 党的十八届三中全会决定再次对此进行明确强调。遵循权力运行规律，纪委必须监督党委，而要有效监督党委，纪委不能受制于党委，纪委系统必须垂直领导。这就决定了上下级纪委之间的领导与被领导关系。这是纪检工作的第一层关系，也是最重要的关系。

第二，同级党委与同级纪委之间具有双重关系，即被监督与监督关系和领导与协助关系。这是由于纪委工作的"双重职责"决定的。就"监督职责"来讲，如上所述，其重点是监督同级党委特别是常委会成员，从而形成了同级纪委与同级党委之间的监督与被监督关系。就"协助职责"来讲，纪委要协助党委加强党风建设和组织协调反腐败工作，当好党委的参谋和助手，自然要接受同级党委领导。但是，这种领导不是上下级之间的，也不是系统与其内部职能部门之间的领导与被领导关系。纪委由党的代表大会选举产生，不是党委的下级，也不是党委内部的职能部门，而是履行对包括同级党委在内的党组织和党员个人监督的党内监督专门机关，因此，党委对纪委的领导不是全面领导，仅

---

① 见党章第44条。

是专项工作的领导。党委不能分配纪委做该专项工作以外的工作，即党委对纪委的领导不能超越"加强党风建设和反腐败工作"的范畴。① 因此，党委与纪委的关系，不是一般意义上的领导与被领导关系，而是特定工作范围内的领导与协助关系，即在党风廉政建设和反腐败工作中的领导与协助关系。

第三，上级纪委与下级党委之间的指导与被指导关系。这是由于纪委的"协助职责"和党委的主体责任共同决定的。一方面，纪委要协助党委抓好党风廉政建设和反腐败工作，履行好提出工作建议、协助组织协调和督促检查的职责，就不能不对下级党委开展该项工作进行过问和指导。这种过问和指导是代表上级党委的。另一方面，党委作为党风廉政建设和反腐败工作的责任主体，也必须就这项工作定期向上级组织汇报，特别是向作为党内监督专门机关又协助党委抓好党风廉政建设和反腐败工作的上级纪委汇报。② 这样，就自然形成了上级纪委与下级党委之间的工作关系。但是，这种工作关系不是领导与被领导的关系，而是指导与被指导的关系。即上级纪委有权要求下级党委就党风廉政建设和反腐败工作向上级纪委报告，下级党委必须将开展这项工作的情况向上级纪委报告，接受上级纪委的工作指导，但下级党委，作为该项工作的主体责任者，具有依据本地区或本单位的实际情况作出决定、计划、部署的自主权。

第四，发生意见分歧或矛盾纠纷时的解决办法。在"双重领导"体制下的三方关系中，上下级纪委之间为领导与被领导关系，从组织原则上讲，上级纪委有权改变下级纪委的决定，下级纪委必须服从上级纪委的决定，如果下级纪委认为上级纪委的决定是错误的，在服从和执行的前提下，可以依据组织程序

---

① 王岐山在中纪委十八届三次会议报告中指出："纪检组长在党组中不分管其他业务工作。"中共中央印发的《建立健全惩治和预防腐败体系2013－2017年工作规划》指出："进一步明确纪检监察工作职责定位，强化对监管者的监督。转职能、转方式、转作风，把不该牵头或参与的协调工作交还给主管责任部门，集中精力抓好党风廉政建设和反腐败工作。"

② 王岐山在中纪委十八届三次会议报告中指出："党委（党组）要定期向上级纪委报告党风廉政建设责任制落实情况。"《关于实行党风廉政建设责任制的规定》第16条规定："党委（党组）应当将贯彻落实党风廉政建设责任制的情况，每年专题报告上一级党委（党组）和纪委。"第28条规定："各级纪检监察机关应当加强对下级党委（党组）、政府实施责任追究情况的监督检查，发现有应当追究而未追究或者责任追究处理决定不落实等问题的，应当及时督促下级党委（党组）、政府予以纠正。"

向再上一级组织，直至中央反映。这是有党章及党内有关法规规定的。① 现在的问题是，在同级纪委和党委以及在上级纪委和下级党委发生意见分歧或矛盾纠纷时怎么解决。首先，当同级党委和同级纪委发生矛盾时，在一般情况下，应该提请上级纪委裁决，服从上级纪委的裁决。因为，在党风廉政建设和反腐败工作上，上级纪委是代表上级党委行使权力的，既是下级纪委工作的领导者，又是下级党委开展党风廉政建设和反腐败工作的指导者，具有权威性。在党代会召开期间，则应该提请党代会裁决，服从党代会的裁决。党代会作为地方各级党的领导机关，在地方各级党的工作中具有最高的权威性。其次，当上级纪委和下级党委发生矛盾时，或者说，当下级党委认为上级纪委的裁决不正确时，则可以提请上级党委裁决，在一般情况下应该服从上级党委的裁决。因为，就上级纪委与下级党委的关系来说，上级纪委是协助和代表上级党委行使权力的，当然上级党委有权做最终的裁决。

三、配好"双重领导"下的两类权力

在纪委履行工作职责产生的三个方面的关系中，带来了两种类别的权力需要配好理顺，即上级纪委和同级党委在纪检工作中的领导权划分以及同级党委和同级纪委在党风廉政建设和反腐败工作中的职权划分。党的十八届三中全会提出推动党的纪检工作"双重领导"体制具体化，其核心点就在于这两类权力的具体化，列出各方的权力清单，理顺这两类权力中的关系。

首先，上级纪委和同级党委在领导纪检工作中的权力划分，应该注意以下三点：

第一，以方便纪检工作职责落实为原则。权力与职责相统一，权力由职责产生，权力为职责服务，领导权的分配要以有利于职责的落实为原则。如上所述，在纪检工作"双重职责"中，监督是主要职责、主要任务，上级纪委与下

---

① 党章第四十五条规定："上级纪律检查委员会有权检查下级纪律检查委员会的工作，并且有权批准和改变下级纪律检查委员会对于案件所作的决定。"第十五条规定："下级组织如果认为上级组织的决定不符合本地区、本部门的实际情况，可以请求改变；如果上级组织坚持原决定，下级组织必须执行，并不得公开发表不同意见，但有权向再上一级组织报告。"

级纪委的领导与被领导关系是纪委工作关系的主线,因此,以方便纪检工作职责的落实为原则,就应该以上级纪委领导为主,同级党委领导为辅。而从目前的情况看,则存在着权力分配不合理,上级纪委权力不足,同级党委权力过重,纪委监督工作严重受制于同级党委的情况,因此,在目前,改革党的纪检工作"双重领导"体制,应该着眼于强化上级纪委领导,优化同级党委领导。这正是党的十八届三中全会决定在改革党的纪检工作"双重领导"体制问题上的主要精神。

第二,以各自所负有的职责范围为边界。任何权力的行使都必须有边界,这个边界就是服务和服从于履职的需要,以职责范围为边界。即权力的行使必须限于履行职责所需要的范围内。无论是上级纪委还是同级党委,既然拥有对纪检工作的领导权,也就负有对纪检工作的领导责任。根据责权相统一的原理,它们所拥有的职权也应该以它们所负有的职责范围为边界。如上所述,在纪检工作中,上级纪委对下级纪委的领导职责就是领导下级纪委履行好监督任务;同级党委对同级纪委的领导职责就是领导纪委协助做好党风廉政建设和反腐败工作。所以,在上级纪委与同级党委的权力划分上,总的来说,属于"监督职责"范围内的权力,应该以上级纪委领导为主,属于党风廉政建设和反腐败工作范围内的权力,应该以同级党委领导为主。比如,查处案件属于监督权所应有的职责范围,查处案件应以上级纪委领导为主;制定工作计划、落实工作责任、加强组织协调属于党风廉政建设和反腐败工作的职责范围,应以同级党委为主。又比如,党委领导纪委,其职责在于加强党风廉政建设和反腐败工作,党委的领导权不能超越这一界限,不能安排纪委分管党风廉政建设和反腐败工作以外的其它工作。

第三,以人权、事权和财权为重点。落实到具体的权力问题,应该把重点放在人权、事权和财权的划分上。这些权力是权力家族中最重要的权力,应该成为权力划分的重点。在这一方面,党中央已经提出了"两个为主",即"各级纪委书记、副书记的提名和考察以上级纪委会同组织部门为主";"查办腐败案件以上级纪委领导为主"。① "两个为主"分别从人权和事权上强化了上级纪委

---

① 见党的十八届三中全会决定第36条。

对下级纪委的领导，是按职责理顺领导关系的重要举措，对于"加强对同级党委特别是常委会成员的监督"具有重要意义。但是笔者认为仅此还不够。任何工作的开展，都必须以必要的经费保障为基础，纪检工作也不例外，因此，还有必要规定纪检工作经费单列预算，经费预算审核批准权归上级纪委。此外，上级纪委作为协助党委开展党风廉政建设和反腐败工作的上级机关，其职权不能仅局限于对下级纪委的领导，还应该包括对下级党委的党风廉政建设和反腐败工作的指导。因此，在党风廉政建设和反腐败工作方面，不仅是下级纪委应该向上级纪委报告工作，下级党委（党组）更应该定期向上级纪委报告工作，报告党风廉政建设和反腐败工作的总体规划、责任落实和执行情况等。上级纪委可以而且应该就这方面的工作进行指导、检查以及必要的纠正。因此，上级纪委的领导权可以归纳为以下四点：对下级纪委主要领导干部的提名和考察权；查办和惩处案件的主导权；纪检工作经费预算审核批准权；纪检工作指导、检查和纠正权（包括对下级党委开展党风廉政建设和反腐败工作的指导、检查和纠正权）。

其次，同级党委和同级纪委在党风廉政建设和反腐败工作中的职权划分，以党委的全面领导、主体责任和纪委的协助、监督责任为原则。

从党委的全面领导和主体责任产生的权力主要有：根据党中央及上级机关关于党风廉政建设和反腐败工作的部署和要求，结合本地区或本单位的实际研究制定本地区或本单位党风廉政建设和反腐败工作计划、目标要求和具体措施的权力；在党委管辖的各职能部门中进行任务分解、工作分配和责任落实的权力；在工作开展过程中进行组织协调、督促检查、解决问题和纠正错误的权力；对下级党委的党风廉政建设和反腐败工作进行指导、检查和纠正的权力；领导、支持、监督纪检机关查处违法违纪案件，纠正不正之风的权力；① 领导、组织

---

① 关于同级党委对同级纪委查处案件的权力，多数学者仅提到领导和支持同级纪委履行职责。笔者认为，仅此还不够，还应该强调党委的监督权力。查处案件以上级纪委领导为主，并不等于同级党委可以不闻不问，不予支持、不予监督；也不应该是仅支持不监督。同级党委既有支持又有监督同级纪委查处案件的责任，也同样具有支持和监督的权力。领导的含义中天然地包含了监督；从权力的运行来讲，监督也应该是相互的。也正因为这样，所以，在线索处置和案件查办上，纪委既要向上级纪委报告，也要向同级党委报告。

考核评比，表彰先进、问责后进的权力等。

从纪委的"协助职责"产生的权力主要有：根据中央及上级机关的精神和同级党委的工作部署、要求，联系本地区或本单位的实际，研究党风廉政建设和反腐败工作的重大问题，及时向同级党委提出工作意见和建议的权力；根据同级党委的工作部署和任务分解，经常性地开展各职能部门间的沟通协调，协助党委及时解决党风廉政建设和反腐败工作中重大问题的权力；根据同级党委的工作部署和任务要求，督促检查各职能部门及下级党委开展党风廉政建设和反腐败工作的情况并纠正错误的权力；行使同级党委交办的关于党风廉政建设和反腐败工作的其它工作的权力。

最后，从纪委作为党内监督专门机关，专职履行监督职责的角度看，纪委还必须拥有如下权力：一是了解情况权。了解情况是开展监督的前提，因此纪委必须拥有了解情况权。该权力包括参加会议权、查阅档案权、询问质询权等。参加会议权是指纪委主要领导人有权列席或派人列席同级党委和行政机关的一切会议。查阅档案权是指纪委有权根据工作需要调取查阅相关问题的历史档案，如会议记录、通知决定以及相关问题的原始资料等。询问质询权是指纪委有权就不清楚、不理解、不满意的问题向相关部门领导或责任人提出询问或质询的权力。其中，质询兼有了解情况和表达不满的双重含义。二是工作检查权。即在纪委的职责范围内对被监督对象的工作情况进行检查的权力，包括听取汇报、召开座谈会、问卷调查、实地查看等权力。这是纪委履行监督职责所应有的基本权力。三是专题调查权。即纪委可以根据每一阶段工作的中心和群众反映强烈的问题，组织专题调查小组，开展专题调查活动，并在专题调查的基础上提出对该问题的处置意见。四是受理申诉权。即受理对党组织和党员违犯党纪党规以及法律法规行为的检举和党员的控告、申诉，保障党员权利。五是查处案件权。即检查和处理党的组织和党员违反党纪国法的案件的权力，坚决打击腐败分子。六是工作保障权。即纪委有获得开展监督工作所需要的保证条件的权力，主要有工作经费保障、办公条件保证以及在开展工作中的各职能部门的配合支持等。这里着重强调两点：一是纪检工作经费单列预算。这是开展工作所必需的经费保证，非常重要。这在前面已说，这里不再赘述。二是利用现有资源的权力。纪检机关要行使自己的权力，履行自己的职责，完成担负的任务，必须拥有必要的资源。但是,这并不是说纪委要建立起一个膨大的机构体系,拥有所有的必要资源。这是没有必要的,也不符合节俭的原则。在这一方面,列宁曾经提出过一个很好的办法,即赋予纪检机关在需要时使用党和国家机构现成资源的权力。在当时苏共中央颁布的《监察委员会条例》明确规定:"监察委员会可以利用本级党委员会的机构进行工作,并且有权在自己的职权范围内给一切党员同志和党组织分配任务。"[4]笔者认为,在我国现行的"双重领导"体制下更有条件做到这一点。这应该成为党委领导、支持纪委开展工作的最核心的内容。

参考文献

[1] 邵景均.《新中国反腐简史》[M].北京:中国党史出版社,2009年:82.

[2] 侯长安.《全面落实纪委的监督责任》[J].《求是》,2014年第14期.

[3]《中国共产党第十二次全国代表大会文件汇编》[M].北京:人民出版社,1982年:53.

[4]《苏联共产党代表大会、代表会议和中央全会决议汇编》第二分册[M].北京:人民出版社,1964年:196.

(作者黄晓辉为福建师范大学法学院教授、陈武为原福建商业高等专科学校党委副书记、纪委书记,本文原载《廉政文化研究》2015年第5期)

党内监督工作领导体制的历史演变与新发展

黄晓辉

党的十八届三中全会决定:"推动党的纪律检查工作双重领导体制的具体化、程序化、制度化,强化上级纪委对下级纪委的领导。"[1]这一决定,是党关于党内监督工作领导体制探索的最新成果;为完善现行的党的纪检工作"双重领导体制"指明了方向;是党内监督工作领导体制发展的一个新的里程碑。本文拟从历史和现实两个方面对此做一说明。

一、党内监督工作领导体制的历史演变

中国共产党,作为无产阶级的先锋队组织,历来重视党的建设和党内监督。如果把党成立以来的党内监督工作,特别是党内监督工作领导体制的历史演变做一梳理,可以分为五个阶段。

第一阶段,从党的建立至党的五大,是党在自身毫无经验的情况下,仿照苏共模式建立党内监督工作领导体制的阶段。

关于党内监督工作,在建党初始,实行的是党的执行机关兼职履行党的监督职责的领导体制。比如,党的一大纲领明确规定:派到其他地区工作的党员,"一定要受到地方执行委员会的最严格的监督";"地方委员会的财务、活动和政策,应受中央执行委员会的监督"。[2]

党的二大、三大、四大章程对党内监督的规定有了新的发展,即从党组织对党员个人、上级组织对下级组织的单向监督,发展为二者之间的双向监督。党的二大、三大、四大章程都规定:"全国大会及中央执行委员会之议决,本党党员皆须服从之。下级机关须完全执行上级机关之命令,不执行时,上级机关

得取消或改组之。各地方党员半数以上对于执行委员会之命令有抗议时，得提出上级执行委员会判决；地方执行委员会对于区执行委员会之命令有抗议时，得提出中央执行委员会判决；对于中央执行委员会有抗议时，得提出全国大会或临时会议判决，但在未判决期间均仍需执行上级机关之命令。"[3] 在党的建立初始，就能做出这样的规定，实为难得，充分体现了党的民主性质。

中国共产党建立不久，就迎来了第一次大革命高潮。在这期间，党的组织规模空前扩大、党员人数迅速增多，党组织内部开始出现贪污腐化等不良现象。同这些不良现象作斗争，是纯洁党的组织、维护党的威信之必要。为此，1926年8月中共中央颁布了第一个专门反对腐败的文件《中央扩大会议通告——坚决清洗贪污腐化分子》，并开始考虑成立党内监督专门机构。[4]

党内监督专门机构的名称叫什么，怎么设置，其地位、职权、任务怎么规定等，对于幼年的中国共产党来讲，毫无经验；而在当时，唯一可以借鉴的是苏联共产党的模式。因此，在党的五大上决定成立的中国共产党第一个党内监督专门机构——监察委员会，基本上是当时的苏共模式的翻版，即建立的是，党内监督机构与党内执行机构基本平行、相互制约，能够比较独立地行使监督权的党内监督工作领导体制。[5]

第二阶段，从党的五大后至建国前，是党在作为革命党的背景下，结合中国实际，开展党内监督工作领导体制初步探索的阶段。

如上所述，党的五大确立的党内监督工作领导体制，基本上是仿照当时的苏共模式建立的。但是，与苏共已经成为执政党的地位不同，当时的中共仍处于革命党的地位，尤其是在1927年4月国民党蒋介石背叛革命后，党的组织遭受严重破坏，不得不全面转入地下秘密工作，因此，这样的模式是不适合当时的中共情况的。在现实中，五大及其后建立的中央及各级监察委员会，在第一次大革命失败后，遭受严重破坏，实际上已不复存在。有鉴于此，中共开始了适合当时的国情和党情特点的党内监督工作领导体制的初步探索。

首先，针对白色恐怖下一些党员经不起考验的情况，党的"八七会议"决定组织党内审查委员会，以"审查各该党部之党员有否不可靠分子"。[6] 后来，在1928年6月召开的党的六大上，审查委员会取代监察委员会成为党内监督的专门机构。根据党的六大通过的党章，审查委员会虽然仍由党的代表大会选举产生，但未对其地位和领导体制做任何规定，实际上成为在同级党委领导下"监督各级党部之财政会计及各机关之工作"的专门机构。[7]

其次，针对党的农村根据地的建立和巩固，党取得区域执政地位后，党内出现的官僚主义、营私舞弊、贪污腐化等腐败现象，1933年9月，中共中央发布《关于成立中央党务委员会及中央苏区省县监察委员会的决议》，从而开始了重建党的监察委员会的工作。《决议》指出："为要防止党内有违反党章破坏党纪不遵守党的决议及官僚腐化等情弊发生，在党的中央监察委员会未正式成立以前，特设立中央党务委员会，各省县于最近召集的省县级党代表大会时选举省县级的监察委员，成立各省县监察委员会。"关于领导体制，《决议》既规定"中央党务委员会及省县监察委员会在其职权内进行工作时，得指挥下级监察委员会，党务委员会，或党员执行一定的职务"；又规定"中央党务委员会关于组织和党员个人处分决议须报告中央批准执行，省县监察委员会关于组织和党员个人处分决议之权属于同级委员会"。[8]这实际上形成了党内监督工作既垂直领导，又受制于同级党委的领导体制。党内监督工作中的最重要权力——处分决定权属于同级党委。这可以看作党内监督工作"双重领导体制"的最早版本。

《决议》虽然仍保留了党的监察委员会由党的代表大会选举产生的规定，但又赋予党的中央委员会在党的全国代表大会召开前，设立中央党务委员会的权力，而在现实中，党的全国代表大会迟迟未能召开，因此，作为党内监督专门机构的最高组织——中央党务委员会实际上是由中央委员会产生，受中央委员会领导的。这就是说，在实践中逐渐形成的是党的中央委员会通过中央党务委员会履行党内监督职权的体制。1943年3月，中央政治局会议决定，将中央党务委员会划归中央组织委员会管理。[9]党内监督机构完全成为党的委员会领导下的一个专门机构。

1945年6月，党的七大召开。大会在总结实践经验的基础上，在修改后的党章中恢复了"党的监察机关"的规定，但其内容已有了很大的变动。与五大党章相比，七大党章将监察委员会的产生方式改为："中央监察委员会，由中央全体会议选举之。各地方党的监察委员会，由各该地方党委全体会议选举，并由上级组织批准之。"将监察机关的领导体制改为："党的各级监察委员会，在各该级党的委员会指导下进行工作。"[10]这就是说，党的七大完全肯定了在实践中形成的：党的监察委员会由党的委员会选举产生，在党的委员会领导下开展工作的党内监督工作领导体制。这是在全国解放前，中国共产党结合中国特点探索党内监督工作领导体制的初步成果。这一体制一直延续到新中国诞生，对党的建设起到了积极的作用。

第三阶段，从建国到"文革"前，是党在作为执政党的背景下，根据变化了的国情、党情特点，进行党内监督工作领导体制再探索的阶段。

随着中华人民共和国的诞生，中共从革命党上升为了执政党。党的地位变了，所处的环境不同了，党内监督的任务更重了。为适应新形势的需要，党有必要对党内监督工作，特别是其领导体制进行再探索。这一时期的探索成果主要体现于党的四个文件上，即1949年11月的《中共中央关于成立中央及各级党的纪律检查委员会的决定》、1955年3月的《中国共产党全国代表会议关于成立党的中央和地方监察委员会的决议》、1956年9月党的八大通过的《中国共产党章程》和1962年9月党的八届十中全会通过的《关于加强党的监察机关的决定》。通过对这些文件的研究分析，这一时期党内监督机构的名称、产生方式和领导体制呈现出如下特点：

第一，党内监督机构的名称，经历了从监察委员会到纪律检查委员会再回到监察委员会的转变。如上所述，在党的七大上确定的党内监督机构的名称为"监察委员会"，而1949年11月中共中央决定成立的是"中央及各级党的纪律检查委员会"，到了1955年3月党的全国代表会议决议，又将党内监督机构的名称改回了"监察委员会"。此后，党的八大章程和党的八届十中全会决定都继续沿用了"监察委员会"这一名称。

据笔者分析，党内监督机构名称的上述变化，是与党内监督机构的任务与职权的变化相关联的。1949年11月的《决定》之所以把党内监督机构的名称改为"党的纪律检查委员会"，是基于当时党将党内监督机构的任务与职权规定为检查与处理党的"各部门及各级党的组织、党的干部和党员违犯党的纪律行为"[11]的考虑，以便党内监督机构的名称与任务相对应。1955年3月的《决议》之所以又改回"监察委员会"，是因为（根据形势的发展）党内监督机构的任务扩大了，"党的中央和地方各级监察委员会的任务是经常检查和处理党员违反党章、党纪和国家法律、法令的案件"，[12]即党内监督机构的任务扩大到了检查和处理党章、党纪以外的党员违法案件。这时，继续用"党的纪律检查委员会"的名称已不合适了，所以又改回到"监察委员会"的名称上来。这也就是说，当党内监督机构的任务仅局限于检查和处理党员违反党章、党纪的案件时，称作纪律检查委员会；当党内监督机构的任务不仅检查和处理党员违反党章、党纪的案件，而且检查和处理党员违反国家法律、法令的案件以及其它案件（党的八大章程和党的八届十中全会决定都还包括了检查和处理党员违反共产主义道德的案件[13]）时，称作监察委员会。

第二，党内监督机构的产生，经历了从由同级党委提名，经上两级党委批准到由党代表大会或党代表会议选举产生，上级党委批准；再回到由同级党委选举，上级党委批准的演变。1949年11月，《中共中央关于成立中央及各级党的纪律检查委员会的决定》指出："各中央局、分局、省委、区党委、市委、地委、县委党的纪律检查委员会，由各该级党委提出名单，经上两级党委批准。"1955年3月，《中国共产党全国代表会议关于成立党的中央和地方监察委员会的决议》指出："本届党的中央监察委员会由本次全国党代表会议选举，并由中央委员会全体会议批准；党的地方各级（省、自治区、直辖市、市、自治州、专区、县、自治县）监察委员会由各该地方最近召集的党的代表大会或代表会议选举，并由上一级党委批准。"但是，到了党的八大则又回到了由同级党委选举产生的模式上来。党的八大章程规定："中央监察委员会由党的中央委员会全体会议选举。地方监察委员会由本级党的委员会全体会议选举，并且经过上一级党的委员会的批准。"这一变化说明，在这一时期，党对于党内监督专门机构的产生机制仍处于探索过程中，在党的八大上才取得比较一致和相对固定的认识。

第三，虽然党内监督专门机构的名称和产生方式表现出反复变化，但党内监督专门机构工作领导体制则呈现出统一的演变趋势：即从仅接受同级党委领导的完全单一体制向在同级党委领导下，也赋予上级纪委有限权力的不完全单一体制发展。如上所述，七大党章明确规定："党的各级监察委员会，在各该级党的委员会的指导下进行工作"，确立的是党的监督机构仅接受同级党委领导的完全单一体制。这是和当时党处于革命党的地位和战争的环境相适应的，但是，从监督的效果来讲，由于它处于同级党委的领导下，无权对同级党委进行监督，存在着明显的监督漏洞。为此，当取得全国政权，成为执政党后，党就立即着手克服这个缺陷，所以，在建国后的历次中央相关文件中，在说明党的纪委或监委受同级党委领导的同时，都附带说明上级纪委或监委有权检查下级纪委或监委的工作，有权批准和改变下级纪委或监委对案件的决定。① 这实际上是赋予了上级纪委或监委对下级纪委或监委的工作检查权和案件复查权。这就突破了完全单一领导体制，形成了不完全单一领导体制。并且，这种体制，从总的趋势来看，还向着逐步提升纪委或监委的地位和权威的方向演变。这集中地体现于党的八届十中全会的决定上。八届十中全会对提高监委的地位、职权和权威作了如下规定：（1）加强中央和地方各级的监察委员会，扩大各级监察委员会委员的名额，并要求监察委员会委员和候补委员应当多数是专职的，应当加强其办事机构。（2）中央及地方各级监察委员会的委员和候补委员列席同级党委员会的全体会议。（3）强调加强对同级国家机关的党员监督工作，赋予监察委员会向同级政府部门派驻监察组的工作权力，并明确规定监察组由派出机关（监察委员会）直接领导，监察组长列席所在部门党组（党委）会议等。（4）赋予地方各级监察委员会不通过同级党委，向上级党委、上级监察委员会直到中央，直接反映情况，检举党员的违法乱纪行为的权力。[14]

由上可见，在这一阶段，在中央相关文件中虽然没有明确提出"双重领导"的概念，但从体制内容上看，已具有了"双重领导体制"的某些特征。从这个意义上，我们也可以称其为准"双重领导体制"。这也就是说，我们现在所讲的党的纪检工作"双重领导体制"，实际上是从建国以来就开始探索的。

第四阶段，从"文革"开始至"文革"结束，即文化大革命期间，是党内监督专门机构被撤销，党内监督工作遭受严重破坏的阶段。

1966年5月，文化大革命开始，随之带来的是党和政府的众多机关受到严

---

① 如，1949年11月的《中共中央关于成立中央及各级党的纪律检查委员会的决定》规定："各中央局、分局、省委、区党委、市委、地委、县委党的纪律检查委员会，在各该党委会指导之下进行工作。上级党的纪律检查委员会，有权改变或取消下级党的纪律检查委员会的决定。"1955年3月的《中国共产党全国代表会议关于成立党的中央和地方监察委员会的决议》规定："党的各级监察委员会在各级党委指导下进行工作。""党的上级监察委员会有权检查下级监察委员会的工作，并有权审查、批准和改变下级监察委员会对案件所作的决定。"1956年的党的八大章程规定："各级监察委员会在各级党的委员会领导下进行工作。上级监察委员会有权检查下级监察委员会的工作，并且有权批准和改变下级监察委员会对于案件所作的决定。"

重冲击，党内监督专门机关——监察委员会也难以幸免。中央监察委员会作为"复辟资本主义的黑据点和御用工具"，于1966年底就陷入了停顿状态。1968年8月，中共八届中央监察委员会中60名委员和37名候补委员分别被诬陷为"叛徒""特务""反革命修正主义分子"。1969年1月，中央监察委员会被撤销，中监委的机关干部被下放。[15]至此，经过几十年努力建立起来的党内监督专门机构不复存在，党内监督工作遭受严重破坏。在"文革"期间召开的中国共产党第九次、第十次全国代表大会通过的党章，充满了"左"倾色彩，有关党内监督的条款一律被取消。由于权力监督机制遭受严重破坏，权力被严重滥用，出现了个人专断、以言代法、严重践踏党纪国法等极端行为，给党和国家的事业造成严重损失。

第五阶段，从党的十一大至党的十八届三中全会前，是党在改革开放的新形势下，恢复重建党内监督专门机构，明确提出实行党的纪检工作"双重领导体制"的阶段。

1976年10月，随着"四人帮"的垮台，"文革"结束，中国进入了改革开放的新时期。在新的形势下，党内监督专门机构逐步恢复，党开始了党内监督工作领导体制的新的探索。这一阶段的突出成就是，明确提出了党的纪律检查工作"双重领导体制"的构想，并为实施该体制采取了一些措施。

1977年8月，党的十一大通过的党章第十三条规定："党的中央委员会，地方县和县以上、军队团和团以上各级党的委员会，都设立纪律检查委员会，各级纪律检查委员会由同级党的委员会选举产生，并在同级党委的领导下，加强对党员的纪律教育，负责检查党员和党员干部执行纪律的情况，同各种违反党的纪律的行为作斗争。"[16]根据该规定，1978年12月举行的党的十一届三中全会，选举产生了中央纪律检查委员会。随后，根据中央的部署，全国各地都开始筹备建立纪律检查委员会，至1980年1月，全国县以上各级党委绝大多数都已建立或正筹备建立纪律检查委员会，[17]标志着因"文革"而中断了的党内监督专门机构得到恢复，党内监督工作重新回到了正常轨道上来。

中央纪委成立后，在积极开展各方面工作的同时，也开始了对纪检工作领导体制的新的探索。在总结以往的党内监督工作经验教训的基础上，1980年2月，中共中央批转中纪委《关于改变省、市、自治区及以下各级党委及纪委领导关系的请示报告》,"把各级纪检组织受同级党委领导改为受同级党委和上级纪委双重领导,而以同级党委领导为主。"[18]这是我党在中央正式文件中首次提出"双重领导"的概念。

1982年9月召开的党的十二大,不仅肯定了"双重领导体制",而且有了进一步的发展:一是改变了各级纪委由同级党委选举产生的做法,各级纪委由同级党的代表大会选举产生。这从党内监督专门机构的产生机制上为"双重领导"提供了前提条件,纪委的地位由此获得相应提高;二是取消"双重领导体制"中"以同级党委领导为主"的规定,仅提"双重领导"。党的十二大章程明确指出:"党的中央纪律检查委员会在党的中央委员会领导下进行工作。党的地方各级纪律检查委员会在同级党的委员会和上级纪律检查委员会的双重领导下进行工作。"[19]这就以党内最高法的形式正式确立了地方各级纪律检查委员会由同级党委和上级纪委双重领导的体制。此后,党的历次章程都沿袭了这些规定,并且在中央和中央纪委的相关文件中,为健全这一体制采取了一些具体措施。主要有:

一是赋予各级纪委对同级党委及其成员的监督权。从党的历史来看,党内监督机构的监督对象主要是针对下级组织和党员个人的,而党的十二大在确立党的纪检工作"双重领导体制"的同时,也赋予了各级纪委对同级党委及其成员的监督权。党的十二大报告指出:"党的各级纪律检查委员会对中央以下的同级党委及其成员实行党章规定范围内的监督,对中央委员会成员违犯党纪的行为可以向中央委员会检举。"[20]后来,在党的十四大章程中,又增加规定:"各级纪律检查委员会发现同级党的委员会委员有违犯党的纪律的行为,可以先进行初步核实"。[21]1996年1月,党的十四届中央纪委第六次全会进一步强调,党的地方和部门的纪委(纪检组)发现同级党委(党组)或它的成员有违反党的纪律的情况,有权进行初步核实,并直接向上级纪律检查委员会报告,不报告的就是失职,严重的要受到追究。[22]2002年11月,党的十六大通过的章程又把"对党员领导干部行使权力进行监督"作为各级纪委应该经常性开展的一项工作加以明确。[23]

二是赋予各级纪委对其所属地方和部门领导干部提拔任用的监督权和对下级纪委干部任免、调动的监督把关权。1996年1月,党的十四届中央纪委第六次全会决定：凡属地方和部门主要领导干部的提拔任用，党的组织部门在提请党委（党组）讨论决定前，应征求同级纪委（纪检组）的意见；各级纪检监察机关领导干部的提名、任免、兼职、调动，各级组织、人事部门必须事先征得上级纪检监察机关的同意。[24]这在一定程度上提高了纪委的作用和影响力。

三是实行纪检机关对派驻机构的统一管理。这是党实行党内监督工作垂直领导的一种有益尝试。早在1962年9月党的八届十中全会通过的《关于加强党的监察机关的决定》就开始了这一尝试。《决定》规定："中央监察委员会可以派出监察组常驻国务院所属各部门。监察组由中央监察委员会直接领导。各省、市、自治区党的监察委员会，在必要的时候，可以派监察组或监察员驻省、市、自治区人民委员会所属的各部门进行工作。"[25]党的十一届三中全会重建党的纪检机构后，党的十二大章程也明确规定："党的中央纪律检查委员会根据工作需要，可以向中央一级党和国家机关派驻党的纪律检查组或纪律检查员"，但未对其领导体制做出明确规定。[26]针对这种状况，2001年9月，党的十五届六中全会提出"纪律检查机关对派出机构实行统一管理"的设想；次年，中央纪委、监察部先后在卫生部、国家发改会等8个部门进行了派驻机构统一管理试点工作，各试点单位不再受同级党组领导，而受中央纪委和监察部直接领导。[27]在试点的基础上，2003年12月颁布的《中国共产党党内监督条例（试行）》明确规定："纪委对派驻纪检组实行统一管理。派驻纪检组按照有关规定对驻在部门的党组织和党员领导干部进行监督。"[28]在2004年党的十六届四中全会以后，中央纪委、监察部决定全面实行对派驻机构的统一管理，将派驻机构由中纪委监察部和驻在部门党组双重领导改为由中纪委监察部统一管理，直接领导。至2006年2月，全国省级纪检机关的派驻机构全部完成了统一管理工作。[29]

四是建立健全党内巡视制度。巡视制度是中央强化对地方和部门的监督，弥补目前纪检领导体制不足而采取的一项重要举措。1996年1月，党的十四届中央纪委第六次全会决定建立巡视制度。决定指出：中央纪委根据工作需要，选派部级干部到地方和部门巡视，其任务是了解省（区、市）和中央、国家机关部委领导班子及其成员贯彻执行党的路线、方针、政策以及廉政情况。[30]此后，巡视制度作为中央加强对地方和部门党委（党组）尤其是主要领导干部监督的一项重要制度，逐步健全完善，并发展至省（区市）党委建立巡视制度。

2002年11月，党的十六大报告明确提出："改革和完善党的纪律检查体制，建立和完善巡视制度。"[31] 2003年2月，在十六届中纪委二次全体会议上胡锦涛对建立和完善巡视制度作出进一步部署，提出："中央纪委和中央组织部要设立专门的巡视机构，加强对巡视工作的领导。根据需要，可设立常驻地方的巡视组，以加大巡视工作的力度。各省区市党委也要结合实际开展巡视工作。"[32] 根据这一要求，2003年8月，中共中央正式批准设立中央纪委、中央组织部巡视工作办公室，并组建了五个中央巡视组。2003年12月颁布的《中国共产党党内监督条例（试行）》将巡视制度作为党内监督的十项制度之一，以党内法规的形式确定下来。[33] 2004年中央纪委、中央组织部联合发布《关于中共中央纪委、中共中央组织部巡视工作的暂行规定》，对中央纪委中央组织部巡视组开展巡视工作作了规定。2007年10月，党的十七大修改后的党章第十三条规定"党的中央和省、自治区、直辖市委员会实行巡视制度"，第一次在党的根本大法中规定巡视制度。2009年7月，中共中央发布实施《中国共产党巡视工作条例（试行）》，进一步明确巡视工作的任务、职责权限和工作程序等相关问题，将巡视工作纳入规范化、制度化的轨道。[34] 党的十八大报告再次强调要"更好发挥巡视制度监督作用"。[35]

上述是对我们党的党内监督工作领导体制的简要回顾和梳理。由此可见，经过长期的实践探索，我们党的党内监督工作领导体制最终定位于"双重领导体制"。"双重领导体制"是具有中国特色的党内监督工作领导体制，早在建国前的1933年9月的《中共中央关于成立中央党务委员会及中央苏区省县监察委员会的决议》中就留下了它的印迹；在建国后，除了"文革"的破坏之外，党中央始终在探索建立党内监督工作"双重领导体制"；1982年党的十二大最终明确了党内监督工作"双重领导体制"的目标定位，并在此后的工作中，为实施这一体制提出了一些具体措施。从某种意义上可以说，党内监督工作领导体制的探索历史，就是一部"双重领导体制"的探索历史。

二、党的十八届三中全会对党的纪检工作"双重领导体制"的新发展

如上所述，自党的十二大以来，党内监督工作一直在"双重领导"的框架下运行。"双重领导"是我们党在长期的实践探索中形成的适合中国国情、党情特点的具有中国特色的党内监督工作领导体制。这一体制的优势是：既保证了全党意志的集中统一，中央委员会及各级党的委员会作为党的代表大会闭会期间的决议执行机构和工作领导机构，统一领导党的工作，贯彻党的意志；又保证了党内监督机构的相对独立，党的各级纪律检查委员会有权监督同级党委行使权力，保证党的路线方针政策的贯彻落实，维护党的纪律和党员权利，防范和查处党内腐败分子。显然，这一领导体制在主观设计上是很美好的。

但是，我们也必须看到，党的十二大章程确定的"双重领导体制"，只是原则性的规定，要把这一原则性的规定落到实处，还需要一系列具体的权力划分和具体的制度保证。首先，党的十二大章程虽然规定党内监督工作实行"双重领导体制"，但在上级纪委所拥有的权力的表述上，与党的八大章程的规定几乎没有差别，甚至更受限制了。①

其次，党的十二大后，党虽然为实施这一体制推出了一些具体措施，但也并未进行具体的权力划分和实现具体的制度保证。实行纪检机关对派驻机构的统一管理和建立健全党内巡视制度，虽然对强化党内监督发挥了重要作用，但严格说是"双重领导体制"外的措施。从这个意义上说，党的十二大及其以来对党内监督工作领导体制的发展，还仅是名义上的，而非实质性的。在现实中，由于旧体制的惯性作用，通行的仍然是在"文革"前就已经存在的同级党委领导，上级纪委发挥有限作用的不完全的单一领导体制，或者说，准"双重领导体制"，纪检工作的人财物等诸权实际上掌握在同级党委手里，上级纪委的作用非常有限。由此可见，目前的"双重领导体制"，还在路上，远未到位。

---

① 党的八大章程规定："上级监察委员会有权检查下级监察委员会的工作，并且有权批准和改变下级监察委员会对于案件所作的决定。下级监察委员会应当向上级监察委员会报告工作，并且忠实地报告党员违反纪律的情况。"党的十二大章程规定："上级纪律检查委员会有权检查下级纪律检查委员会的工作，并且有权批准和改变下级纪律检查委员会对于案件所作的决定。如果所要改变的该下级纪律检查委员会的决定，已经得到它的同级党的委员会的批准，这种改变必须经过它的上一级党的委员会批准。"两相比较，它们的第一句话所表达的意思是一样的，即上级监委或纪委对下级监委或纪委拥有工作检查权和案件决定权；但是第二句话所表达的意思则是不同的，八大章程要求下级监委应当向上级监委报告工作和忠实地报告党员违纪情况，呼应了第一句话的要求，是对第一句话所赋予的权力的强化；而十二大章程规定，上级纪委所要改变的决定，如果已经得到同级党委的批准，必须经过它的上一级党委批准，则是限制了纪委对案件的决定权，是对第一句话所赋予的权力的弱化。

从理论上讲,"双重领导体制",是一个具有很大的包容性的概念:它既可以是"以同级党委领导为主,上级纪委领导为辅"的体制;也可以是"以上级纪委领导为主,同级纪委领导为辅"的体制;还可以是"同级党委和上级纪委地位平等、共同领导"的体制;还可能是……不同的"双重领导体制"对党内监督的效果是不一样的,因此,要建立一个怎样的"双重领导体制",需要我们慎重考虑,需要我们给予明确。如上所述,党的十二大章程明确规定党的纪检工作实行"双重领导体制",但没有对实行什么样的"双重领导体制"做出具体说明,也没有进行同级党委与上级纪委之间的明确的权力划分,所以,还不能说真正建立了"双重领导体制"。从这个意义上,可以说我们目前正处于"十字路口"。令人欣慰的是,党的十八大以来,以习近平为总书记的党中央高度重视党风廉政建设,坚定高举反腐败斗争旗帜,以"踏石有印、抓铁留痕"的劲头和"刮骨疗毒、壮士断腕"的勇气严惩腐败分子;在严肃查处一些党员干部严重违法违纪案件的同时,也着手完善党风廉政建设和反腐败斗争的体制机制,并聚焦于改革党的纪检工作领导体制和对"一把手"的监督。习近平强调:"要以深化改革推进党风廉政建设和反腐败斗争,改革党的纪律检查体制,完善反腐败体制机制,要强化监督,着力改进对领导干部特别是一把手行使权力的监督,加强领导班子内部监督。"[36]正是以此为出发点,党中央在总结以往经验教训的基础上,在党的十八届三中全会决定中明确提出了改革完善"双重领导体制"的构想,即"推动党的纪律检查工作双重领导体制的具体化、程序化、制度化,强化上级纪委对下级纪委的领导",从而为我们改革正处于"十字路口"的"双重领导体制"指明了方向。正是从这个意义上,笔者认为,党的十八届三中全会决定对于完善党内监督工作领导体制具有重大意义。

十八届三中全会的这一决定,抓住了消除旧体制的影响,落实"双重领导体制"的根本。它一方面为落实"双重领导体制"提出了具体方法,即"具体化、程序化、制度化";一方面为落实"双重领导体制"指明了目标方向,即"强化上级纪委对下级纪委的领导"。所谓具体化,就是要列出权力清单,具体说明同级党委和上级纪委在领导纪检工作中的权力划分;所谓程序化,就是要明确工作程序,细致规定纪检部门在开展工作,特别是查处案件中的程序要求;所谓制度化,具有制度保证和制度约束的双重含义,即健全完善纪检工作的各项制度，特别是党风廉政建设和反腐败斗争的各项制度，既保证纪检工作"双重领导体制"落实到位，又保证纪检工作在制度规范下有效进行。具体化、程序化、制度化的目标方向或精神实质是：强化上级纪委对下级纪委的领导，提高各级纪委对同级党委的监督能力；既保证各级纪委能够相对独立地开展工作，又保证各级纪委在程序的规范下开展工作；既保证各级纪委能够有所作为，又防范各级纪委可能出现的胡乱作为。十八届三中全会决定不仅为完善"双重领导体制"提出了具体方法，指明了目标方向，而且为完善这一体制做出了一些非常重要的具体规定，如"查办腐败案件以上级纪委为主"，"各级纪委书记、副书记的提名和考察以上级纪委会同组织部门为主"等。[37]显然，这将根本解决上述的"双重领导体制"缺乏具体的权力划分和具体的制度保证的问题，也将消除有的同志对纪检部门"做大权力"的担忧，在笔者与一些同志的交流中，有的同志明确提出这样的担忧：纪委可以监督党委，那么谁来监督纪委，这样一来，纪委不是凌驾于党委之上了吗？现在纪检机构中腐败的也不少。

使得正处于"十字路口"的"双重领导体制"有了明确的前进方向。这是完善党的纪检工作"双重领导体制"的实质性举措；是党关于党内监督工作领导体制探索的最新成果；是党内监督工作领导体制发展的一个新的里程碑。

具体来说，十八届三中全会决定的理论与实践意义在于：

第一，从理论上看，它是对马克思主义党内监督理论的丰富和发展。马克思主义历来重视无产阶级政党的建设问题，而党内监督则是加强党的建设的重要环节。在党内监督中，难点又在于无产阶级政党在取得执政地位后，如何保持无产阶级先锋队的本色，如何保证党的权力始终服务于人民的问题。在这一方面，首先取得执政地位的苏联共产党进行了最早的探索，曾经出现过两种完全不同的党内监督领导体制，即列宁的体制和斯大林的体制。前者主张党的监督机构——监察委员会平行于党的执行机构——党的委员会，二者相互制约，共同对党的代表大会负责；后者主张监察委员会仅是党的委员会下属的一个职能部门，在党的委员会的领导下开展工作。其中，列宁的体制在苏共历史上存在的时间不长，属于苏共执政初期的探索，随着列宁的逝世而基本结束；斯大林的体制在苏共历史上曾经长期存在，但其实践效果是不好的。在其存在的历史上，或者无所作为，或者成为党的领导人的权力斗争的工具。苏共后期党内腐败现象严重，最终导致苏共垮台，与这一体制不无关系。其教训是深刻的。正是基于这一教训，现在我国的许多学者主张，根据列宁的思想，建立监督机构与执行机构平行的，完全独立于同级党委，仅接受上级纪委领导的纪检工作垂直领导体制。笔者认为，这是一种可以尝试的模式，但不是唯一的模式。我党历来遵循实事求是的思想路线，独立自主地决定国家体制和发展模式，建设中国特色社会主义，以这一思想为指导，在党内监督问题上，我党也坚持把马克思主义基本原理与中国国情、中共党情相结合，探索适合中国特点的具有中国特色的党内监督模式，"双重领导体制"的提出和确定，就是这一探索的结果。如上所述，这一模式的探索实际上从建国初期就已开始，历经曲折，在党的十二大上得到明确。党的十二大后，党为完善这一体制继续探索，但未取得实质性进展。党的十八届三中全会在总结以往经验教训的基础上，作出了"推动党的纪律检查工作双重领导体制的具体化、程序化、制度化，强化上级纪委对下级纪委的领导"的决定，无疑是对这一体制的突破性发展和实质性完善，进一步丰富和发展了马克思主义党内监督理论。

第二，从实践上看，它回应了加强党的建设，强化党内监督的工作需要，对于推动党风廉政建设和反腐败斗争具有重要意义。领导体制和工作机制是任何一项工作成败的关键因素。党内监督工作也一样。从历史的经验来看，中共党内监督领导体制和工作机制是随着党在不同历史时期所处的地位、环境和党内监督工作的主要任务、对象的变化而发展变化的。从我国目前的情况看，党内监督工作之所以还未能取得理想的效果，其根本原因就在于体制机制的调整不到位，仍然受着旧体制机制的束缚。具体说就是，形势变化了，体制机制的调整也明确了，但是调整工作的落实不到位。如上所述，党的十二大提出的纪检工作"双重领导体制"还停留在名义上，现实中通行的仍然是同级党委领导，上级纪委发挥有限作用的不完全的单一领导体制。应当肯定，这一体制曾经在党的历史上起过积极的作用，但随着党的执政地位的巩固，特别是改革开放的发展，已经显然不适宜了。在新的形势下，党风廉政建设和反腐败斗争逐渐成为了党的建设的主题，党内监督工作的主要内容，而党风廉政建设和反腐败斗争都和权力的正当行使密切关联，因此，党内监督的主要对象也就自然地逐渐转向了掌握党和国家权力，特别是要害部门权力的党的各级组织和党员领导干部,尤其是党的主要领导干部或者说"一把手"。而对权力行使的监督的必要条件是权力的公开运行,关键因素是身边的监督或同级的监督。只有权力的公开运行,把权力置于阳光之下,才能保证人们对权力的监督;只有身边的监督或同级的监督,才能是最直接的、最有效的监督。这就提出了党的纪委监督同级党委的命题,这就要求必须突破原来的党的纪委在同级党委领导下开展工作的体制。这正是十二大以来的党章和中央有关文件,明确规定地方各级纪委工作实行"双重领导体制",并在纪检工作的任务中,增加了党风廉政建设和反腐败斗争的内容,强调"对党员领导干部行使权力进行监督"是各级纪委的经常性工作之一的主要原因。这也正是党的总书记习近平反复强调:"要加强对权力运行的制约和监督,把权力关进制度的笼子里"[38]的主要原因。但是,如上所述,目前的主要问题是,虽然中央的顶层设计已经明确,总体定位已经明确,而具体的权力划分和制度保证还不到位,从而影响了"双重领导体制"的落实和党内监督工作的效果。在新的形势下,在党内监督工作的主要内容和主要对象发生转变的情况下,不彻底突破旧体制的束缚,监督者受制于被监督者,缺乏身边的监督或者同级的监督,党风廉政建设和反腐败斗争是难以取得成效的。正是基于这种认识,所以新一届党中央明确提出了深化改革党的纪律检查体制的任务,党的十八届三中全会决定对此作出了具体的部署。由此可见,"推动党的纪律检查工作双重领导体制的具体化、程序化、制度化,强化上级纪委对下级纪委的领导"正是回应了加强党的建设,强化党内监督的现实需要,对于推动党风廉政建设和反腐败斗争具有重要意义。我们相信,随着"三化"的发展,"双重领导体制"的健全完善,党内监督工作必将取得更好的效果,更大的成就。

参考文献

[1]《中共中央关于全面深化改革若干重大问题的决定》(2013年11月12日中国共产党第十八届中央委员会第三次全体会议通过),《求是》2013年第22期,第12页。

[2] 本书编写组编:《中国共产党章程汇编(一大——十八大)》,中共中央党校出版社,2013年5月第1版,第2页。

［3］本书编写组编：《中国共产党章程汇编（一大——十八大）》，中共中央党校出版社，2013年5月第1版，第7、12、18页。

［4］参见丁俊萍、廖义军：《中国共产党党内监督机构的发展历程及其启示》，《同济大学学报（社会科学版）》，2008年第6期。

［5］这可以从比较当时的苏共关于监察委员会的规定和1927年6月受党的五大委托中共中央政治局制定并通过的《中国共产党第三次修正章程议决案》而得到认识。比如，在1921年3月俄共（布）第十次代表大会上通过的"关于监察委员会"的决议和1922年3月召开的俄共（布）第十一次代表大会通过的《监察委员会条例》中都明确规定："中央、区域和省的监察委员会分别由代表大会、区域代表大会和省代表大会选举产生"；"监察委员会和党委员会平行地行使职权，并向本级代表会议和代表大会报告工作"；"监察委员会的决议，本级的委员会必须执行，而不得加以撤销。……"（见《苏联共产党代表大会、代表会议和中央全会决议汇编》（第二分册），人民出版社，1964年，第193、194、196页。）；《中国共产党第三次修正章程议决案》关于"监察委员会"的规定指出："在全国代表大会及省代表大会选举中央及省监察委员会。中央及省监察委员，不得以中央委员及省委员兼任。……中央及省委员会，不得取消中央及省监察委员会之决议；……"（见《中国共产党章程汇编（一大——十八大）》，中共中央党校出版社，2013年5月第1版，第26-27页。）

［6］参见邵景均著：《新中国反腐简史》，中共党史出版社，2009年8月第1版，第7页。

［7］参见本书编写组编：《中国共产党章程汇编（一大——十八大）》，中共中央党校出版社，2013年5月第1版，第38页。

［8］参见《中共中央文件选集》第九册，中共中央党校出版社，1991年版，第340页。

［9］参见邵景均著：《新中国反腐简史》，中共党史出版社，2009年8月第1版，第7页。

［10］参见本书编写组编：《中国共产党章程汇编（一大——十八大）》，中共中央党校出版社，2013年5月第1版，第55页。或许有的读者会说，七大党章规定的是"党的各级监察委员会，在各该级党的委员会指导下进行工作"，因

此，不是领导关系。但笔者注意到，在七大党章中，中央及地方各级党的委员会与它们内部机构的关系均用"指导"一词，如七大党章还规定："中央委员会依工作需要，设组织、宣传等部分别办理中央各项工作，受中央政治局、中央书记处及中央主席之指导监督。"由此可见，"指导"在这里与我们通常所说的"领导"基本上是同义语，而且通过比较，更说明了它是把监察委员会作为党的委员会下属的一个职能部门看待的。

[11]《中共中央关于成立中央及各级党的纪律检查委员会的决定》（1949年11月9日），资料来源于人民网：www.people.com.cn，访问日期：2014年4月16日。

[12]《中国共产党全国代表会议关于成立党的中央和地方监察委员会的决议》（1955年3月31日通过），资料来源于人民网：www.people.com.cn，访问日期：2014年4月16日。

[13] 参见本书编写组编：《中国共产党章程汇编（一大——十八大）》，中共中央党校出版社，2013年5月第1版，第74页和《中国共产党第八届中央委员会第十次全体会议关于加强党的监察机关的决定》（1962年9月27日通过），人民网：www.people.com.cn，访问日期：2014年4月16日。

[14] 参见《中国共产党第八届中央委员会第十次全体会议关于加强党的监察机关的决定》（1962年9月27日通过），资料来源于人民网：www.people.com.cn，访问日期：2014年4月16日。

[15] 参见陈进：《中共党内监督机制的历史考察及其启示》，《山东社会科学》，2011年第3期。

[16] 本书编写组编：《中国共产党章程汇编（一大——十八大）》，中共中央党校出版社，2013年5月第1版，第93页。

[17] 参见邵景均著：《新中国反腐简史》，中共党史出版社，2009年8月第1版，第84页。

[18] 参见张舒平：《改革开放30年党内监督的基本经验》，《理论学习》2009年第1期。

[19] 本书编写组编：《中国共产党章程汇编（一大——十八大）》，中共中央党校出版社，2013年5月第1版，第113页。

[20]《中国共产党第十二次全国代表大会文件汇编》，人民出版社1982年版，第53页。

[21]本书编写组编：《中国共产党章程汇编（一大——十八大）》，中共中央党校出版社，2013年5月第1版，第139页。

[22]参见邵景均著：《新中国反腐简史》，中共党史出版社，2009年8月第1版，第133页。

[23]参见本书编写组编：《中国共产党章程汇编（一大——十八大）》，中共中央党校出版社，2013年5月第1版，第184页。

[24]参见邵景均著：《新中国反腐简史》，中共党史出版社，2009年8月第1版，第133页。

[25]《中国共产党第八届中央委员会第十次全体会议关于加强党的监察机关的决定》（1962年9月27日通过），资料来源于人民网：www.people.com.cn，访问日期：2014年4月16日。

[26]参见本书编写组编：《中国共产党章程汇编（一大——十八大）》，中共中央党校出版社，2013年5月第1版，第113页。

[27]参见李成言、庄德水：《纪检制度的发展逻辑：30年的回顾与未来》，《江苏行政学院学报》，2008年第6期。

[28]《中国共产党党内监督条例（试行）中国共产党纪律处分条例》，中国方正出版社2004年版，第6页。

[29]参见李成言、庄德水：《纪检制度的发展逻辑：30年的回顾与未来》，《江苏行政学院学报》，2008年第6期。

[30]参见邵景均著：《新中国反腐简史》，中共党史出版社，2009年8月第1版，第133页。

[31]本书编写组：《十六大报告新思想新论断新举措专题读本》，研究出版社2002年版，第33页。

[32]《建立巡视制度，加强党内监督——巡视工作实用手册》，中国方正出版社2003年版，第5页。

[33]参见《中国共产党党内监督条例（试行）中国共产党纪律处分条例》，中国方正出版社2004年版，第13页"第六节巡视"。

[34]《完善巡视制度 规范巡视工作 加强党内监督——中央纪委负责同志就〈中国共产党巡视工作条例（试行）〉的颁布实施答新华社记者问》，资料来源于中央政府门户网站：www.gov.cn，访问日期：2014年4月28日。

[35]胡锦涛：《坚定不移沿着中国特色社会主义道路前进，为全面建成小康社会而奋斗——在中国共产党第十八次全国代表大会上的报告》，《求是》2012年第22期，第25页。

[36]《习近平在十八届中央纪委三次全会上发表重要讲话》，《人民日报》2014年1月15日。

[37]《中共中央关于全面深化改革若干重大问题的决定》（2013年11月12日中国共产党第十八届中央委员会第三次全体会议通过），《求是》2013年第22期，第12页。

[38]《习近平在十八届中央纪委二次全会上发表重要讲话》，《人民日报》2013年1月23日。

（作者为福建师范大学法学院教授，本文原载《福建师范大学学报》（哲学社会科学版）2014年第6期）

新形势下地方高校构建内部监督机制探析

黄兴彪

高校是培养人才的重要阵地，抓好廉洁校园建设，有着特殊的意义和深远的影响。在当前党风廉政建设和反腐败工作的新形势和新要求下，地方高校纪委（以下简称"高校纪委"）如何构建监督机制，充分发挥内部监督职能，提高学校内部监督实效，是深值研究探讨的一个重要问题。

一、转变监督思维是构建内部监督新机制的重要前提

构建高校监督新机制，提高内部监督实效，关键在于高校纪委要主动适应当前党风廉政建设和反腐败工作的新形势和新要求，积极转变思想，树立监督新理念，摒弃不切实际和不合时宜的旧观念和老做法，以更加科学的理念推进工作扎实深入，聚焦中心任务，突出主业主责，把监督责任落实到位。

（一）明确职责定位，深化"三转"要求

纪委的职责是维护党的章程和其他党内法规，检查党的路线、方针和决议的执行情况，协助党委加强党风建设和组织协调反腐败工作，这是纪委职责定位的根本依据，也是工作的出发点和落脚点。长期以来，高校纪委对学校方方面面的工作都介入，几乎所有领导小组都参加，无所不包，面面俱到。实践证明，这种监督方式的实效性并不理想，甚至可能出现种了别人的田而荒了自己的现象。党的十八大召开后，中央纪委对纪检监察工作提出了转职能、转方式、转作风的要求，明确了纪检监察部门工作方针。然而，由于思想认识不到位，部分高校纪委"三转"工作推进缓慢，有的是因为校内相关职能部门不愿承担监管之责，不同意纪委退出直接监督，使纪委仍然固守着原来的一亩三分地，充当"救火队";有的虽然退出了一些不该参与的议事协调机构,但由于没有真正厘清职责内涵与外延,在工作中又慢慢回到原来的传统监督做法上,成为明转暗不转;有的从不该参与的议事协调机构中退出后,没有深入探索新的有效的监督方式,没有切实履行有效监督,一转了之,结果是转而无监督。这些情况既不符合"三转"要求,也不利于高校纪委监督责任的落实。

高校纪委只有真正转变思想认识,严格依据党章规定,牢树主业意识和责任意识,明确自身职能范围和角色定位,突出自身的主业主责,才能保障和服务学校的中心工作;只有坚决退出不该参与的议事协调机构,把应该由职能部门监管的工作全部交还给相关职能部门,坚决不再"种了别人的地,荒了自家的田",才能从文山会海中走出来,从错位、缺位、越位中走出来,把人手、时间和精力全部投入到"主业"上来,把监督责任落实到位,落到实处,切实提高学校内部监督实效。

(二)适应形势要求,强化监督之责

监督是执纪、问责的基础和前提,若监督不到位,执纪和问责就难以进行。在现实中有些人对地方高校开展内部监督的重要性认识不足,有的认为地方高校是三尺讲台,两袖清风,又是知识分子聚集之地,校园围墙使高校相对独立于社会,纪委最主要的工作就是加强廉政教育;有的认为纪委实现"三转",突出主业,就是查处信访件和办理案件,其他事情都归职能部门监管,这两种认识都弱化了监督的重要性。殊不知,随着办学规模的扩张,校园面积的扩大,地方高校往来资金额也大量增加,产生腐败的土壤和可能性增多,近年来媒体公布的一系列地方高校腐败案件,造成了很大的社会影响,就是一个非常重要的警示。高校纪委职能不仅仅是查信办案,强化监督是其性质所定,是其职责所在。因此,高校纪委要落实全面治党、从严治党的新要求,顺应党风廉政建设的新形势,强化监督之责,坚决克服不想监督、不敢监督思想,拒绝监督责任缺位。高校纪委是学校的纪律检查机关,既要监督别人,同时也要被别人监督,要树立监督者更受监督、监督不力将被追责的意识,在履行监督责任时,绝不能抱着老好人的思想,碍于师生员工情面,为保所谓的平安,不敢真监督实查处,避而不见,缩手缩脚,失察失究,能过则过,甚至压案不查;而必须彻底转变可能存在的不想抓、不愿抓、不真抓、不敢抓的思想倾向,坚决不使自己成为稻草人，要不辱使命，耕好"责任田"，敢于真抓深抓，动真碰硬，力求监督实效。

（三）转变惯性思维，增强部门监管意识

在推进自身思想转变的同时，高校纪委要努力推进学校内部各职能部门和二级单位的思想转变。以往纪检监察部门事事监督，在工作中存在错位和越位，也逐渐淡化了高校其他职能部门和二级单位的监管意识。高校纪委要加大宣传工作和沟通协调，促进职能部门和二级单位更新思想观念，转变监督、监管都是纪检监察部门责任的想法，转变事事依赖纪检部门保驾护航的意识，明确必须承担的监管职责，牢树监管意识和责任意识，促其各司其职，各负其责，落实监督的"首道岗"。高校纪委要履行监督的再监督、检查的再检查，督促职能部门落实监管责任，检查职能部门监管责任执行情况。只有各部门、各单位思想同时转变到位，才能做到层层落实监管职责，级级负起监管责任，从而形成有效的内部监督网络和强大的监督合力。

二、转变监督方式是构建高校内部监督新机制的关键所在

监督方式直接影响着监督成效，科学管用的监督方式才能保证有效的监督，反之则不然。今天，人们对纪委监督工作的要求不断提高，对纪委监督成效的期望值不断增高，而开展监督的难度却不断加大。在这种情况下，高校纪委应主动适应新的形势和要求，创新监督方式，变被动监督为主动监督，变表层监督为深度监督，重在提高监督实效。根据高校的特点和具体情况，监督方式的创新关键在于促进三大转变。

（一）将对事监督为主转为对人监督为主

以往高校纪委主要侧重于对某一工作事项开展监督，使之规范运行，如果发现问题，也只是从制度层面加以完善，这种监督方式存在一定的局限性，无法从根本上解决问题。众所周知，任何事情都是依靠人来完成的，人对事情的发展和结果起着决定性作用，只要对人的监督到位，对事情的监督自然就能达到预期的效果。因此，在面对复杂的形势和艰巨的监督任务时，要充分认识人的主导作用对于事情发展的决定作用，坚持以对人监督为主的原则，通过强化对人的监督达到对权力运行的有效监督。对人的监督主要是检查党员领导干部

党风廉政建设责任制落实情况，一岗双责履行情况，遵守纪律和规矩意识，行使权力是否任性，是否出于公心，师生的评价，有无信访反映问题等情况，建立个人廉政档案。在监督过程中，如发现有人存在苗头性或倾向性问题，应及时对其进行教育提醒，纠正其不正确行为，促使其正确履职，这样既保护了党员干部，又起到更好的监督效果。

（二）将事前监督为主转为事中、事后监督为主

对某一工作事项或权力运行进行事前监督，往往只能起到教育提醒的作用，这种方式的监督虽有一定约束力，但并未完全到位，起不到真正防范作用，还可能存在着廉政风险。因此，提高监督实效，应更加突出对事中和事后的监督，重点检查权力运行全部走向，以及事情发展有否偏离原定的方向，结果是否符合预期目标。例如，对特殊类型招生考试的监督，考试前的教育提醒固然必要，但应重点检查考官在打分过程中是否统一评分标准，一把尺子量到底，最后结果是否公平公正。坚持事中监督和事后监督为主原则，要建立倒查追责制度，谁主管谁负责，而且终身负责，平时要健全工作过程档案，随时都可以查清责任主体，对存在问题的责任主体进行追责。不难想象，事中监督和事后监督为主的方式更具约束力和震慑力，在制度层面上也更加完整到位。

（三）将全程监督转为对重要环节的监督

为了减轻自身工作的压力，地方高校内部职能部门和二级单位大多希望校纪委对每一工作事项进行全过程监督，在一些工作文件中常常可以看到校纪委全过程监督的表述。学校工作任务繁多，有的工作历时长久，校纪委有限的人员客观上无法对那么多工作进行全过程监督，否则，必然出现顾此失彼，蜻蜓点水，监督责任落实不到位。同时，如果高校纪委实行全过程监督，相关职能部门和二级单位容易产生依赖思想，淡化自身责任主体意识和应该承担的监管之责，淡化防控廉政风险意识。高校纪委全过程监督既不现实，也不一定能够取得真正实效，甚至可能因监督不到位而出现问题，相反，要认真履行监督的再监督，检查的再检查，集中更多的人力和时间，准确把握监督过程中的关键环节，针对重点岗位和关键人物，进行深度的监督，更能确保监督到位，确保监督有效。

三、健全工作机制是高校强化内部监督的根本保证

高校纪委落实"三转"要求,突出主业主责,退出不该直接参与的议事协调机构,不冲在"第一线",不把运动员和裁判员之责集于一身,这是职能回归的必然,是加强党风廉政建设和反腐败工作的需要。但是,退出并不等于放弃监督,退出并不等于撒手不管,相反,为保证学校科学健康发展,营造风清气正的校园,高校纪委必须建立健全更加科学完善的监督机制,才能保证监督责任落实到位。

(一)健全监督工作机制是突出主业的必然要求

高校纪委履行职能首要任务就是强化监督执纪问责,担当起加强党风廉政建设的监督责任,使高校成为名副其实的一方净土。地方高校是一个大集体,具有多个职能部门和二级单位以及成千上万的师生员工,纪委监督工作涉及招生考试、基建修缮、物资采购、人事招聘、科研经费、学术诚信、师德师风等方方面面;由于管理制度建设需要不断完善,潜在的廉政风险是难以避免的,腐败的土壤依然存在,而且腐败产生的隐蔽性强、对抗性强,查处比较难等。如果监督工作机制不顺畅,就无法保证监督到位,无法做到监督不留死角,这时的监督只能止于表面,成为摆设或花瓶式的监督,达不到应有的监督作用。因此,高校纪委在落实监督责任过程中,必须把监督工作机制建设摆在重中之重的位置上,根据工作的实际和需要,建立健全科学完善的监督机制。有了完善管用的监督机制,高校纪委才能使监督直击要害和穴位,将监督责任抓紧抓好,落到实处。

(二)健全监督工作机制要遵循科学有效的原则

监督工作机制科学有效与否,直接关系到监督的成效,关系到权力制约的成败,也是高校纪委落实监督责任,突出主动监督,实施有效监督的关键。加强监督工作机制建设,首先必须体现政策性和针对性,既要符合中国共产党党内监督条例等党纪法规有关精神,又要符合当前党风廉政建设的新要求,符合高校的实际,符合高校纪委突出主业,强化监督,提升成效的需要。其次,要使监督工作制度化、常态化。高校纪委监督工作不能有"弹性"和"假期",不能时紧时松,不能对容易监督的领域实施监督,对不易监督的领域则放松监

督。凡属于纪检监察部门主业范围的都要进行严格的有力的监督，不留死角，不存盲区，不前紧后松，不厚此薄彼。再次，监督工作机制应当体现有效性和生命力。要坚持有利于纪检监察部门强化对纪律执行情况和权力运行情况的督促检查，保证权力行使不偏离正常的轨迹；有利于推动职能部门和二级单位增强落实主体责任意识，切实履行监管之责，把好第一道关；有利于纪检监察部门防止出现不作为和灯下黑问题，既能够强化纪检人员监督意识，忠诚履行监督之责，克服不愿监督、不敢监督倾向，又能保证监督者被监督，纯洁监督队伍。

（三）健全监督工作机制重在制度建设

不同的监督工作机制产生的监督效果亦不同，有的止于表面，蜻蜓点水，有的深度监督，形成有效的廉政"防火墙"。结合地方高校的实际，建立针对性强且能够有效防范腐败产生的监督制度，是监督工作机制建设的核心内容。笔者认为以下四种监督制度是最为关键的，首先是建立集体分析研判制度。深入了解、全面掌握学校基本情况，开展集体分析研判，明确监督重点部位和关键环节，查找潜在的廉政风险，并据此制订工作计划，确定实施监督措施，做到心中有数，目标明确，有的放矢，避免个人判断失误和工作偏差。其次，建立专项检查制度和随机抽查制度。根据分析研判的情况，结合工作中收集的问题反映或发现的问题线索，集中开展有针对性的专项检查，厘清工作流程、重要环节以及关键人员的情况，坚持问题导向，开展把脉号诊，查清有无问题。如发现有管理不规范问题或是苗头性、倾向性的问题，都应及时予以规范和纠正，坚决防止小错酿成大错；对已出现的违规违纪问题绝不姑息，坚决予以处理，发现一起处理一起；对没有问题反映或问题线索的重要事项或关键环节，也不能等闲视之，风平浪静的河面底下也有可能暗流涌动，所以也应开展常规性的随机抽查，了解掌握情况。再次，建立领导干部任职期间经济责任审计制度。经济责任离任审计固然是一道"紧箍咒"，无疑起到震慑作用，但如有管理不规范甚至违规违纪问题，无法及时加以整改规范，所造成的损失就难以挽回。因此，有必要开展对重点岗位和关键人物进行任职期间经济责任审计，重点检查廉政风险易发多发的工作事项，及时发现问题，及时整改纠偏，可将损失降到最小。最后，建立监督责任终身负责制度。监督的责任意识不强，责任倒查机制不严格,就可能出现监督不力,甚至滥用监督权和裁量权。为强化内部监督,提高监督实效,应当首先强化责任意识,建立完整的监督记录,坚持谁监督谁负责,而且必须终身负责。有压力才能促使纪检人员更好履职,勇于担当,不奉行好人主义,才能保证监督不流于形式,不成为摆设,保证监督深入、到位、有效。

总之,转变监督思维,转变监督方式,完善监督机制,是地方高校纪委构建内部监督新机制的关键举措,是提高监督实效的有效途径。建设强化监督新机制要与地方高校自身的实际相结合,与当前党风廉政建设新要求相结合,并在实践中不断加以创新和完善,使之成为建设廉洁校园,促进学校科学发展的有力保障。

参考文献

[1] 贺夏蓉. "监督执纪问责"的内涵及要求 [N]. 《中国纪检察报》,2014年9月2日.

[2] 龚洋浩. 高校缘何腐败频发 [N]. 《中国纪检监察报》,2015年4月27日.

[3] 柯瑞清. 高校纪委履行监督责任的若干思考 [J]. 福建医科大学学报,2015年第1期.

[4] 何艳洁 李洪会. 高校纪委落实党风廉政建设监督责任探索 [J]. 唐山学院学报,2015年第5期.

[5] 刘银善. 适应新常态,全面履行监督执纪问责职能 [J]. 吉林师范大学学报,2015年第4期.

[6] 赵宝林. 关于提高高校纪委监督能力的探索与思考 [J]. 科学中国人,2014年第6期.

[7] 张忠. 如何落实纪委监督责任的思考 [J]. 商,2015年第37期.

(作者为福建师范大学纪委副书记、副研究员,本文原载《哈尔滨师范大学社会科学学报》2016年第4期)

地方高校设立二级纪委的思考与探索

黄兴彪

地方高校深化落实全面从严治党要求，加强党风廉政建设和反腐败工作，很重要的一项工作是要认真贯彻落实中央纪委十八届六次全会提出的通过体制机制改革和制度创新促进政治生态不断改善的部署和要求，结合校内监督不深入、不到位的实际，积极推进校内监督机制创新，完善校内监督体系设计，提高监督成效。地方高校在二级学院和二级单位党委设立纪委（以下简称"二级纪委"），是创新校内监督机制和完善监督体系的重要举措，是强化监督执纪和加强纪律建设的有力保障，是坚持以纪律管住全体党员，养成纪律自觉的重要保证。本文拟从地方高校设立二级纪委的客观需求、可行性以及职能定位进行分析、探讨，以飨读者。

一、地方高校在二级党组织设立纪委是落实"两个责任"的客观需求

党的十八届三中全会明确提出落实党风廉政建设责任制，党委负主体责任，纪委负监督责任。地方高校在落实这"两个责任"过程中虽采取了积极措施，取得了可喜成效，但还存在着有些校内二级单位党组织落实党风廉政建设责任制不够平衡、不够到位的问题，其中最重要原因之一就是缺乏有力的监督。实践证明，地方高校深化落实党风廉政建设"两个责任"，深入实践监督执纪"四种形态"，必须进一步完善纪律检查体制机制，强化内部监督组织机构工作网络，因此，设立二级纪委这一新课题成为主动适应党风廉政建设新形势和新要求的有力抓手，应运而生，势在必行。

(一)设立二级纪委是强化执纪监督的需要

地方高校随着规模的不断扩张,二级学院和职能部门以及直附属单位(以下简称"二级单位")的基层党组织数和党员人数不断增加,有的党支部多达数十个,党员人数有数百人之多,对党员教育监督管理任务日益繁重;同时,二级单位经管的"资金流量不断扩大,基建规模不断增大,物资设备采购量不断增加,与社会的联系交往也越来越密切和复杂",[1]对权力运行的有效监督也日益迫切。在这种情况下,如果没有建立一个科学有效的监督执纪工作机制,就不可能对广大党员开展有效的教育监督管理工作,增强党员纪律规矩意识,就不可能保证权力规范运行,防控廉政风险,就不可能有效杜绝师生党员违纪违规行为和腐败案件的发生。而地方高校纪检部门人员配备不足,监督力量有限,对二级单位的监督缺乏持久有效的监督渠道,要对全校所有基层党组织和党员实行全面、到位、有效的监督,客观上是很难做到的。[2]因此,为了切实解决这些问题,必须改进和完善高校纪律检查体制机制,在二级单位设立纪委,进一步完善监督机制,健全监督制度,强化责任意识,强化党纪党规教育,进一步提高师生党员的纪律和规矩意识,纯洁党员干部队伍,营造风清气正的育人氛围。在二级单位党组织设立纪委,将"有效解决了监督力量不足,监督不深入,监督范围狭窄的问题,科学延伸了纪检监察工作网络,为高校纪委更好地履行监督执纪问责奠定了组织基础。"[3]它有利于进一步完善监督机制,强化监督执纪职能,增加监督深度广度,实现全方位有效监督,实现监督无盲区,有利于促进党风廉政建设责任制级级抓好落实,层层传导压力,使责任制真正落实到位、落到实处,有利于真正把纪律和规矩立起来,严起来,强化纪律的刚性约束。地方高校设立二级纪委是改进和完善监督体制机制建设的迫切需要,是当前加强二级学院和单位党建工作的迫切需要,是深入落实全面从严治党要求,扎实推进党风廉政建设和反腐败工作的迫切需要,是以纪律管住全体师生党员,强化师生党员纪律和规矩意识的迫切需要。

(二)设立二级纪委是完善学院党政联席会议制度的需要

党政联席会议制度是地方高校二级学院最根本的制度,是二级学院最高的决策机构。在长期的实践中,该制度是目前最有效的决策制度,在地方高校治理中发挥着积极而重要的作用,但它也存在着需要进一步完善的地方。该制度规定二级学院党政联席会议由学院书记和院长共同主持，在执行过程中存在三种基本情形：一是二级学院党政负责人具有良好的思想境界和优良的品行，学院书记和院长配合得很好，班子团结，战斗力强；二是二级学院书记和院长各持已见，各自为政；三是二级学院书记和院长都很任性，争锋相对，甚至闹得不可调和，影响班子团结，阻碍事业发展。毋庸置疑，后面二种情形虽有个人主观因素的原因，但与二级学院没有建立有效的监督约束机制密切相关。二级学院党委虽有设立纪检委员，但其能发挥的监督作用非常有限，有名无实。如果在二级学院设立纪委，则将大大增加有效的监督制衡力和监督约束力，有利于避免上述第二和第三种情形的存在，根本改变一言堂的状况，促进二级学院党政联席会议制度的全面落实，提高管理效率，增强发展动力；有利于进一步推进二级学院基层党组织建设，充分发挥领导核心作用，扎实推进党风廉政建设。

（三）设立二级纪委是扩大二级学院办学自主权的需要

随着办学规模的不断扩大，许多地方高校为了推进科学治校，提高办学综合实力，不断改进和创新现代大学管理体制，扩大二级学院办学自主权是大势所趋，发展所需，二级学院将拥有更多更大的经费管理使用、人事管理、基建修缮和学术科研等权力。毫无疑问，权力必须受到有效的制约和监督，否则，权力容易被滥用，权力运行容易走偏。自主权不断扩大的二级学院如果没有建立起更加有效的监督体制机制，将可能出现滥用权力和产生腐败温床，从而严重影响学院事业发展的情况。在二级学院设立纪委，可谓是应运而生，是地方高校管理体制改革和促进事业更好发展的新需求，它对学院不断扩大的自主权将形成有效的制约和监督，发挥第一线监督、第一道把关的作用，使权力不敢"任性"、不能滥用、不易"脱缰"，对学院规范权力运行，有效防控廉政风险，将起到有力的保障。

二、地方高校设立二级纪委可行性分析

对于地方高校而言，在二级学院和单位党组织设立纪委是一项顶层设计的创新性工作，也是一次改进和完善纪律检查体制机制的探索，在实践中能否行得通？能否达到预期的目的？回答是毋庸置疑的。因为设立二级纪委不仅符合

新形势下党风廉政建设和反腐败工作的客观要求，而且符合党内政策法规，可谓条件具备，时机成熟。

（一）地方高校设立二级纪委的政策依据

《中国共产党章程》（2012年通过的）第四十三条规定："党的基层委员会是设立纪律检查委员会，还是设立纪律检查委员，由它的上一级党组织根据具体情况决定。"[4]根据这一规定，地方高校党委可以视具体情况在二级单位党组织设立纪检委员，也可以设立纪委，在二级单位党组织设立纪委是具有充分的政策法规依据。目前，地方高校二级单位党委大多设有纪检委员，由学院党委书记以外的学院领导或者其他老师担任，但纪检委员在实际工作中发挥监督作用相当有限，有的连党政联席会议都没有参加，有的虽列席但也没有表决权，对学院权力运行情况不能进行有效监督，已不能适应当前加强党风廉政建设的新形势和新要求。在这种情况下，地方高校在二级单位基层党组织设立二级纪委，既有充分依据又切实可行。

（二）地方高校二级纪委的领导体制

地方高校二级纪委采取什么样的领导体制，才是切实可行的，才能够真正发挥有效的监督作用，必须根据其自身的性质而决定。设立二级纪委的目的是为了深化落实全面从严治党要求，推进二级单位党组织加强党风廉政建设和反腐败工作，强化对二级单位的监督，保证二级单位事业科学健康发展，它是党内监督的专门机关，是学校内设的二级纪律检查组织机构。因此，二级纪委应当采取双重领导体制，即必须在二级单位党委的领导下开展工作，协助党委推进党风建设和反腐败工作，并对二级单位党委进行同级监督，有力推进二级单位政治生态建设。同时，它要接受校纪委的领导，虽然它不是校纪委的派出机构，但由于开展监督工作所应当坚持的基本原则和履职规范，必须得到校纪委的领导和指导；由于工作权限的限制，它在履行对二级单位党委进行同级监督过程中，遇到超出职权范围的工作时需要通过校纪委才能解决；由于二级纪委的机构规模和人员编制有限，在履行监督职能过程中遇到各种困难和问题时，也需要校纪委的指导和支持，故二级纪委有关重要决策和重要工作在向二级单位党委报告的同时要向校纪委报告。这一双重领导体制既保证了二级纪委工作机制的科学性，又保证它能够正确履职，发挥有效监督的作用。

(三) 个别重点高校设立二级纪委的探索经验

为深化落实党风廉政建设两个责任,个别重点高校已经开展了改革和加强二级单位监督体制建设的试点工作,有的设立二级纪委,有的设立纪检小组,有的由校纪委派出专职监察员,等等,对如何强化二级单位监督机制进行深入的探索,取得了一些有益经验,形成了更加有效管用的监督机制,较之前单纯设立纪检委员,产生了更好的监督成效。地方高校的实际情况虽与重点高校不尽相同,可能面临的问题和难题更多,但有了重点高校探索经验可供借鉴和示范作用,在设立二级纪委的探索进程中,将更加明确方向,少走弯路,有利于目标的实现。

三、二级纪委的职能定位

明确职能定位是二级纪委正确履行职责的关键,也是开展监督执纪的依据,只有职能定位科学准确,才能充分发挥有效的监督作用。《中国共产党章程》(2012年通过的) 第四十四条规定:"各级纪律检查委员会要经常对党员进行遵守纪律的教育,作出关于维护党纪的决定;对党员领导干部行使权力进行监督;检查和处理党的组织和党员违反党的章程和其他党内法规的比较重要或复杂的案件,决定或取消对这些案件中的党员的处分;受理党员的控告和申诉;保障党员的权利。"[5]根据这一规定和其他党内法规,结合二级单位的实际,二级单位纪委应当履行以下职能。

一是教育职能。二级纪委要充分利用与师生党员近距离接触的天然优势,对所在单位全体党员开展经常性的纪律教育,教育党员严格遵守党章党规党纪,牢固树立理想信念和宗旨意识,牢树廉洁自律意识,明确纪在法前,纪严于法,尊崇党的纪律,敬畏党的纪律;适时开展警示教育,通过典型案件,教育党员纪律是不可逾越的底线,筑牢党员的党纪党规防线;坚持教育防范在前,对拟新履职人员 (系主任、教研室主任等) 开展任前谈话教育,加强正确履职和认真履职教育,加强正确行使权力教育。

二是监督职能。设立二级纪委旨在加强对二级党组织和党员的监督,加强对党员领导干部行使权力的监督,促进权力规范运行,监督是其最重要职能之一。如果没有有效的监督,基层党组织就有可能软弱涣散,党员就有可能不受纪律约束，权力就有可能被滥用。因此，监督是二级纪委最重要的使命和存在的根本依据，是二级纪委的主业主责。二级纪委要始终突出和履行监督职能，正确行使监督职能，为二级单位政治生态建设提供有力保障，成为二级单位落实党风廉政建设责任制的促进者和推动者。二级纪委实施监督的主要范围包括二级学院党组织发挥政治核心作用，贯彻落实学校党委工作部署，教职工党支部发挥战斗堡垒作用，以及全体党员遵守党规党纪情况和发挥模范先锋作用情况，党政联席会议制度执行情况，"三重一大"制度落实情况，党员领导干部行使权力情况等。监督要做到无盲区，无死角，监督要使权力始终在阳光下行使，要使单位廉政风险降到最低最少。

三是惩处职能。严于执纪是二级纪委的又一重要职责，发现违反党章党纪党规行为，并对这些违纪行为进行严厉惩处，是其责无旁贷的"分内之事"，也是不可替代的天职。二级纪委要正确运用监督执纪"四种形态"，抓早抓小，切实开展惩处违纪行为，严肃党的纪律，是纯洁学院党组织先进性，永葆党员模范性的重要举措，是推进学院党风廉政建设，把纪律挺在法前的有力保障，是维护党章党纪党规权威性和严肃性的根本保证。如果二级纪委不能充分发挥惩处职能，就难以强化纪律刚性约束，把纪律立起来、严起来，促进师生党员干部队伍建设，也就难以完成协助学院党委有效开展党风廉政建设和反腐败工作，因此，惩处职能是二级纪委本质特征所决定的，是与教育和监督同等重要的职能。

四是保护职能。二级纪委既要发挥惩处职能，又要履行保护党员干部的职能。惩处违纪行为不是主要目的，而有效保护党员权利，使党员权利不受侵犯，保护全体党员不违犯纪律，使师生党员干部始终严以律己，廉洁从教，廉洁修身，时时处处发挥模范表率作用，才是最根本目的。保护党员重在平时，重在抓早抓小，要强化纪律约束，警钟长鸣，咬耳扯袖，红脸出汗，把苗头性、倾向性问题扼杀在萌芽之中，让遵守党规党纪成为每一个党员的自觉行为。当然，履行保护职能时，不能只为了保护，而降低对守纪律的要求，甚至放弃对违反纪律行为的约束和处理。

此外，由于二级学院是地方高校的基层单位，一般情况下不太可能设有监察组织机构，而二级学院除党员老师外，还有相当数量非党员老师，因此，二级纪委还应履行监察的职能,对学院行政事务和非党员老师干部的管理进行有效监察。只有这样,才能为二级学院加强老师干部队伍建设,促进事业发展提供强有力保障。

四、地方高校设立二级纪委将面临的问题及解决措施

地方高校设立二级纪委是高校内部完善组织机构建设工作,这是一项全新的探索工作,在探索实践过程中难免会遇到一些困难和问题,而且必须采取行之有效的措施加以解决。从地方高校的实际情况来看,首先是要统一思想认识问题。设立二级纪委既是一个顶层设计问题,也是一个思想认识问题。长期以来,高校二级党组织都没有设立纪委,而且二级党组织在贯彻落实党的路线方针政策和学校各项决定中就有发挥保证监督作用的职责,今天为什么要在二级党组织中设立二级纪委,这要从全面从严治党,着力加强高校党风廉政建设的高度,从培养又红又专的社会主义事业建设者和接班人的大局出发,正确回答设立二级纪委的重要性和必要性,进而形成一致的思想认识,为开展设立二级纪委工作奠定坚实的思想基础。其二是二级纪委人员编制和干部职数问题。地方高校现有教学科研管理人员编制已经相当紧张,要为二级纪委增加专门人员编制和干部职数是相当困难的,只能采取兼职为主、专职为辅方式为宜,"纪委书记可以由党委副书记、党委委员中同级行政副职担任"。[6]只要二级纪委组织机构健全,工作机制完善,这种方式同样也能起到预期的监督作用。其三是二级纪委如何保证监督实效问题。二级纪委要充分明确职能定位,在同级党委和校纪委领导下,聚焦监督执纪问责这一主业,切实履行监督职责,充分发挥监督作用;同时,二级纪委干部与师生朝夕相处,零距离接触,虽拥有利于监督的天然优势,但更需要有敢于监督的勇气,需要有壮士断腕、自绝后路的魄力,牢树责任意识和担当精神,坚持铁面无私,敢于动真碰硬,勇于不留情面,守好"首道岗",种好"责任田",只有这样,才能保证监督成效,才能达到预期目标。

地方高校设立二级纪委是完善高校纪律检查体制机制的一种创新,对主动适应党风廉政建设的新形势和新要求,深入落实监督执纪问责要求,进一步推进廉洁校园建设,更好地建设廉洁从政、廉洁从教、廉洁修身的育人环境,都

具有现实意义和长远意义。

参考文献

[1] 彭冲,魏小荃. 高校二级部门党风廉政建设责任制探析[J]. 重庆广播电视大学学报,2013(4):20.

[2] 杨长河,陈曦. 高校二级单位党风廉政建设责任制探析[J]. 广西青年干部学院学报,2015(3):39.

[3] 李伟. 派驻二级纪工委 创新高校纪检体制——以华东师范大学后勤纪工委为例[J]. 上海党史与党建[J]. 2015(10):54.

[4] 李奕林. 我的中国梦——入党培训教材[M]. 北京:中央文献出版社,2013:228.

[5] 李奕林. 我的中国梦——入党培训教材[M]. 北京:中央文献出版社,2013:228.

[6] 李小梅,赵武军. 高校二级单位纪检监察工作路径探究[J]. 高教学刊,2015(24):184.

(作者为福建师范大学纪委副书记、副研究员,本文原载《安徽工业大学学报(社会科学版)》2016年第3期)

增强五种能力，提升审计效能

——学习中央审计委员会第一次会议精神有感

金天钦

2018年5月23日中央审计委员会第一次会议顺利召开，标志着中国特色社会主义审计事业进入新的历史发展时期。习近平总书记肯定了审计机关成立30多年来，特别是党的十八大以来，为促进党中央令行禁止、维护国家经济安全、推动全面深化改革、促进依法治国、推进廉政建设等作出了重要贡献。同时从新时代党和国家工作全局出发，深刻阐述审计工作的重要作用，就进一步改进审计监督、深化制度改革、加强自身建设作出具体部署，为审计事业发展注入了思想和行动的力量。作为高校审计工作者，要成为新时代学校利益的捍卫者和公共资金的守护者，应站在新的历史起点，把思想和行动统一到习近平新时代中国特色社会主义思想和党的十九大精神上来，紧紧围绕高水平大学建设，把握深化内部改革发展大势，不断增强审计五种能力，有效开展内部审计工作。

一、着力提高政治能力

审计是党和国家监督体系的重要组成部分，是国家治理这个大系统中一个内生的具有预防、揭示和抵御功能的"免疫系统"，是国家治理的基石和重要保障。审计工作并不是单纯的核数字、查行为、审结果，必须时刻讲政治。审计工作面对的是数字，关注的是学校经济活动状况及发展方式，指向是支配或影响经济活动背后的公共权力及其所掌握的公共资源。数字反映的是方针，体现的是政策，承载的是责任，影响的是决策。因此，我们要牢固树立"四个意识"，坚定"四个自信"，自觉在思想上政治上行动上同党中央保持高度一致，坚决维护党中央权威和集中统一领导，落实党中央对审计工作的部署要求。旗帜鲜明讲政治作为一条红线贯穿到审计工作全过程，严守政治纪律和政治规矩，牢牢把握审计工作正确的政治方向。联系学校实际，就是要紧紧围绕高水平大学建设奋斗目标，服务"院办校"管理体制改革提升内涵建设这一大局。在任何时候、任何情况下都要坚定理想信念，保持政治上的清醒坚定，始终忠于党、忠于人民，坚定政治方向，站稳政治立场。必须增强政治敏锐性和政治鉴别力，坚决抵制各种错误思想影响，坚决同各种错误言行进行斗争，始终在大是大非面前旗帜鲜明，在路线原则上立场坚定。

二、着力增强依法审计能力

审计作为治国理政的一项政治制度安排，适应经济发展新常态，适应改革发展新要求，应当依法全面履行审计监督职责，促进经济高质量发展，促进全面深化改革，促进权力规范运行，促进反腐倡廉。中央审计委员会第一次会议的召开，明确了当前和今后一个时期审计工作的目标方向和重点任务，也给依法审计提出了新的更高要求。依法审计是职业的准绳，廉洁勤政是职业的保证。我们要严格按照审计法、审计法实施条例、审计准则实施审计，严守法定审计程序和工作流程，层层落实责任，善于发现问题，敢于揭示问题。坚持原则、以理服人，以事实和数据说话，实事求是、客观公正反映和揭示问题。对突破原有制度和规定的创新举措或应变措施，只要符合学校改革方向，有利于学校事业发展、提升办学质量、扩大就业、改善民生，有利于整合资源、提高绩效、集中力量办大事，有利于校园生态文明建设、环境保护，有利于科技创新、增强发展后劲，有利于化解矛盾、防范风险，就积极予以支持，并促进总结完善，推动形成新的制度规定；对深化"院办校"管理体制改革、探索创新中出现的一般性不规范行为和工作失误，从促进提高规范的角度，及时予以提示提醒，促进改进完善；对审计中发现不适应甚至阻碍促改革、惠民生、防风险的制度规章、体制机制，主动揭示反映，提出改进完善的建议。

三、着力增强创新能力

审计工作只有解放思想、与时俱进，创新审计理念及时揭示和反映经济社会各领域的新情况、新问题、新趋势。"审,非严谨无以明透;计,非细致无以致深。"我们要深入研究学校改革发展和当前审计工作要求的新观念新办法新举措,抛弃陈旧的审计理念。审计监督工作要准确把握"容错纠错"的基本审计尺度。将"容错纠错"理念贯穿审计工作始终,转变传统的审计思维和审计方式,切忌用一些不合时宜的法规制度去死搬硬套改革发展中的创新举措,更不能对改革创新中的一些偏差和失误不加分析地全盘否定。在具体的审计工作中,要求我们用历史的、发展的眼光看待问题,用辩证的、客观的思路处理问题,因地制宜、因时而异、仔细甄别、深入求证,切忌主观臆断、断章取义。对突破原有制度或规定,但有利于维护师生利益,有利于学校科学发展,有利于防范化解财务风险,有利于资源节约利用和保护校园生态环境,有利于推进财政资金统筹使用和提高资金绩效的创新举措,要坚决支持鼓励,积极促进规范和完善,大力推动形成新的制度规范。二要在审计资源整合上创新。一方面要科学调配力量提高工作效率;另一方面充分调动内部审计和社会审计的力量,增强审计监督合力,提升审计监督效能,逐步缓解审计力量不足与审计任务重的难题。三要在审计内容和方式方法上创新。既要全覆盖审计,又要突出重点。既要对学校经济活动、内部控制制度、干部经济责任等审计全覆盖;又要重点审计预算业务、收支业务、政府采购业务、资产业务、建设项目和合同业务的内部控制情况。既要应审尽审,凡审必严、严肃问责,又不能包打天下。积极稳妥,量力而行,进一步完善经济责任审计成果运用机制,推进"1+X"工作开展,开展审计整改工作"回头看",推动审计更好地满足学校决策的需求。同时,要善于运用新技术、新手段,坚持科技强审,加强审计信息化建设。

四、着力增强服务能力

审计是国家政治制度不可缺少的组成部分。审计具有预防、揭露和抵御功能与作用,本质上就是发挥促进发展、保障发展、服务发展的作用。我们要以习近平新时代中国特色社会主义思想引领,立足学校的改革发展大局,充分发挥审计的监督和保障作用,更好地服务高水平大学建设。建设特色鲜明的高水平综合性大学奋斗目标:坚持立德树人根本任务,全面深化综合改革,全面推进内涵发展,全面提高办学质量。落实到具体就是围绕学科建设布局、人才培养质量、师资队伍结构、科研创新能力、对外交流合作、办学综合实力等六个方面。在这个过程中，审计要着力抓好以下工作：一要维护广大师生利益。紧紧围绕更好地保障和改善民生来履行职责，促进深化改革收入分配制度，推动绩效工资制度创新，推动形成科学有效的绩效工资分配体系。二要保障公共资金和国有资产的安全高效使用。加强预算执行和资产审计。重点对学校重点基建（修缮）项目、高水平大学建设项目预算执行进行审计。对高水平大学建设财政专项进行绩效审计，促进提高项目资金使用效益。三要推动政策落实。重点关注高水平大学建设目标责任制落实情况。从具体政策措施看，要持续加强对高水平大学建设等政策措施落实情况的跟踪审计，着力监督检查各学院、各部门具体部署、执行进度以及取得的实际效果，促进资金到位、项目落地、政策生效。四要揭示风险、维护安全。从长远看，审计结合学校内部控制制度建设工作，逐步建立健全内部控制监督评价制度，推动内部控制建设，切实防范风险。

五、着力增强执行力

审计要及时揭示和反映经济社会各领域的新情况、新问题、新趋势，才能有效履行职责、充分发挥作用。"三分政策，七分执行"。建设全面过硬的审计部门和富有战斗力的审计队伍，提高执行力是关键。一要打造精干审计队伍。高素质的审计队伍是提高审计执行力的基础。建立一支以审计精神立身，以创业精神立业，以自身建设立信，认真履行管党治党政治责任，用智慧创新审计工作，用制度规范审计行为，用廉政维护审计形象，信念坚定、业务精通、作风务实、清正廉洁的高素质专业化审计干部队伍。二要强化责任担当意识。提高执行力，就必须牢固树立责任意识和担当精神，以维护广大师生的根本利益作为每个审计人员应有的立场和原则，作为执行力的正确方向。要始终以饱满的热情投身审计事业，永葆蓬勃朝气、昂扬锐气和浩然正气，严格自我要求，决不敷衍了事。要树立完成任务追求圆满的观念，做到"接受任务不找借口、执行任务不讲困难"，养成认真负责、追求卓越的良好习惯。三要养成务实高效作风。审计人员做人要实，谋事要实，更要脚踏实地、真抓实干。锤炼迎难而上的精神，不断提升自己的能力素质，摒弃不作为慢作为的习惯，主动自觉地做好本职工作，敢说真话、敢报实情、敢揭真相、实事求是。同时要弘扬"马上就办，真抓实干"精神，养成雷厉风行、高效守时的好习惯。审计要有目标、有方向、有计划、有方案、有措施、有步骤，同时更要追求质量和效率。用制度规范审计行为，将审计任务、时间、人力配置等按照一体化思路统筹谋划，实施项目化管理，明确责任领导、承办人员、完成时限、工作标准、阶段任务，建立精细化管理台账，推行限时办结制，以"倒逼式"管理推动审计提速增效。

（作者为福建师范大学审计处处长）

法经济学视域下从严执纪的思考

叶善青

党的十八大以来，习近平同志在各种场合反复强调从严治党的极端重要性和紧迫性，明确提出管党治党要靠纪律和规矩，并且提出了"四个全面"战略思想，开辟了我们党治国理政的新境界。当前，国内学界围绕"依法治国、严格依法行政"的法研究蔚然成风，但从法经济学视角研究"依规治党、从严执纪"的相对较少。法经济学是运用有关经济学的理论及方法对法学理论、法律现象进行研究和分析的学说，其理论的核心在于，各项法律活动都必须以资源的合理利用和有效配置为目的，从而实现效率最大，这事实上都可以用经济学的方法来分析和指导。笔者试从法经济学的角度，对"从严执纪"作出分析，力图寻找新的方法借鉴。

一、从严执纪，必须抓住党内法规建设的质量这一源头环节进行"成本效益分析"

"成本效益分析"是将成本费用分析法运用于政府部门的计划决策之中，以寻求在投资决策上如何以最小的成本获得最大的收益的一种经济决策方法。属于经济活动的"投资决策"，效益是它的价值追求；属于法律活动的"法规建设"，公平正义是它的价值追求。两者所属领域和目标价值看似有异，其实是异曲同工，都属于政治经济学范畴。经济活动贯彻等价交换原则，是在追求公平、正义基础上达到最大效益、效用，满足人最大的欲望需求；法律活动追求的公正，在于通过规范人的行为和欲望需求，从而实现经济持续健康的发展、社会秩序整体最大的和谐和人们各得其所的共同福利，其内涵也必然具有对效益的无限追求。作为社会的一种制度供给，党内法规建设不论在制定层面还是实施执行层面，都具有一定投入（成本），只有当它的投入（成本）小于收益（回报）的时候，才是符合法经济学的合理可行、盈利科学的。中国共产党成立以来尤其是新中国成立之后，为规范党组织工作、活动和党员行为，为增强党的创造力凝聚力战斗力提供制度保障，大量党内法规和规范性文件为我们党所制定、出台。但我们也都应该看到，虽然我们党做了很多努力和探索，但是事物的发展都是螺旋式上升的，党内法规建设客观上还存在着效益不高，体制成本、运行成本、监督执行成本偏高等不足。比如，党内法规制度经过多年来的建设已经十分庞杂，由于缺乏总体的规划和未及时集中清理，党内各法规制度间以及党内法规和国家法律间相当程度上也存在不协调、不适应、不衔接、不一致的问题，需要进一步提高效益。有的党内规定条款不能满足形势发展和实践任务的需要，需要及时更新；有的党内规定条款和党的理论路线方针政策乃至党章互相冲突，同国家的宪法和法律相互抵触，需要理顺；有的党内规定条款间内容有一定程度的重复交叉或冲突对立，有的党内规定或制度条款存在"牛栏关猫"等不足和问题。[1]这就导致了我们虽然耗用大量人力、物力和财力加强查办问责，但腐败现象和"四风"等问题却屡禁不绝，党内法规的效益未完全达到预期。习近平同志在十八届四中全会提出，"完善党内法规制定体制机制，要注重党内法规同国家法律的衔接和协调，构建以党章为根本、若干党内法规为支撑的党内法规制度体系，提高党内法规执行力"。新形势下，党内法规建设领域积极引入成本效益分析的方法显得十分紧要。事实上，成本效益分析理念和方法在美、英、德、日等发达国家立法中比较早就得到了运用。[2]今后，我们党的各级代表大会要在党内法规的立项、起草、论证、协调、审议等各环节中充分运用成本效益分析，通过调查研究和科学的分析预测，根据党的建设的新要求，制定中长期的党内法规制定规划，积极探索运用法规建设一些新举措提高法规建设效益，比如，举行法规建设论证咨询、委托专家小组起草、开展法规实施后的测评等，力求制定并健全完善符合"成本效益原则"的党内法规体系，使执行、实施党内法规成本与我国经济社会发展水平相适应，努力实现党内法规建设效益的最大化。当然，作为党的制度性安排的党内法规建设，不仅要衡量经济方面的成本和效益，而且要将社会的成本和效益纳入统筹考虑的范围；

不仅要体现短期的成本和效益,而且要评估长远的成本和效益。科学推进党内法规建设,应建立党内法规的审查与纠错机制,以长远务实的眼光、综合有效的分析、系统辩证的考量,实现党内法规建设的"为人民服务"最高宗旨,实现社会效益和长远效益有机结合,不断保持党的肌体健康,不辱党的历史使命、不负人民重托。

二、从严执纪,必须切实把握"从严"这一关键强化"法纪行为价格"的约束和驱动功能

由经济人视角,人的守法与违法必是从衡量利益得失出发,一切为了效用最大化的实现。当他的违纪预期的效益所得超过守纪预期的效益所得时,他就会倾向选择违纪,以获取更多利益。构建起了经济学进入法纪领域分析的通道的法经济学认为,党内每一类法纪条款和内容都是对党员特定行为的"法纪定价",党的法纪体系从法经济学角度实际上也是一种"隐性的价格体系",法纪规则下的行为人有着经济行为人一样的行为方式,都受"价格"制约。影响市场主体行为选择的利益驱动条件和基本约束机制,就在于"价格"这一市场经济的最核心变量衍化产生。因此,从严执纪的关键在于"从严"。要通过严格执纪,切实将法纪"价格"与具体的法纪行为挂钩,以实质的利益得失对党员干部的行为选择产生直接影响,使"法纪定价"原本具有的调节、约束功能得到最大展现。要按照习近平同志"保持高压态势不放松……坚持零容忍的态度不变、猛药去疴的决心不减、刮骨疗毒的勇气不泄、严厉惩处的尺度不松,发现一起查处一起,发现多少查处多少"的要求,无禁区、全覆盖、零容忍地严肃查处各类违纪违规行为,层层传导压力,真正实现将法纪定价转化为违纪成本,形成强大震慑。要把握经济学的酒与污水定律,坚持既打"老虎"又打"苍蝇",持续加大案件查处力度,特别是要对十八大后还不收敛不收手的、群众反映强烈的、现在重要岗位且可能还要提拔使用的、问题线索反映集中的党员干部进行重点查处,使违纪和腐败蔓延的势头得到坚决遏制。要防止纪律活动中出现"价格失灵"问题,在法治框架内综合运用经济、行政、刑事司法等多种手段,探索采用批评与自我批评、个人事项公示、征信廉洁档案、新闻媒体曝光、组织处理等多种灵活的方式,让违纪者承担高昂成本,从而不愿违纪、不

敢违纪。

三、从严执纪，必须提升违纪案件处理的科学水平这一核心达到应有的"正向激励效应"

在经济发展的过程中，劳动分工与交易的出现带来了激励问题。激励是满足人的需要实现组织的目标的程度。从法经济学角度，特定行为的"法纪定价"是行为激励。法纪及其实施，不但能明确和内化主体的成本和风险分配，而且对主体的行为选择的激励效应也会随之产生。最终实现激励效应有赖于于每个具体的违纪案件处理。科学、公正、合理的违纪案件处理能形成"正向激励"，促使党员干部把遵守纪律作为普遍的价值追求，从而实现把党的纪律和规矩挺在前面，进而带动全社会形成"办事讲规矩、遇事找规矩、解决问题用规矩、化解矛盾靠规矩"的良好风尚。而处理违纪案件不公正、不合理、不科学则会形成"负向激励"。它一方面将伤害当事单位和当事人的正当权益，另一方面还会使党的纪律权威和社会公信力消解，带来人们有纪不遵、有纪不用、有纪不信的不良后果。尤其当下，随着反腐败进入"深水区"，一些官场潜规则逐渐被打破，干部队伍风气不断得到改善，但一些负面消极的苗头也开始呈现，不作为、不担责的现象大有扩散之势。因而，我们更要倍加珍视和维护法纪公正，完善纪律实施和监督的运行机制，不断提高纪律处理的科学化水平建设。特别是党的执纪者，更要"把纪律和规矩挺在前面"，用党规党纪去衡量党员干部行为、用纪律的语言去描述干部行为，把法治思维贯穿在线索处置、立案调查、审理报告、复查申诉等每个环节，保障当事人的权益。要在实践中坚持"普遍优于特殊、合法规性优于合道德性、形式优于实质、程序优于实体、严谨优于标新、复杂优于简约、谨慎优于断信、过程优于结论、逻辑优于修辞、精确优于比喻、推理优于描述"的法治理念，[3]坚决防止出现"关系案""金钱案""人情案"，使公平和正义让人民群众和党员干部从每个违纪案件处理中都能体会到，使"依法纪能办事、靠法纪能管事、守法纪能成事"的正能量思想和意识充满我们社会每一个角落。

四、从严执纪，必须加强纪律教育这一重要基础努力实现"预防未来事故"

从法经济学来看，违纪案件的处理，实际是定价止争，更多考虑案件的处理将对未来产生的影响。已经发生的事故（案件）已不可更改，是事实成本，关键要预防未来事故（案件），使事故（案件）预防成本和事故（案件）总量降低。这就需要我们紧密结合当前形势，加强党的纪律教育，培育纪律文化，使纪律抵达民众的内心，促其成为纪律遵行的主体，养成对纪律的尊重和信仰，减少违纪案件发生，"预防未来事故"。要通过加强组织领导、建立工作机制、创新纪律宣传工作的方式方法等，推动纪律观念和纪律知识进社区、进乡村、进机关、进企业、进学校，教育广大群众牢固树立纪律意识，引导他们在头脑中划清界限、树立防线，特别要教育引导党员领导干部在政治上做到忠诚、在行动上讲究纪律，在组织上做到服从、在开展党内生活时讲究规矩，做一个政治上踏踏实实地"明白人"，防疾患于未然。另外，法经济学认为，当下的社会资源总体上是有限的、稀缺的，社会结构日益变化、利益多元，人口又不断地在新陈代谢、人们的行为交互更为繁杂，从广义上讲，侵权、违纪总是会在在这过程中发生，只不过在于侵权、违纪有些是直接的、有些是间接的，有些是相对允许的，有些是绝对不允许的。因此，要教育引导群众认识到，抓好八项规定落实，需要"不停顿地与'四风'作斗争"，"坚决反对腐败、建设廉洁政治的工作永远在路上"，"要打好持久战，更要打好歼灭战"……坚定对党信念，坚定执纪信心，全面严格执纪，不断把党风廉政建设和反腐败斗争引向深入。

总之，以法经济学和博弈论的假设，党的利益或集体利益、国家利益都是个人利益这个基本单位的总和，"囚徒困境"会出现在社会上每个人追求各自的利益中，这时就需要法纪这个"有约束力的协议"来进行合作博弈，追求个人、集体利益最大化。从严执纪，正是通过党纪法规的强制，迫使党员个体不仅为自己的得失承担完全责任，也将为产生个体以外的社会集体或他人的投入（成本）与收益转化为自身责任，从而引导选择最优的策略行为达到社会最优。这也是党纪法规在追求自由、平等、公正中最终实现效率的内在要义。因此，各级党组织要始终坚持党要管党、从严治党，从严执纪，每个党员干部更要自觉遵守党内规章准则，率先垂范，坚守正道、全力构筑良好的政治生态。

参考文献

[1] 胡建淼,党内法规制度建设更要注重解决质量问题 [N].人民网-人民日报,2014,11,8

[2] 赵卯生,康晋颖,中西方行政立法成本——效益分析比较研究 [J].经济师,2005,12

[3] 郑永流,法学野渡 [M].中国人民大学出版社,2013,8

(作者为福建师范大学经济学博士研究生,本文原载《中共山西省委党校学报》2015年第6期)

高校审计人员能力素质模型构架及其优化路径

陈 晨

一、引言

随着我国内部审计的两个转型,在审计理念、审计方法、审计管理等多方面对内部审计工作提出了更高的要求和标准,也对审计人员的素质提出了更高的要求。内部审计准则指出:"审计人员应具备履行各自职责所必需的知识、技能和其他能力"。IIA 在形成 CRLA 的报告中认为,使审计人员能够称职地完成任务所应当具备的属性包括"认知技能"与"行为技能"。CRLA 报告还对每种类型的审计人员应当具备的技能及其属性进行了归类分析。那么,作为一个称职的或者成功的高校审计人员应当具备什么样的能力素质,该如何实现持续有效地提升?本文拟运用麦克里兰(David McClelland)博士创建的能力素质模型,结合高校的实际情况,就高校审计人员能力素质模型的架构及其优化路径进行探讨研究,以期推进高校审计人员职业能力建设,提升高校内部审计工作质量。

二、能力素质模型概述

1973 年,麦克里兰博士在《美国心理学家》杂志上发表文章《Testing for Competency Rather Than Intelligence》,文章认为,滥用智力测验来判断个人能力是不合理的,人们主观上认为能够决定工作业绩的一些人格、智力、价值观等方面的因素,在现实中并没有表现出预期的效果。他认为,能力素质是"能区分在特定的工作岗位和组织环境中杰出绩效水平和一般绩效水平的个人特征。"能力素质模型则是指担任某一特定的任务角色,所需要具备的能力素质的总和。

麦克里兰博士把能力素质划分为知识、技能、自我概念、特质、动机等五个层次，不同层次的能力素质在个体身上的表现形式不同。其中，知识与技能类似于漂浮在海面上的冰山超出海平面的部分，是从事某项工作最起码应该具备的素质；而自我概念、特质与动机则属于冰山潜伏在海平面以下的那部分，是真正能够把优秀人员与一般人员区别开来的关键素质。这就是有名的"冰山理论"。

目前，能力素质模型受到国内外众多学者和管理者的青睐，许多国家和企业采取了以能力素质模型为基础的管理，广泛应用于人力资源管理等领域，主要是辨别特殊岗位需要的科学、合理、有效的能力素质模型，进而制定可以测量的绩效标准加以管理。能力素质模型的设计与应用不断发展，日趋成熟。

三、高校审计人员能力素质模型架构

根据麦克里兰博士的能力素质模型和"冰山理论"，笔者将高校审计人员的能力素质归纳为知识、执业技能、心理素质、职业道德、主观能动性等五个层次。其中，知识和执业技能是"冰山海面以上的部分"，是高校审计人员素质的外在表现，是高校审计人员必备的素质，是审计工作开展的基础；心理素质、职业道德和主观能动性是"冰山海面以下的部分"，是高校审计人员内在的、难以测量的素质因素，对审计人员的行为与表现起到关键的作用，是审计工作顺利、有效完成的保证。

（一）主观能动性

梁启超曾说："一个人对于自己的职业不敬，从学理方面说，便是亵渎职业之神圣；从事实方面说，一定把事情做糟了"。主观能动性体现在审计人员的爱岗敬业上，是审计职业的灵魂，只有热爱自己的学校、自己的岗位，才能有强烈的责任感和使命感，才能保持良好的工作心态，积极进取、追求卓越。高校审计人员树立强校的崇高理想，充分发挥内部审计免疫系统的功能，致力于拥有高校管理全局化的视野，善于从微观入手，从宏观层面把握和分析问题，以强大的主观能动性去追求卓越。

（二）职业道德素质

作为审计工作者，良好的职业道德是其素质构成的首要条件。高校内部审

计政策性、专业性强，涉及面广，审计人员的职业道德决定了审计工作的质量。一方面，高校审计人员应该自觉遵守《审计法》和《教育审计规范》，树立正确的世界观、人生观、价值观，构筑坚固的思想道德防线，以身作则，公正无私，恪守勤勉尽责、廉洁奉公的职业精神；另一方面，对于违反法律法规、阻碍学校健康有序发展的行为，审计人员也要顶住压力，坚持原则、秉公办事。

（三）心理素质

一是意志坚强、沉着冷静。一个审计项目工作从下达审计通知、进行审前调查、制定审计方案、实施审计、审计结果汇总、最后确定审计报告，每一个细节都不能马虎。这就要求审计人员在实施每个程序的过程中都要有充分的耐心，坚忍不拔，不达目的不罢休的毅力和遇事沉着、细致分析的作风，在各种环境中敢于力排众难、坚持原则，情绪不急躁，不偏激，行为稳重，遇事不慌，沉着应对解决问题。二是认真细致、严谨求实。审计是一项十分仔细的工作，调查中任何粗枝大叶、草率马虎都可能使某些重要问题被忽视。因此，审计人员应当认真、全面、客观地收集和取得各种证据，从而保证工作质量，最大限度地降低风险。三是积极乐观、谦逊大方。积极的心态能使人头脑清醒、充满朝气、观察敏锐，要以乐观的心态对待审计中出现的问题，积极寻求解决方案，同时对被审人员也要体现谦逊大方，以自身的行为影响和感染对方，使其产生认同感，协助完成审计工作。

（四）执业技能

一是分析判断能力。这是高校审计人员素质的综合表现，在项目审计过程中，审计人员必须对他的审核范围达到怎样的广度和深度作出判断，并从不同角度对其搜集的证据进行思考、分析，擅于运用分析性复核的各种方式方法，找出问题的症结，进而从管理的角度提出切实可行的意见和建议。二是沟通协调能力。内部审计的沟通与协调贯穿于整个审计项目，主动、及时、有效的沟通，是信息快速传递和充分交流的保证。审计人员应该加强与校领导、被审计单位、以及相关单位的沟通与配合，协调各方关系，营造良好的审计环境氛围，以多快好省地做好审计工作。三是文字表达能力。审计报告是审计结果的最终体现，一份高质量的审计报告必须让阅读者充分理解、接受审计人员的意见和建议，以此作为决策的依据。这就要求审计人员应具有扎实的文字功底，讲究文法，注意修辞，力求使文字清晰顺畅、系统生动、准确严谨、合乎逻辑，能够充分表达自己的意见。四是创新能力。社会在不断的进步，高校也在高速的发展，传统的审计方式方法已经不能适应业务发展的需求，审计人员在工作中要发挥创新力、想象力，努力探求适合的工作方法、工作程序。

（五）知识

高校内部审计涵盖了经济责任审计、财务收支审计、经济效益审计、内部控制审计、预算执行情况审计、基建修缮项目预决算审计、科研项目审签以及各种专项审计等，内容复杂、涉及面广，这就要求高校审计人员应该具有全面的知识结构，需要获取会计、审计、财务管理、工程造价、信息和计算机技术、心理学等广泛的知识。同时，审计人员还必须注重知识的更新和知识面的扩展，要进一步了解掌握高校教学管理、科研管理、基建修缮项目管理、物资设备采购及管理等内部控制制度。知识素质还要求审计人员具有跟踪前沿理论与实践的敏感性，不能故步自封，要依随高校的建设发展以及审计理论的进步，密切关注审计职业发展的新知识、新理论，并且做到开拓与创新。

四、高校审计人员能力素质的优化路径

要适应高校审计工作的发展，把握形势，促进高校审计人员能力素质的进一步优化，主要有以下四条路径可供选择：

（一）激发审计人员对岗位的热爱

只有每个审计人员都把审计事业当成自己的价值追求，以敬重的心态对待自己的工作，才能发挥其主观能动性，发挥出出审计队伍的战斗力。高校应在组织上保证审计机构的独立性及审计人员的充分配备，提供经费保证并创造有利的工作条件，解决审计人员在培训、职务职称评聘和待遇等方面存在的困难和问题。要制定以业绩和能力为导向的考核评价机制，引导审计人员在岗位上争创佳绩、施展才华，对成绩显著的审计人员进行表彰奖励，创造一个积极向上的工作氛围。要注重加强审计文化建设，开展形式多样、丰富多彩的活动，丰富审计人员的工作和生活，增强审计人员的凝聚力和向心力，激发出审计人员的责任感、使命感。

（二）树立终身学习的理念

审计工作并不是一成不变的，终生学习并且提升学习能力，是对高校审计人员的基本要求。一方面，要组织好对审计人员的后续教育培训，培训的内容不仅包括业务知识、法律法规、信息与计算机技术，还应向风险管理、有效沟通、心理学等多方面延伸扩展，全方位提升审计人员素质。另一方面，要鼓励高校审计人员对审计工作进行理论研究，通过对自己工作经验的总结与对新的工作方式方法的探索，提高理论素养，增强分析判断能力，培养职业的敏锐性和洞察力。学习是一个长期积累和深入的过程，要发挥主观能动性，不耻下问、多方请教，用钻研的精神对待每一个问题，这样才能积累丰富的经验。

（三）建立导师制和审计程序表体系

目前，很多高校审计人员是从财务岗位调任或是大学刚刚毕业的新手，普遍存在一个问题，就是面对业务不知如何开展。如何做审计，如何做好审计工作，笔者认为：其一，倡导导师制，新入行审计人员应该由一位富有经验的审计人员作为导师。导师不仅仅在业务上对新进人员进行指导和提带，一个作风正派、坚持原则、廉洁自律的导师将起到很好的表率作用，这也是一种潜移默化的职业道德的教育。其二，可以集合经验丰富的审计人员的程序、方法与手段，建立一套高校内部审计的分解程序表，将每一类型审计项目所需执行的审计程序一一列示，包括应审查的项目内容，可能存在的问题、应取得的审计证据、可能涉及的法规等等。当然各个高校都有其特殊性，但是一套合理的项目分解程序表，可以解决各高校在审计过程中的共性问题，使审计人员少走弯路，提高审计的工作效率，快速地提升高校审计人员的执业素质。

（四）加强交流，开拓视野

高校审计人员可以借助培训、会议、网络等平台互相交流、切磋审计的经验与心得，通过相互学习，促进自己的进一步发展。充分利用教育内部审计学会等平台资源，促进高校之间的交流与协作。要为高校审计人员创造机会参加到审计机关、教育机关的审计项目中，学习适用的方式方法；高校之间也可以开展协同审计，力求审计人员能开拓视野，相互带动、共同促进。在条件允许的情况下，也要为审计人员在高校各部门、学院内部的流动创造条件，虽然目前因为职称、职务等因素的制约，这种交流还难以实现，但应成为一个发展趋势,让审计人员真正的从管理的层面来领悟审计的本质,拓展审计的思路。

五、结语

曾有人把审计人员概况为是"定量分析师,批评家,伦理学家,经济学家,工程师,侦探,改革先锋,一句话,必须是完美的职业主义者"。要提升高校审计人员的能力素质,是一个全方位的工作,需要审计人员的自身努力,需要审计部门的群策群力,更需要高校领导的重视与支持。高校领导要切实关心审计人员的需求,在职务、职称的晋升、业务的培训上给予政策和经费的扶持,以此充分调动审计人员的积极性,加快审计人员各方面素质的提升。只有这样,高校审计人员的能力素质才能够不断优化,不断提升。

参考文献

[1] [美] Andrew D. Bailey, Jr. Audrey A. Gramling, Sridhar Ramamoorti 著,王光远等译. 内部审计思想 [M]. 中国时代经济出版社, 2006

[2] 能力素质模型_百度百科 [EB/OL]. 2014-03-18, http://baike.baidu.com/view/120370.htm

[3] 王会金. 审计心理学 [M]. 中国财政经济出版社, 2010

[4] 王旭辉, 时现. 构建基于专业胜任能力的内部审计师培训体系 [J]. 中国审计, 2011 (24)

[5] 郭祥友. 风险导向内部审计下审计人员能力素质模型构建 [J]. 企业导报·上半月, 2009 (1)

[6] 管小敏. 高校审计队伍建设的必要性及其长效机制构建 [J]. 教育财会研究, 2011 (4)

[7] 王晓东. 国内外能力素质模型研究综述 [J]. 科技信息, 2011 (22)

[8] 张庆龙. 政府部门内部审计人员能力素质研究 [J]. 中国内部审计, 2012 (11)

(作者为福建师范大学审计处干部、会计师、注册会计师,本文原载《吉林工程技术师范学院学报》2017年第6期)

问题导向的"三公"经费审计程序表探析

陈 晨

一、引言

2011年3月，国务院研究决定中央各部门向社会公开"三公"经费的预决算情况。2012年12月中共中央出台关于改进工作作风、密切联系群众的"八项规定"，2013年11月发布《党政机关厉行节约反对浪费条例》，强调"严格控制国内差旅费、因公临时出国（境）费、公务接待费、公务用车购置及运行费、会议费、培训费等支出"。2014年6月，审计署审计长刘家义在十二届全国人大常委会第九次会议上作"国务院关于2013年度中央预算执行和其他财政收支的审计工作报告"，开始对"三公"经费、会议费等管理使用不严格的单位进行点名通报……"三公"经费越来越成为社会关注的热点。"三公"经费的规范使用是关系到国计民生的重要课题，是促进厉行勤俭节约，反对铺张浪费的重要环节，控制、压减"三公"经费，切实把有限的财政资金使用在发展经济、改善民生的刀刃上，提高资金使用的规范性和有效性成为了社会的迫切要求。而审计监督是落实党风廉政建设监督责任的重要举措，是"三公"监管的重要环节。

近年来，我国不少学者对"三公"经费的控制与审计进行了深入的探讨。[1]田冠军通过构建"多委托人—多代理人"财政支出委托代理关系，探讨了各控制层级在"三公"经费控制上应发挥的职责与功能，并通过建立扩展的公共委托代理关系下的审计控制模型，探讨了"三公"经费的审计监督机制及运行路径。[2]张国军通过分析"三公"经费管理存在的问题及原因，从真实性、合法性、效益性三个方面阐述了"三公"经费审计的具体内容。[3]唐文芳指出,"三公"经费审计应把握的重点内容为预算安排情况、内部制度建立及执行情况、入账的完整性、真实性和合规性五个方面。[4]尹平从"三公"经费公开的监管角度,指出要"构建科学的审计监督和问责机制",加强对"三公"经费事前、事中和事后的审计。[5]柯敏、石教胜认为"三公"经费审计应在"专题审计、坚持公开、联合问责、预算把关"四个方面作为。[6]王凤悟归纳了公务用车审计的四项内容:公车的配置和管理情况、公车专项资金拨款和预决算情况、公车政府采购环节、公车的费用支出情况,提出了"召开司机座谈会、现场查看车辆、外调加油站和车辆修理厂、追踪资金使用流向"四种审计方法。

在上述研究的理论基础上,本文拟结合审计工作实践,通过分析"三公"经费管理与开支中容易隐藏的问题,探寻应采取的审计程序及关注点,通过总体阐述及分项目设计的方式构建审计程序表,力求梳理审计工作思路,提升审计工作效率。

二、问题入手的"三公"经费审计总体框架

根据财政部解释,纳入中央财政预决算管理的"三公"消费是指中央部门用财政拨款安排的因公出国(境)费、公务用车购置及运行费和公务接待费,是党政机关维持运转或完成特定工作任务所开支的相关支出,是政府行政开支的一部分。

本文拟从"三公"经费的预算管理、内部控制、经费开支、经费结算、经费公示五个环节入手构建"三公"经费审计框架。该框架中,预算管理是"三公"经费审计的首要环节,内部控制审计是重要基础,经费的开支及结算审计是主要内容,经费公示是有力的补充(如图1)。依据该框架,从五个环节入手分析"三公"经费管理中可能存在的问题,并针对问题探寻发现问题的审计程序及关注点(如表1)。

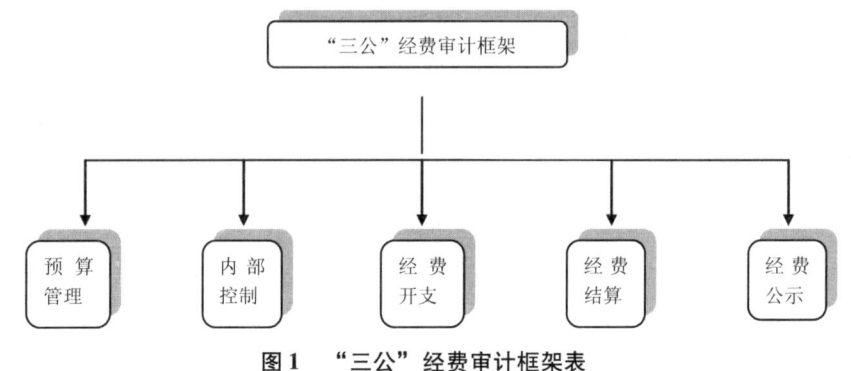

图1 "三公"经费审计框架表

表1 问题入手的"三公"经费审计程序表

序号	审计环节	可能存在的问题	审计程序及关注点
1	预算管理	未按规定编制"三公"经费预算	查阅"三公"经费预算编制、批复及追加预算的相关文件，检查是否编制"三公"经费预算，预算的编报是否规范合理，是否依照中央有关厉行节约的要求压缩"三公"经费。
		无预算、超预算列支"三公"经费，"三公"经费开支脱离了预算控制	将决算与预算项目、数据进行核对，检查是否存在未经批准突破预算控制规模，超预算、无预算安排"三公"经费支出的情况；与往年相比，"三公"经费是否缩减。
2	内部控制	管理制度不完善	获取单位相关内部管理制度，检查是否依据最新文件精神制定或修定本单位的"三公"经费管理规定、实施细则、报销流程，并公开发布执行。

续表

序号	审计环节	可能存在的问题	审计程序及关注点
3	经费开支	未按规定开支"三公"经费	检查"三公"经费开支是否符合相关法规、条例的要求。详见下文列示。
		"三公"经费在其他科目中开支	通过对财务明细账项的核查,检查是否将"三公"经费列支于其他科目,如公务用车运行费用混列差旅费、交通费、燃料费等科目,招待费列入会议费、福利费、其他支出等科目。
		"三公"经费在项目经费中开支	审核各项目支出的范围和内容,审查是否将"三公"经费隐匿于项目经费中开支,未列入"三公"经费的决算数。
		转嫁、摊派"三公"经费	追查下属单位、二级机构、相关企业账目,检查是否将"三公"经费向其摊派、转嫁。是否存在先对下属单位或者二级机构拨出费,然后在下属单位或者二级机构列支"三公"经费的情况。
		在帐外"小金库"中开支"三公"经费	检查是否存在帐外"小金库",罚没收入、行政事业性收费、二级单位缴纳的管理费、政府性基金、国有资产收益和处置等非税收入是否未纳入单位财务统一核算,隐藏于账外用于"三公"经费等开支。
4	经费结算	"三公"经费结算不符合规定,以虚假票据套取现金	检查"三公"经费的结算支付,是否按照国库集中支付制度和公务卡管理制度的规定执行,是否违规使用现金结算。
5	经费公示	未按规定进行公示,逃避群众监督	检查是否依据相关规定对"三公"经费进行公示。

三、分项目的"三公"经费开支情况审计程序表

(一)因公出国(境)经费审计程序表

根据《加强党政干部因公出国(境)经费管理暂行办法》规定,党政机关因公出国(境)活动,包括"访问、考察、培训、参加国际活动等",其费用主要包括:国际旅费、国外城市间交通费、住宿费、伙食费、公杂费和其他费

用。因公出国（境）经费审计程序如表2：

表2　因公出国（境）经费审计程序表

序号	审计环节	可能存在的问题	审计程序及关注点
1	预算管理	未按项目编制出国（境）预算	检查年度因公出国（境）项目的计划编制及审批情况，是否根据项目编制预算。
		超预算、无预算安排出访	检查是否超预算或无预算安排出访团组，出访任务完成后是否有决算、有出访报告；与往年相比，因公出国（境）经费是否缩减。
2	内部控制	未按照规定制订因公出国（境）经费的报销审批规定	检查单位的财务部门是否制定本单位因公出国（境）经费的报销审批具体规定，并公开发布执行。
		未按照规定办理因公出国（境）手续及管理使用护照	检查单位账列的因公出国（境）事项是否均通过规定的审批渠道履行报批手续，是否违规持因私护照出国执行公务；因公出国（境）证件是否在回国（境）7天内交发证机关指定的部门统一保管或注销。
3	经费开支	扩大出国经费范围，以虚假报销凭证套取出国经费	检查因公出国（境）事项的团组批件、护照（包括签证和出入境记录）复印件、行程安排表、任务邀请函、费用报销单、原始票据是否齐全有效；经费开支是否严格按照批准的出国团组人员、天数、路线、经费预算及开支标准核销；是否存在虚报团组级别、人数、国家数、天数，使用虚假发票，套取出国经费的现象。
		擅自更改行程、延长境外停留时间	比对批件、护照（包括签证和出入境记录）复印件、行程单及原始票据，检查是否按批准的内容、日程、线路出访，有无擅自更改行程路线、延长在国（境）外停留时间、变更日程安排、未经批准在国外城市间往来等现象。

续表

序号	审计环节	可能存在的问题	审计程序及关注点
3	经费开支	未按规定乘坐交通工具及住宿	检查旅费票据，是否选择国内航空公司航线，如选择国外航空公司，是否经本单位外事和财务部门审批同意；是否违规乘坐民航包机或私人、企业和外国航空公司包机；乘坐交通工具的舱座是否与出访人员的级别相符；检查住宿费标准是否与出访人员的级别相符。
		违规宴请及赠送礼品	检查宴请是否与出国计划一同报批、宴请金额是否在规定的标准内；对外赠送礼品是否事先报经本单位外事和财务部门审批同意；是否违规用公款与我国外交机构、其他中资机构、企业相互宴请、互赠礼品及纪念品。
		向下属单位摊派或转嫁出访费用	延伸检查各下属单位、相关企业、驻外机构账目，查阅是否将出访费用向其摊派或转嫁，关注是否将经费以拨出资金等形式下拨，再在拨出资金单位列支本单位出国（境）经费。
4	经费结算	经费支付不符合规定	检查出国经费的支付，是否按照国库集中支付制度和公务卡管理制度的规定执行，机票款是否违规以现金支付。
5	经费公示	未按规定进行公示	检查因公出国（境）经费预决算公示资料，是否在出访前公示出访团组的任务、人员、经费预算、行程等情况，回国后公开出访任务执行情况、出访具体费用等。

（二）公务用车经费审计程序表

根据《党政机关公务用车算决算管理办法》的定义，公务用车"是指党政机关用于履行公务的机动车辆"，公务用车经费包括公务用车购置费用与运行费用。随着公车改革的推进与深化，一般公务用车正逐步取消，普通公务出行走向社会化，租车费用与公务交通补贴成为公务用车经费审计的新关注点。公务用车经费审计程序如表3：

表3 公务用车经费审计程序表

序号	审计环节	可能存在的问题	审计程序及关注点
1	预算管理	未按规定编制公务用车预算	检查公务用车是否按照定编、定额标准编制预算，是否超标准、超范围编制预算。
		超预算、无预算开支经费	检查公务用车开支是否未经批准突破预算控制规模；与往年相比，公务用车经费是否缩减。
2	内部控制	违规配置公务用车	获取单位公务车辆编制标准，检查是否存在违反规定超编制、超标准配备公务用车，擅自扩大专车配备范围或变相配备专车的情况，关注科研单位是否违规配置车辆。
		公车用车制度不完善	检查是否依据最新文件精神制订完善公车购置、使用和管理的规定或实施细则，并公开发布执行。
		公务车辆未按规定定点保险、维修、加油	检查是否对公务用车的保险、维修、加油实行政府集中采购和定点保险、定点维修、定点加油，采购手续是否齐全，价格是否合理，是否签订合同协议。
		公车私用	突击检查公用用车的停放情况，是否实行回单位停放制度，节假日期间除特殊工作需要外是否封存停驶。
		将业务用车作为领导干部的固定用车	检查业务用车的出车情况，关注是否被作为领导干部的固定用车。
		违规使用其他单位车辆	现场检查、盘点单位车辆，数量、型号、质量、车牌是否与记录相符，是否存在借用、占用、换用下属单位和利益相关企业的车辆的情况。

续表

序号	审计环节	可能存在的问题	审计程序及关注点
3	经费开支	未按规定购置新车	检查当年新增车辆的购置是否经审批，审查是否采取政府采购、采购手续是否齐全、采购的车辆是否超出批准的排气量和资金范围、购车合同和票据是否真实、票据内容与车型是否一致。
		虚报维修事项套取资金	检查公车的维修是否经过授权审批，并附有定点单位有效发票、维修清单；比对车辆的使用年限、维修的次数、频率、金额，检查是否存在异常维修；必要时走访定点维修单位，调查车辆的维修记录、资金结算情况。
		虚报油费套取资金，公车私用	检查定点加油是否使用加油卡，副卡数是否与车辆数相符；核对单车的出车记录，发生的油料费与行驶的路线公里数是否相符；必要时走访定点加油站，调查加油卡的办理和单车加油情况，是否为其他车辆加油或办理加油卡。
		虚报过路过桥费、停车费套取资金	检查发生的过路过桥费、停车费票据，是否与出车线路相符，是否存在为私人车辆报销费用的情况。
		虚报租车费用套取资金	检查对外租用车辆是否经过授权审批，租车的结算标准是否合理，重点关注租车频繁、金额较大的事项；必要时走访租车公司，调查租车的费用和台次。
		转嫁公务用车费用	追查下属单位、相关企业账簿，是否向其转嫁本单位公务用车费用。
		违规发放公务交通补贴	对于已经进行公务用车改革的单位，检查其发放公务交通补贴是否符合规定，是否以车改补贴的名义变相发放福利。
		甩卖、贱卖公务用车	对于已经进行公务用车改革的单位，检查其取消的公务用车是否进行公开拍卖，拍卖的价格是否合理，是否甩卖、贱卖造成国有资产流失。
4	经费结算	经费支付不符合规定	检查是否存在大额现金支付的现象。
5	经费公示	未按规定进行公示	检查是否对公车用车时间、事由、地点、里程、油耗、费用等信息进行公示。

（三）公务接待经费审计程序表

公务接待包含国内公务接待与外宾接待。根据《党政机关国内公务接待管理规定》，国内公务接待是指对"出席会议、考察调研、执行任务、学习交流、检查指导、请示汇报工作等公务活动"的接待行为，其费用主要包括住宿费、工作餐、交通费等；根据《中央和国家机关外宾接待经费管理办法》，外宾接待是指"接待国外、境外来宾"，其费用主要包括"住宿费、日常伙食费、宴请费、交通费、赠礼等"。公务接待经费审计程序如表4：

表4 公务接待经费审计程序表

序号	审计环节	可能存在的问题	审计程序及关注点
1	预算管理	未按规定编制公务接待预算	检查是否将国内公务接待与外宾接待都纳入预算管理范围，预算编制是否规范合理。
		超预算、无预算开支经费	是否在预算范围内进行公务接待；是否超预算、无预算接待；外宾接待的计划编制是否控制在外宾接待费预算内；与往年相比，公务接待经费是否缩减。
2	内部控制	公务接待制度不完善	检查是否当结合本单位实际情况，制订完善公务接待（含外宾接待）审批控制制度，制定国内接待标准，并在单位内部予以公开。
		国内接待无公函	检查所有的国内接待是否附有派出单位的公函，是否列明内容、行程和人员。
		未经批准授权进行外宾接待	检查外宾来访批文，是否按照有关外事管理规定，执行计划审批，计划是否明确外宾团组中由我方招待的人数、天数，费用开支范围以及资金来源、列支渠道、预算等。
		公务接待报销手续不合规	检查公务接待的相关凭证，是否填写由相关负责人审批的接待清单，是否写明接待对象的单位、姓名、职务以及公务活动项目、时间、场所、费用等内容；所附发票、国内接待派出单位公函是否完整；是否违规接待同城单位。

续表

序号	审计环节	可能存在的问题	审计程序及关注点
3	经费开支	虚报接待事项套取经费	将国内接待公函、外宾来访批文与接待清单、发票相核对，检查接待事项的真实性，是否以虚假事项套取接待经费。
		超标准接待	检查国内及外宾接待住宿费、餐费、交通费、外宾赠礼是否严格根据相关规定标准开支；陪同人数及相关费用是否符合相关的标准。
		超范围列支经费	检查报销票据中是否显示购买香烟、高档酒水、高档菜肴、礼品、纪念品、土特产，是否有礼金开支，是否有旅游公司票据或旅游景点门票。
		在会议费、培训费中开支接待费	检查会议费、培训费开支，审批单、预决算表、通知、签到表、发票等附件是否真实、齐全，是否将超出预算的接待费在会议费、培训费中开支。必要时延伸至举办会议、培训的饭店，核查其管理信息系统以及相关食宿、会议室和相关设备租赁以及会议消费流水单，核实会议的实际支出情况。
		在食堂、招待所中隐匿接待费开支	追查食堂、招待所、接待中心等账目，检查是否存在将公务接待费用隐藏在其中直接开支，关注是否在收入中直接冲抵接待费开支，以往来款的形式将接待费用长期挂账。
		向下属单位摊派或转嫁接待费用	延伸检查各下属单位、二级机构账目，检查是否将接待费用向其转嫁。
4	经费结算	经费支付不符合规定	检查是否按照国库集中支付制度和公务卡管理有关规定支付接待费用，是否违规使用现金支付方式。
5	经费公示	未按规定进行内部公示	检查是否在一定范围内公开公务接待标准、经费支出、接待场所、接待项目等有关情况，接受监督。

四、加强"三公"经费管理的审计建议

（一）细化预算编制，严格预算执行

"预则立，不预则废"，预算是行政事业单位经费管理控制的源头，是首要环节，要建立预算执行全过程动态监控机制。一是在保证行政事业活动顺利开展的基础上，注重资金的节约，通过科学测算和细致分析，制定出合理的"三公"经费支出标准和预算定额，确保各项预算细化到具体部门、具体项目，使经费的支出做到有依可循，预防实际开支的盲目与随意。二是把好预算执行的审核关，严格依据预算及相关制度规定开支"三公"经费，防止预算和执行"两张皮"的现象，杜绝"三公"经费的体外循环，对项目预算进行归口管理，落实各相关部门"三公"经费的预算执行情况，做到责任到位。三是加强预算绩效管理，加大责任追究力度，对于违反"三公"经费规定的事项，责任追踪到位，把"三公"经费管理和使用情况，作为领导干部履职情况评价的重要依据。

（二）完善制度建设，加强内部控制

制度的完善是规范管理及可持续发展的基础，应依照中央及地方的相关规定，考虑各地区各行业的实际情况，制订各单位"三公"经费的管理规定。一是明确开支标准及范围，如国内公务接待的标准，应参照本地区物价水平、本行业的平均水平制定。二是规范经费开支的业务流程，依据业务环节，[7]查找关键风险点，针对风险制订控制措施。三是推行公务卡结算制度，制订本单位的强制结算目录，严格控制现金支出的规模及范围，使支出有迹可查，可以在很大程度上堵截"三公"经费的违规开支。四是建立政府采购与招投标制度，对大额资金进行重点控制。制度应充分公开并指导单位职工正确执行，保证对"三公"经费的全过程控制。

（三）推进经费公开，加强社会监督

公开是一种廉价而有效的监督机制，中央已要求县级以上政府公开"三公"经费，但还存在"三公"经费公开的口径不一、详略不同、缺乏可比较依据的问题，使得社会公众如"雾里看花"，无法了解"三公"经费的真实效益。"三公"经费的公开不仅要细化，如公开每辆公车运营费用、公款出国（境）的人次,并做出解释说明,还要做到准确,需要审计部门的介入,以使公开的数据具有可信度,才能发挥出监督的作用。

对"三公"经费的监督与控制是加强党风廉政建设的重要举措,是建设节约型、廉洁型机关的要求,对"三公"经费的审计,要做到风险入手,步步推进,要揭开迷雾、探寻真相。但是在审计的过程中,也应注意,在坚持依法审计的原则基础上,还要坚持坚持实事求是,站在发展的角度,对于发现的问题,"要认真研究分析,历史地、辩证地、客观地看待,慎重稳妥地反映和处理",确保对问题的揭示、处理和整改不能阻碍改革和发展。

参考文献

[1] 田冠军."三公经费"的控制与审计探讨 [J]. 审计研究, 2013 (4): 45-46.

[2] 张国军. 推进"三公"经费审计工作的几点思考 [J]. 审计与理财. 2013 (8): 20-21

[3] 唐文芳."三公经费"运行中存在的问题与对策 [J]. 审计月刊. 2014 (2): 47-48

[4] 尹平. 基于"三公"经费公开的会计、审计问题探究 [J]. 会计之友, 2012 (3): 66-67

[5] 柯敏, 石教胜. 三公经费审计应在"四个方面"作为 [J]. 审计月刊. 2013 (5): 19

[6] 王凤悟. 公务用车的审计内容及方法 [J]. 审计月刊, 2012 (6)

[7] 何文兵. 高校"三公"经费业务风险及其控制——基于《行政事业单位内部控制规范》视角. 财政监督, 2015 (1)

(作者为福建师范大学审计处干部、会计师、注册会计师,本文原载《吉林工商学院学报》2016年第6期)

"立破并举,扶正祛邪":中国共产党在作风建设中的实践起点

李劲松

2012年11月17日,习近平同志讲到:"落实党要管党、从严治党的任务比以往任何时候都更为繁重更为紧迫";[1]接着,他在十二届人大的二次会议上提到要"树立和发扬'三严三实'的作风,……不断取得作风建设新成效";[2]随后,他于2014年5月9日指导兰考县委常委班子"党的群众路线教育实践活动"专题民主生活会时指出:"作风建设……通过立破并举、扶正祛邪,努力以优良的党风政风带动全社会风气根本好转。"还强调:"作风建设……立什么,破什么,需要好好把握";[3]之后,他在北京召开的"党的群众路线教育实践活动"总结大会上更是强调各级各部门党委(党组)必须把抓好党建作为最大政绩。从方向到方针政策,再到行为方式和具体落实,习近平同志为当代的党建指出了从面到点的具体内容。

在党的建设中,作风建设是起点性的。对执政党而言,其工作作风及由此决定的工作成效就是能决定民心向背,国家兴衰与政权兴亡均与此息息相关。现在,为更好更快地完成"两个一百年"的目标指向,必须正视党和政府在建设国家和发展社会的过程中已经发生、正在进行以及极有可能产生的各种矛盾性问题,以良性的作用方式达到"四个全面"的真正发展。确实,"国家权力对于经济发展的反作用可以有三种,……政治权力会给经济发展带来巨大的损害,并造成人力和物力的大量浪费。"[4]于是,把握住"立与破""扶与祛",从加强和完善作风开始,不断改进党的建设,让权力运行进入良性的政治文明生态体系,对能否完善并加速伟大复兴的进程来说至关重要。

一、"立破并举，扶正祛邪"的精神实质

（一）"立与破"是完善政府治理体系的时代需要

1. "破"除国家建设与社会发展中影响公务人员养成优良作风的不良因素

"破"，不仅是要革除各种现有的思想弊端及工作岐误，更是深化改革直到普惠民生的内生需求。现在要"破"的切入点，就是党和政府公务人员工作作风中的不良内容以及由此决定的不良作用方式。

作风，就是在完成工作内容及相关需要过程中的工作步调与工作态度。现在特别突出的事实是：在"三严三实"引领下的"八项规定"开始贯彻执行之后，由原本"潜规则"的盛行到有的党员干部已开始"只在其位，不谋其政"，甚至有的部门单位以降低剥夺普通职工待遇的方式来曲解"八项规定"原本的正确指向。其实要"破"的，主要还是诸如形式主义、官僚主义、享乐主义、奢靡之风之类的不良风气及其已有的不利影响。所有诸如此类的风气自然就决定部分领导干部宗旨观念淡薄、为人民服务的自觉性不强、对"执政为民""群众利益无小事"的观念认识不到位等，就会导致各种不良社会现象的产生。如何破解"上有政策，下有对策"更是扭转现实的当务之急。1986年，小平同志就已强调指出："不改革政治体制，就不能保障经济体制改革的成果，不能使经济体制改革继续前进，就会阻碍生产力的发展，阻碍四个现代化的实现。"[5]作风，作为体制的附着衍生品及其效能的决定因素，就是体制生命力的重要内容。要"破"，就是必须破除种种歪风邪气存在的土壤，通过不断健全中的法规法纪、完整流畅的思想政治教育以及切实有效的民众监督，"破"去乱作为，"破"杀胡作为，在有了良好开端之后把作风建设引向深入，让党风政风清明廉洁实效起来。

2. "立"起社会治理中践行优良作风更好面对多元主体的应然管理模式

"立"，不仅要"立"起组织作风中适应当前形势去更好立足于为人民群众实现根本利益及维护其不断创新发展的新内容、新方法，更要"立"起践行这些制度性要求的评价落实方式，最大限度地促进和谐社会的生长因素。

目前，如何更好地树立政府的服务意识，帮助人民大众确立主体意识并不断顺利化解人民日益增长的物质文化需要同部分落后的社会制度及社会生产之

间的矛盾,是十八大关于基本国情以及未来走向的具体化,是当前和今后全部工作的基本出发点和重心所在,也是解决我国主要矛盾的正确路径。要"立",要在作风建设中再兴密切联系群众之风、求真务实之风、艰苦奋斗之风、批评与自我批评之风;要"立",就要完全做到习近平同志在十二届全国人大二次会议安徽代表团参加审议时提到的"三严三实"的重要论述。做到这"三严三实",做人做事做好官的要求就达到了。在做人要实的基础上严以律己,在严以修身的前提下实在谋事,在严以用权的条件中实在创业——正己正人,高大清明;克己奉公,事事公正;端正为官,廉洁高效。从做人之本、成事之要及为政之道提出发展过程中作风建设的基本要求,无论是对加强干部队伍建设还是深入推进党风廉政建设,都是具有重要指导意义的。这就是对党在不同时期确立的就像三大作风、三大纪律八项注意这些中国共产党人优良作风的传承和发展,就可以在全面从严治党的过程中营造出"山清水秀"的政治生态环境。这样打造好的服务型政府,就能更好地直接服务于地方经济发展而不是掌控,更好地应对各区域不同的发展状态,面对好多元主体。

(二)"扶与祛"有助于完善并加强"五位一体"的建设过程

1. 完全"祛"除"潜规则"的存在土壤

建国后,中国共产党的组织资源在国家与社会中成为系统性存在,党的组织体系已经建构了中国社会的基本框架。"潜规则"这一概念自多年前有学者提出后,似乎击中中国的国情神经,但实质上就是指向执政党。

当然,最重要原因在于:尽管都人人痛恨"潜规则",但真轮到自己,却又往往首先选择以"潜规则"行事,也就是在为利益选择投机取巧甚至不择手段。马克斯·韦伯说过,中国的特殊性关系凌驾于普遍性社会关系之上。也就是说,其应对的内容就是正在要破除的权力寻租或者某些就是为利给租的,其市场就是在今时今日的中国政府官员财产还没有完全正式公开的前提下,隐藏财富在这个经济全球化时代的便利。习近平同志在兰考县委常委班子专题民主生活会上说了:"让那些看起来无影无踪的潜规则在党内以及社会上失去土壤、失去通道、失去市场。"这番话,直指时弊,可谓振聋发聩、提神醒脑。于是,要祛除的内容其实非常清晰。这个时候,如何通过相关政策政令和适时宜的思想路线教育去扶持正气摇篮的孕育,如何通过群众路线的切实开展打造好祛除邪门歪道的群众性基础，确实是摆在党执政路线中的重要问题。因为只有这样，所有程序的运行才能真正廉洁高效，公民社会的顺利运行与综合国力的迅速增长才会有坚实的基础性平台。

2. 真正"扶"起"明规则"的成长基因

"五位一体"的建设过程中，公务人员的作风作为关系到国家政治经济的稳定发展和十三亿多中国人民的生活与保障的重要因子，是彰显制度优势的最重要内容。然而，之前的现实就是，"明规则"践履的状况确是硬伤。

在中国民众"公民意识"的塑造过程中，制度保证及其相应的规则意识应当作为其内涵的起点性内容。它不仅是完善法治秩序的客观要求，更是进一步提升政治文明和深化改革发展的前提条件，无论对于公职人员还是人民大众。但现在，"官二代""富二代"这样的词汇会流行，至少部分说明人民大众对创造价值这个平台的不认可或者就是觉得保障公平正义这个平台的缺失，也等于是在展示他们对"明规则"的期待。在"伟大复兴"这个民族的主体性愿望真正实现的过程中，必须强调体现的是合法并且爱国公民的自身利益及相关行为与国家的整体性、共同性及一致性，这样才能自觉的把外在的强制性规则内容转化为内在的自觉遵守性要求，这样才能在如此大国施政执政过程中更好面对在愿望、利益及行为方面的个别性、差异性与相对独立性的事实性存在，这同时也是社会和谐稳定发展的关键。对规则的认同和遵守，就是会养成诚信、节制、责任的伦理精神和民主、法治、正义的法理精神。社会发展得越快，规则的重要性就越突出，而这是完全可以通过公职人员的工作作风及作为去展示出来和带动起来的。

二、"立破并举，扶正祛邪"在作风建设中的实践逻辑

"破祛"目前作风中的不良成分，才可以"扶立"起持续科学发展的基石。"共产党……之所以成为先进部队，它之所以能够领导人民群众，正因为是人民群众全心全意的服务者，它反映人民群众的利益和意志，并且努力帮助人民群众组织起来，为自己的利益和意志而斗争。……确认党没有向人民群众实行恩赐、包办、强迫命令的权力，就是确认党没有在人民群众头上称王称霸的权力。"[6]小平同志的观点，结合习近平同志在兰考的讲话精神就是当下"为人民

服务"实践逻辑的起点性内容。经济建设过程中的"三严三实",能够做到像革命战争中"三大纪律八项注意"那样的效果,就一定能够为和谐社会的全面发展奠定最坚实的基础。"破"清"祛"净,就能"扶"明"立"正,就能让社会主义中国不断处于健康的良性运行中并始终保持永可持续科学发展的可能性存在。

(一) 从"破"到"立"的实践过程

"随着新的生产力的获得,人们便改变自己的生产方式,而随着生产方式的改变,他们便改变所有不过是这一特定生产方式必然关系的经济关系。"[7]对比改革开放前后三十年,生产生活方式、生产生活关系的变更确实已经带来社会生产力的巨大发展变化。必须注意到:无论党员干部还是人民群众的思维模式与行为方式也在不断改变着。

现阶段必须在作风建设中改进的基础性内容,就是通过"三严三实"的不断深入达到:对党风政风的继续完善,对党纪政纪的不断强化,对党员干部制度性约束的不断深化。这些都是加强改善党群政群关系、净化社会风气、提高经济发展水平的基石。"破",不仅是必须纠"四风"、去除"不作为"与"胡作为",更要让各部门各单位具体的工作实践内容中与人民群众利益直接相关的部分见实效,这样"八项规定"才能真正落实。"社会的物质生产力发展到一定阶段,便同它们一直在其中活动的现存生产关系或财产关系(这只是一生产关系的法律用语)发生矛盾。于是这些关系便由生产力的发展形式变成生产力的桎梏。那时社会革命的时代就到来了。随着经济基础的变更,全部庞大的上层建筑也或慢或快地发生变革。"[8]不提高并改善决定生产力发展状况的政治因素,必然导致其与现存生产关系的矛盾,这就是社会革命的原因。于是:

1. 从完善治理的过程来说,"裸官"不能在国有部门及单位的领导岗位任职(无论正副)

目前,无论是政界还是学术界对于"裸官"带来的廉政风险及其防范问题的系统研究尚不够深入。"裸官",事实性前提就是其最亲密人员的"移居"。随着世界一体化进程的加快及全球范围内经济、政治、文化等方面交流的深化,出境经商、求学、旅游等都是良性的内容,但若"移居"就存在利益转移这种确定性内容的现实性。"裸官",也是普通公民的一分子,我们不能因为其担任公职就剥夺其家人移居的合法权利，但其理性经济人属性使得其家庭与政府、人民之间利益不协调的问题确实存在，使其对于人民委托的不称职、对党和国家忠诚度的下降就有现实可能。再加上我国行政体制、机制及监控机制的不完善都加剧了这一可能性的提升。对此：首先，我们必须提高对公务人员监督的有效性，在不断提高反腐"社会资本"存量的同时不断加强廉政文化建设；其次，在健全相关法律法规的同时建立"裸官"的清退机制，通过制度化建设来提高体制内外监督管理的有效性。

2. 从他律到自律的角度来说，公职人员的财产状况都应当在相应纪委留底备查

从总体上看，"人民日益增长的物质文化需要同落后的社会生产之间的矛盾"这一提法反映的是生产与需要的矛盾，体现的是人与自然、社会的关系，但"需要"从来不会也不可能离开个人的财物状况及其现实需求。目前，对社会主义初级阶段主要矛盾的认识和把握，应当主要从人与社会、人与人的财务关系的角度来说。因为，主要矛盾的提法本身就已经内在包含这个关系。

众所周知，在八大后的一段时间内，毛泽东同志从非对抗性的基本矛盾推导出人民内部矛盾是我国社会的主要矛盾，应该说这个结论既合乎规律又合乎逻辑，也完全符合现在的实际情况。既然必须"破"除的最重要内容之一就是潜规则存在的土壤，而官员的财产状况及来源恰恰就是潜规则土壤存在的平台，意味着只有这个政策落实到位，才能让官员们逐步从"潜规则"中退出，才能避免曲线迂回腐败的可能性，才能真正接近宪法和党章，才会从实质上反映社会的演进。今天的中国，在国际关系和党内关系都有值得一说的进步，但最重要的进步应该是人民大众与执政者之间关系发生的变化。为人民服务的中国共产党能够从自己开始"执法必严""违法必究"，中国人民就会越来越有法治精神，越来越有独立性，越来越有怀疑和监督意识。这样，才能更好地确立人的主体性和责任意识，才能有效通过权威配置资源的方式来保障社会多元主体有效实现其自身利益发展。要得到人民群众的完全拥护，就要确确实实向法治方向迈进，这个措施是必需的起点内容之一。当然，这个过程同时需要对各级别党员干部的相应思想教育、待遇保障及自由度保证。

3. 从政党永葆其生命力的必要性来说，要不断推进"先进性""纯洁性"

的作风教育（不停不懈）

　　保证一个政党的先进性、纯洁性是他永葆活力、不断取得成功发展的最重要因素。"延安整风"，使全党确立了实事求是的辩证唯物主义思想路线，使党员干部在思想上大大提高并达到了空前的团结统一，为更好更快地取得建立中华人民共和国的伟大胜利奠定了坚实的基础，完全展示了理论教育的重要性。习近平同志也强调过："党面临的形势越复杂、肩负的任务越艰巨，就越要加强纪律建设，越要维护党的团结统一，确保全党统一意志、统一行动、步调一致向前进。"[9]一个信仰坚定、纪律严明、作风过硬、清正廉洁的政党，永远都能够立于不败之地，这既是90多年深刻的历史总结，也是始终保持先进性、纯洁性的根本要求，就是教育好党员干部的目的和意义所在。所以，把"延安整风"中的"惩前毖后，治病救人"在现实中实践下去是非常迫切的：

　　首先，"惩前毖后"，要正确对待自我批评、自我纠错的党员干部。

　　在中纪委从严惩贪反腐有效进行的前提下，现在必须考虑如何处理好自我交代并且纠错的、既成贪腐事实的同志和群体，相关条例条文的制定问题必须提上议事日程。在现形势下，几个建议：首先，真正的巨贪大腐，在确实还没有完全发动信息化社会中人民群众集体力量的前提下，还是不能确保一网打尽的。要在发动人民力量上下功夫，该重奖的还是要的。只是为了防止诬陷，必须赏罚分明。这样的"惩前"才可能是有效的；其次，没有被查到，但是主动上交全部贪腐所得的、交代事情经过结果并确定解决措施的不做法律上的处罚，要在原岗位或者降职接受组织监察三年以上。工作尽职尽责、成绩优异，群众反映良好，没有再犯类似错误，撤销监察、回复原状。日后再犯，数罪并罚；第三，公务员、国有企事业单位员工待遇问题要根据现实社会的经济状况予以充分保障。应该根据各部门工作性质及劳动强度更加明晰地确定工资标准，让阳光工资真正阳光化。这样，才可以更好地达到习近平同志说的"有腐必反，有贪必肃"，才能够"把权力关进笼子里"；[10]这样，才可以使执政党在清正廉明的前提下有了保障自己的生机与活力的出发点。

　　其次，"治病救人"，要更好落实党员干部的公仆意识教育。

　　公仆意识指的应该是：在政府各部门单位人员，无论级别高低，在明确一切权力属于人民的前提下，以全心全意为人民服务为宗旨，始终把人民利益放在心上的意愿。现在,确实有些公务人员缺乏服务意识,工作态度消极甚至得过且过;有些对人民群众不是服务而是管制,就是强势的做派;更为严重的就是把权力当作私人物品甚至商品化,大搞权力寻租,以至于丢失奉献精神而去沉迷享乐、奉行极端个人主义等等。这些都是公仆意识淡薄和缺失的表现。面对现状:首先,必须消灭"特权"意识,完全祛除权力的特殊性,要让政府部门在公众监督之下进行工作,这才是群众路线教育实践的核心价值目标所在;其次,减轻人民负担、为民生服务要成为政府部门的硬性考核指标,这样的公仆意识才有内生动力;第三,必须在继续完善好"人民代表大会"这一政治制度的前提下把它落到更实处,譬如选举人大代表的客观真实性。当然,增强公务人员的公仆意识,绝不仅仅只是靠民主法制的制度建设做保障,思想政治教育要马上而且随时进行。毕竟,公仆意识是现代民主政治必要的权力意识和政治伦理意识。增强公务人员的公仆意识,充分发挥人民的主人翁精神是保障政治清廉和实现社会主义民主政治的意识前提,是公务人员思想道德教育的根本内容之一。

总之,"破"得清楚干净,方能"立"得整洁明白。这一系列规则内化的动作,是社会改革新的核心内容——"破"除"官本位"思维的惯性,"破"去"潜规则"存在的土壤,"破"杀已有的不正之风,才能"立"起清正廉明的务实之风,"立"住科学发展的实干之气,"立"好"为人民服务"的建党之本。

(二)从"扶"到"祛"的实行过程

改革本身就是一场深刻的革命。习近平同志的"扶正祛邪",就是在"立破并举"之后进行好现在这场革命的使力方式。"扶",就是在民主与法治并行发展的中华人民共和国,切实普及落实社会主义核心价值体系的有效手段。只有坚持马克思主义指导思想,才能切实整合好广大人民根本利益与塑造符合当代社会进步潮流的价值观念。在尊重差异中扩大社会认同,在包容多样中形成思想共识,团结不同社会阶层、不同价值取向的人们共同奋斗,这样才能不断完成共同理想,建设好以爱国主义为核心的民族精神和以改革创新为核心的时代精神,让所有的中国人民共同"摆脱贫困",走向富强、民主、文明、和谐的明天。因此,"扶"的主要内容应该是:

1. "扶"起"干在实处，走在前列"的优秀党员干部

习近平同志的"干在实处，走在前列"，就是中华民族与时俱进的人才标准，就如他强调过的"政治坚定、实绩突出、作风过硬、群众公认"的干部选拔标准。但是，制度建设容易，贯彻执行却是非常困难的。要想在科学化与民主化的前提下'扶'起一大批利国利民的优秀党员干部，当务之急是测评考核方式方法的改革改良。目前，就是要把改善加强党的领导和充分发扬人民群众的民主意识结合起来，发挥好党组织在干部选拔任用工作中的把关作用与人民群众的监督功能并行的状态。从考核的内容来说，短期政绩效应的显性内容，譬如暂时的经济发展、面上的形象工程等等，反而应该是次要的。主要内容应当是民生的改善程度、生态文明的推行效益、基本公共服务的落实效果等等服从长远发展的战略内容；从考核的程序来说，要有能够取得人民群众公信力和说服力的透明度，而且这个过程的责任追究制度一定要非常完善，才可以体现中国共产党选人用人的权威性与公正性。这样，关系、资历、年龄等等都不再是平台，靠的是能力与实干。

2. "扶"起党员干部中的"道德典范"，发挥道德示范作用

习近平同志说过："各级党委及组织部门要坚持党管干部原则，坚持正确用人导向，坚持德才兼备、以德为先，努力做到选贤任能、用当其时，知人善任、人尽其才，把好干部及时发现出来、合理使用起来。"[11]也就是说，各级别、各部门党员干部以及普通群众的道德操守是让制度力持续有效的最重要根源之一。这是实事求是的。

实事求是，就是要确定如何更好地、科学地把握人类进步、社会发展、天下和合的客观规律。在2013年初的十八届中纪委一次全会上，习近平同志就明确提出了"老虎苍蝇一起打"的新理念，反腐新序幕从此揭开，力度空前的"反腐风暴"横扫全国。"打虎拍蝇"，剜除毒瘤，全党作风加速转变，良好的政治生态正在形成。现在要同时跟进的应该"爱国、敬业、诚信、友善"这个公民的基本道德规范。这是从个人行为层面对社会主义核心价值观基本理念的凝练。它覆盖社会道德生活的各个领域，是公民必须恪守的基本道德准则，也是评价公民道德行为选择的基本价值标准。这样，才能让广大党员干部更好地去学习和实践，才能更好地去察民情、听民声、知民意、解民忧、暖民心，才

能够赢得群众的信任和拥戴,才能更准确地把握时代脉搏、拓宽视野胸襟,回答好"为了谁、依靠谁、我是谁"的问题。

3. 在"扶"起网络虚拟空间中"正能量"的同时,传递好中国文化之精神价值

时下,随着互联网的飞速发展,网络舆情就是无所不在,与广大民众的日常生活息息相连。微博微信等各种各样电子网络的信息介质几乎就是无所不能涉及。尽管它们的作用效果在很大层面上是隐性的,但是不管是对政府管理、商业运作还是普通生活方式在正负两方面的作用和影响都是非常深远的。正确面对网络舆情这样强大的信息平台,不仅事关党执政善政,也与调节好人民大众的各种不同情绪、态度和意见息息相关。所以,各种思想在媒质中的传递、疏通、引导以及把控至关重要。在这方面,西方是不遗余力的。美前总统尼克松在1988年写道:"当有一天,中国的年轻人已经不再相信他们老祖宗的教导和他们的传统文化,我们美国人就不战而胜了。"[12]事实上,西方在思想攻击方面的成功是前苏联解体的最重要原因之一,我们必须引以为鉴。

现在,党所倡导的正确思想要能够引领社会并形成理性思维,需要解决这两方面的问题:首先,实事求是就是必须实话实说。让民众确定现实中的某些痛点,知道党正在如何改进。这次反腐风暴中的信息传递就是深得民心、打造好对中国共产党信任的必要步骤。各种冲突或矛盾都不仅仅是单纯的解决和处理,应对好网络中的谣言流言也是在追求"善治"的过程不可或缺的内容。最好从各省市大学中抽调并组建精英写手团队,根据网络中的现实状况更好地开展的思想政治教育;其次,要通过网络更好地传递中国文化之精神价值,正确引导并且凝聚民心。网络媒质的"开放性""突发性""随意性""虚拟性"和"匿名性"等特点,再加上其便捷、快速的现实表征,已决定了监管和疏导的应对过程不应该治标不治本。要治本,必须先立本。中国人的本,就是中国文化之精神价值。"中国古代之文化,乃直接出自中国古代人之实际的劳动经验、政治生活中,……乃源于儒家之自觉的肯定全幅人生活动之价值,而教人之贯注其精神与当下与我感通之一切自然、人生事物。……唯是使此平凡之日常生活,与吾人未来之生活,未来更高的精神文化之生活,相配合和谐。"[13]当代中国文化的走向更应如此清晰。现在,在意识形态的主流,特别是在各种网络媒质的

主流中，要夯筑、夯实、夯好的就是中华民族的伟大复兴这一主脉络，确实让民众感受存在于这个过程中的自我价值要是怎么样才能真正地"高大上"。当然，有效应对网络的最关键实践基础部门还是教育系统。两个问题：第一，大中小学的教育内容如何与时俱进地落到实处并确实不断更新；第二，大中小学的教师们如何不断提高教学科研的相关素质，确实不被金钱利益等干扰、影响，把知识教育与礼义廉耻的教导以同等重要的方式对待。毕竟，"四维不张，国乃灭亡"已表明文化道德教育在很大程度上是政策、制度贯彻执行的有效起点。这样，就能够让青少年确实学会面对各种现实存在，特别是网络这个虚拟空间。

"立破并举，扶正祛邪"，不仅是党建的起点性内容之一，也是让这个党始终永葆生命力并不断在创新中发展的过程性要素。这样，由其引领的社会发展就能长期处于良性的政治经济生态系统，不断地在和谐中进步。

参考文献

［1］［2］［9］［10］［11］《习近平谈治国理政》［M］，外文出版社2014年版，第15页，第381页，第385－389页，第70－90页，第411－422页．

［3］习近平兰考讲话，新华社郑州5月9日电，共产党员网党建，www.12371.cn.

［4］《马克思恩格斯选集》第4卷［M］．北京：人民出版社，1995：701.

［5］《邓小平文选》第3卷［M］．北京：人民出版社，1993：176.

［6］《邓小平文选》第1卷［M］．北京：人民出版社，1994：218.

［7］《马克思恩格斯选集》第4卷［M］．北京：人民出版社，1995：322.

［8］《马克思恩格斯选集》第2卷［M］．北京：人民出版社，1995：82.

［12］（美）尼克松（Nixon，R.）著；杨鲁军等译，《1999不战而胜》［M］．三联书店上海分店，1989：322.

［13］唐君毅，《中国文化之精神价值》［M］．广西师范大学出版社，2005：180、181.

（作者为福建师范大学马克思主义学院讲师，本文原载《赤子〈上中旬〉2016年第1期》）

全面从严治党背景下加强领导干部
道德自律的对策研究

林 媛

党的十八大以来，面对反腐斗争的严峻形势，全面从严治党成为新常态下正本清源的有力方式。从严治党，关键是从严治吏；党要管党，首先是管好干部，坚持思想建党和制度治党相结合。领导干部是一个特殊的群体，既有作为经济人的一般价值取向，也有作为行政人员的特殊价值取向。[1]我国目前仍处于社会主义市场经济建设阶段，体制的变革和规制的更迭都在一个很长的时期内留下了非规范性的"空洞"，公共行政领域极易出现贪污腐败等行政伦理失范的问题。领导干部道德自律既是从严治党的内在部分，也是贯彻落实全面从严治党的前提。

一、全面从严治党与领导干部道德自律的关系

党的十八大以来，中共中央印发了《中国共产党廉洁自律准则》和《中国共产党纪律处分条例》，为全面从严治党吹响新的号角。全面从严治党必然以高标准、严要求来监督和规范领导干部的行为，强调他律，重在立规，属于组织行为；道德自律围绕着正确对待和处理"公与私""廉与腐""俭与奢""苦与乐"的关系，对领导干部的个人修养和行为提出要求更高的"四条规范"，属于个体行为。只有组织行为与个体行为相结合，自律与他律共作用，才能发挥出最大效力。[2]

一方面，全面从严治党是道德自律的保证。全面从严治党严明党的纪律戒尺，通过纪律和法规守住"底线"，管好干部，严厉惩治腐败，让领导干部自觉

接受监督，规范自身行为。如果治党不严，腐败分子得不到惩治，那么要求道德自律只是纸上谈兵。另一方面，领导干部的道德自律既包含于全面从严治党的内涵中，也是夯实全面从严治党的基础。没有自律观的领导干部不会严格按党的制度和规定办事，不会自觉接受监督，令全面从严治党寸步难行。只有抓好领导干部的道德自律，才能顺利推进全面从严治党。因此，全面从严治党与领导干部道德自律相辅相成，缺一不可。

二、领导干部道德自律缺失的原因

当前党内出现的问题大部分是因为领导干部道德"滑坡"导致的权力异化和腐败，这不仅破坏了党的形象，更影响了党群关系。领导干部道德自律缺失的原因复杂多样，有根深蒂固的传统因素、个人修为因素，也有监管机制体制的漏洞等现实因素。

（一）传统因素

1. "官本位"思想作祟

官本位思想是我国传统文化中的糟粕，但其影响早已深入部分领导干部的思想观念中，是当代中国领导干部自律缺失的思想根源。其带来的不利影响首先是领导干部当官不为民，只把自己当做经济人而抛弃了公共行政人员的角色定位，以个人利益为先而忽视公共利益，不为人民谋福利只为自己办事。其次，官本位思想使部分领导干部认为自己的社会地位高于人民，热衷于虚名，公仆意识全无，官僚作风横行，完全背离了"全心全意为人民服务"的宗旨。[3]再则，部分领导干部将当官视为取财之道，"升官发财"的观念影响着他们的思维模式，认为从政就是敛财的捷径和手段，滥用职权、以权谋私、权钱交易等现象屡禁不止。这种思想上的错误观念最终导致领导干部的道德失范。

2. 关系文化根深蒂固

关系文化即"人伦文化"，是反映人与人之间社会关系的文化。中国人对人伦的重视最先反映在宗族模式，宗族关系是主要的社会关系，宗法精神是维系社会的纽带。[4]中国社会中普遍存在以"自己人"为标准而结成的非正式组织，并以地缘、业缘、亲缘等形成"圈子"，对"圈内人""圈外人"的态度表现出截然不同的状态。以"圈子"为特征的关系文化在公共行政领域也普遍而广泛，领导干部也处于不同的"圈子"内，内部成员按照约定俗成的规则和利益进行互通与分配，极易滋生腐败行为，表现为纵容圈内人谋取私利、庇护违法违纪活动等。关系文化同样是我国领导干部道德自律弱化的根源，这种基于利益建立起的社会网络对公共行政领域的消极影响不可低估，不仅在社会上形成不良风气，还会导致领导干部对"圈子"的忠诚度超过对公共利益的忠诚。

（二）个人修为因素

部分领导干部缺乏对公共行政领域的道德认知，没有树立正确的信仰或对公共利益、人民利益的信念不足。他们的价值观发生了偏离和扭曲，对权力认知错位，热衷于功名利禄，导致对自身公仆角色定位不清晰，在处理公共事务时往往难以对善恶进行分析、判断并采取正确的领导行为。有腐败行为或倾向的领导干部受到补偿心理、从众心理等不良情绪的影响，加速了权力的滥用，最终造成行政伦理失范。[5]

其次，社会发展速度加快，各种新思想、新思潮的传入冲击着领导干部陈旧的道德体系。由于忽视对主观世界的有效改造，弱化对理论知识的学习，领导干部的道德意志能力日渐薄弱，而功利主义、外来腐朽文化等负面思想会渗透和影响领导干部的行为，使其在面对多元价值观和各种利益、角色的冲突时难以做出正确的决策，面对物欲喧嚣、声色犬马的诱惑时难以抵制，在腐败乱象丛生中难以明辨是非，最终做出舍公利私的道德失范行为。

（三）现实因素

1. 缺乏有效的制约机制和社会监督

对领导干部缺乏有效的制约机制和社会监督是导致其道德自律弱化的外在重要因素之一。自改革开放以来，我国的民主法制建设取得了较大的进步，社会对权力的监督和制约机制也逐步建立。然而，由于我国社会经济发展速度过快，新旧体制的交替转化发生了许多摩擦，也出现了许多权力设定和运行上的空隙，带来制度真空和无序状态。虽然我国制定了诸多对领导干部的制约机制，但其力度远远不够。不愿管、不敢管的"选择性"监督使监管流于形式，即使督查后发现问题也草草了事，甚至不处理，导致一些腐败和行政伦理失范不能得到及时的遏制和惩处。而且，相应的法律法规并不完善，没有树立起权威性和预防性，也没有起到震慑作用；行政监督机构的法律程序不完善，导致监督过程无从下手，这些都会弱化领导干部的道德自律。

其次，当前监督的主体都在党政系统内部，群众监督、舆论监督等异体监督的积极性尚未调动起来。毛泽东说过"只有让人民来监督政府，政府才不敢松懈。只有人人起来负责，才不会人亡政息。"群众监督和舆论监督具有客观性、公正性，能避免人情干扰，缺少外部监督可能导致监督主体与客体"官官相护"，令相关监督制度形同虚设。就目前而言，群众监督和舆论监督形式单一，缺乏有效的载体，还没有形成一个比较完善的渠道或平台，群众监督意见的表达反映受到影响，监督效果不理想。

2. 社会转型期市场经济的负面影响

首先，就市场经济自身来说，其倡导的金钱观和对个人利益的追求已经渗入人们的生活方式和价值取向。市场经济的逐利性影响着人们的价值追求，新的金钱观与传统道德的冲撞导致道德评价标准模糊不清，社会上日渐出现"物质主义""拜金主义"等腐朽思想，表现为贪图享乐、个人主义和强调功名利禄等不良现象。由于领导干部在私人领域也是"经济人"，因此会出现权力观的扭曲，经不住金钱和利益的诱惑，走向违法犯罪的道路。

其次，当前中国正处于社会转型期、改革攻坚期，在社会主义市场经济建立和完善的过程中，两种经济体制转变交替，市场交易行为和行政行为运行混杂不清。尽管已经强调市场在资源配置中的决定性作用，然而政府手中仍然掌握着关系国计民生的重要生产资料的配置权，能够产生巨额租金。[6]领导干部不论职务高低都掌握着公共资源和公共权力，"行政出租收益率"对领导干部的诱惑往往使领导干部的道德自律变得极其脆弱，加之市场经济条件下利益主体多元化，不同主体之间或采取不正当竞争，领导干部就成为行贿的目标和受贿的主体，从而产生腐败。

三、加强领导干部道德自律的对策

（一）道德自律要摒弃腐朽的传统文化

1. 明确公仆角色定位

领导干部首先要在道德上进行自我确认，在公共领域里，他们必须挣脱"官本位"思想的影响，明确自己的公仆定位。这种道德自律的认知体现在三个方面：手中的权力来自于人民；掌握权力是为人民谋福利；在行使权力时，即使没有外界的制约，也能恪守职业道德。领导干部的行动目的是为了公共利益的实现，具体体现在以天下为己任，不应只关心自己的利益，计较个人的得失；[7]应全心全意为人民服务，使施政理念符合人民群众的需求和期望，使自身的价值取向与公共事业的价值取向相一致。领导干部将公共利益作为精神信仰和追求是道德自律的基础。

2. 坚持"为政以德"理念

"为政以德"是中华民族理政的一贯理念，我国自古就重视官员的道德自律，加强官员道德修养是中华民族的优良传统。因此，加强领导干部道德自律要摒弃"官本位"、人伦情理等落后腐朽的传统文化，强调以儒家精神和道家精神为主的中华民族优秀传统道德。例如老子的"道"告诉我们应敬畏天地，注重自身修行，学习天道以增进德行、树立功业。这就为广大领导干部做到"严于修身、严以用权、严以律己"提供了思想渊源，也为建设清廉干部和政府提供导向。再如"以德为先"的官员选拔标准，主张用人应选贤能者、德才兼备者，为政者必须有良好的德行。这些优秀的传统文化是古已有之的为政之道，至今仍有积极的现实意义，为当代领导干部提供了为官的榜样与准则。

（二）提高领导干部的个人修养

1. 在自省和慎独中加强自律

自省就是要通过自我剖析、自我检查、自我批评的方式更正自身错误并加以克制。要提高自身的官德修养，必须要做好"吾日三省吾身"，在工作实践中自觉明辨是与非、善与恶、正与邪，自觉自主地以非功利性的道德标准和行为规范来检查自身作为领导干部的言行举止。通过发挥主动精神能及时发现自身错误和缺陷，有利于锻炼和改造道德品质和道德意识，是提升思想道德境界的一种促进因素。

慎独是指一个人在独立工作或独处，无人监督，有做坏事的环境、条件和可能的时候，能自觉地严格要求自己，遵守道德原则和规范，而不做不道德的事情。[8]慎独是保证领导干部自律和加强党性修养的途径，要求领导干部在任何场合都必须谨记公共行政人员的身份，严格按照党的规章和制度办事，遵纪守法，洁身自好，把握恰当的言行举止，避免公共权力的异化和公共领域的混乱。

2. 在理论学习中提升个人修为

领导干部要提高个人修养必须通过不断学习马克思主义理论知识，坚定对共产主义的信念，培养自身的理论素质和政治素养。要通过批评与自我批评发现不足，将科学的思想理论作为学习实践的基本纲领和行动指南，通过道德实践检验自身的道德修为，以此来树立正确的权力观、地位观、利益观。[9]同时，领导干部学习理论知识必须与时俱进，讲求创新思想和方法，不断提升和强化理论创新能力，注重分析新时期公共行政领域的新特点和新规律，不断提高在新形势、新任务和新挑战下认识事物的水平。只有不断学习科学的理论知识，才能充实和完善领导干部的个人修为。

（三）从严治党是加强领导干部道德自律的保障

1. 严肃党纪党规

从严治党要有法可依，树立起党纪党规的严肃性。随着社会发展，党内法规开始过时老化，不能适应新形势新变化。有纪律有规矩才有利于真管真治，当前党内领导干部道德自律缺失的一大原因是党纪党规这把"管党治党的尺子"不够硬。[10]完善党纪党规要做到无漏洞和整体化，强调把"纪律挺在前面"，不仅要着力查处严重违纪违法分子，更要严管全体领导干部，以党纪为底线来规范和约束领导干部的行为；要防范于未然，重视对领导干部日常违纪行为的监督，抓早抓小，动真碰硬，使党纪党规成为碰不得的高压线。

2. 完善内部监督机制

监督机制的健全和完善就是要把权利放进笼子里，为治理领导干部道德自律的缺失提供机制保障。首先，要保证组织内部监督的独立性。监督者之间互不牵制，保持隶属关系和经济上的独立，使监督主体能够有权力、有胆量放开手脚开展监督，使监督工作顺利、彻底地进行，对领导干部真正起到强大的震慑作用。其次，要确保事前监督的执行，不能流于形式；事中监督要到位，不能选择性监督；事后监督要跟进，不能草草了事。

3. 保证外部监督渠道和平台

必须充分发挥群众和新闻媒体在监督方面的积极作用，既要通过立法为舆论媒体报道的客观真实、有监督价值的新闻提供法律依据与保护，又要引导媒体以实事求是的态度进行监督；既要还权于民，使群众监督常态化、公开化，并奖励和保护举报者，又要引导人民合法合理的使用权力，更好的发挥主人翁作用。要尽快从"同体监督"走向"异体监督"，把内部监督和外部监督、自下而上和自上而下的监督结合起来，形成监督的网络和合力，做到各方监督都尽职尽责，保证监督到位。

4. 加强对道德自律缺失的惩戒力度

如果领导干部的道德失范行为没有得到及时、应有的惩罚，不仅违法违纪分子逍遥法外，更会打击自律清廉的领导干部，是对道德的践踏。全面从严治党的"严"要求加强惩戒力度，"治"就必须借助制度和法律的力量。一方面，建立领导干部道德奖惩机制，量化领导干部的道德，对道德自律缺失者不留情面，必须公示、惩处，甚至及时清理出党的领导干部队伍。另一方面，道德法律化就是通过立法的形式明确规定惩处程序，用法律保障惩处执行的力度，令惩处在实践中不走样变形，令惩处有国家强制力的保护，能够做到有案必查、一查到底、绝不姑息、严惩不贷。[11]

四、结论

从严治党关键是从严治吏，领导干部的道德自律是从严治党的前提条件。加强领导干部道德自律一要摒弃传统的腐朽文化，树立为民服务的信仰；二要不断加强领导干部自身的道德修为，不断提升自我；三要完善制度机制建设，确保监督到位。我们强调道德自律也重视从严治党，治党不严，惩治不严，那么做好自律工作只是纸上谈兵。因此，当前在全面从严治党背景下加强领导干部道德自律，提高领导干部的修为和行政伦理水平，建立完善的监督制约体系是时代的需要。

参考文献

[1] 张康之. 寻找公共行政的伦理视角 [M]. 北京：中国人民大学出版社，2012.

[2] 沙成祥，王彦龙. 从严治党与廉洁自律 [J]. 决策探索，2000，09：39.

[3] 朱庆跃. 中国共产党反腐败政治体系构建的历史实践研究 [D]. 上海

社会科学院,2012.

[4] 吴祖鲲,王慧姝.文化视域下宗族社会功能的反思[J].中国人民大学学报,2014,03:132-139.

[5] 张震,王立东,赵焕生.腐败官员官德失范分析[J].统计与管理,2015,03:129-130.

[6] 中国人民大学政治经济学研究中心课题组.中国政治经济学年度发展报告(2014)[J].政治经济学评论,2015,02:3-44.

[7] 黄琛.改革开放进程中领导干部职业道德的冲撞与重建[J].中共贵州省委党校学报,2008,05:58-60.

[8] 赵淼.慎独视野下的领导干部官德建设[J].理论导刊,2014,07:27-30.

[9] 薛建明.当代中国共产党人的道德建设思想研究[D].河北大学,2013.

[10] 邵佳.全面从严治党的探析——以国家治理现代化为视角[J].福州党校学报,2015,04:21-26.

[11] 刘彦芬.新时期中国官德建设研究[D].中共中央党校,2013.

(作者为福建师范大学地理科学学院辅导员,本文原载《西安建筑科技大学学报(社会科学版)》2016年第3期)

党的十八大以来反腐倡廉机制创新探究

张　多

当前，中国的改革已经进入深水区，它必然触及一些既得利益集团的实际利益，能否在腐败现象的高发期遏制腐败的蔓延，不仅关系到反腐败斗争本身，而且关系到我们能不能重构改革的共识，继续推进全面深化改革战略布局。党的十八以来，以习近平为总书记的党中央高度重视反腐倡廉建设，积极结合中国国情，融入时代特征，积极创新，形成了一系列富有创新精神的反腐倡廉机制。

一、创新纪检监察领导体制与工作机制

1. 强化上级纪委对下级纪委的领导

党的十八届三中全会提出："推动党的纪律检查工作双重领导体制具体化、程序化、制度化，强化上级纪委对下级纪委的领导。"[1]特别是三中全会明确作出"两个为主"的具体规定，是1982年以来对纪检监察领导体制和工作机制的重大突破。

第一个为主，即"查办腐败案件以上级纪委领导为主，线索处置和案件查办在向同级党委报告的同时必须向上级纪委报告。"一般来说，在实际工作程序中，不少地方纪委、派驻机构纪检组一旦发现本地区本部门重大案件线索或者查办重大腐败案件，都必须向同级党委主要领导报告，在得到同意后才能进行初核或查处。这样就给压案不报和瞒案不查提供了可能和机会，有的腐败分子就利用这种不成文的习惯做法逃脱了惩罚。反之，案件线索的处置和案件查办必须同时向上级纪委报告，那么就能够对同级党委主要领导形成制约，这样就

从体制上解决了压案不报和瞒案不查的问题。同时这样做既强化了上级纪委的知情权和监督权，保证各级纪委监督权的相对独立性和权威性，又没有改变同级纪委对反腐败工作领导的主体责任。

第二个为主，即"各级纪委书记、副书记的提名和考察以上级纪委会同组织部门为主"。在过去的干部人事任命中，纪委干部的选拔考核任用都制约于本地区本部门干部的选票，作为监督违纪问责机关的负责同志，往往因为查办违纪违法案件、加强监督管理等原因得罪人。在实际考察工作中，也的确存在纪委书记得票在班子中偏低的现象。有人说，这叫"耗子给猫投票"。落实这个"为主"，有力强化同上级纪委的沟通和联系，有利于他们消除顾虑、更加负责任地发挥职能作用。并且干部的任免工作还是按照原来的程序进行，同样坚持了党管干部的原则性要求。

2. 按照体制机制改革要求，转职能、转方式、转作风

在转职能方面，中央纪委监察部和各级纪检监察机关要进一步将主要精力集中到党风廉政建设和反腐败工作上，认真履行好党的纪律检查和政府行政监察两项职能。长期以来，纪委工作覆盖面不断扩大，工作任务不断增加，有些工作逾越了纪检监察机关边界，主业被湮没在众多具体行政执法工作之中，使得"有的干部在纪委当常委、委员，认为只是挂个名、弄待遇"，从而在实际上削弱了其应有的地位与作用。十八大以来纪检监察机关在内设机构设置方面进一步探索改革，避免出现既当"裁判员"又当"运动员"，职能"越位""错位"等现象，集中精力做好自己的主业。

在转方式方面，各级纪委监察机关应积极推动工作理念、制度、方法创新。这些创新举措都要在实践中进一步坚持和完善，重点在抓好党纪法律衔接和反腐败职能部门协调工作机制，建立健全突出问题早发现、早处置机制，建立健全改进作风建设长效机制等方面下功夫，不断提高工作水平。

在转作风方面，打铁还得自身硬，各级纪委监察部在改进作风过程中，坚持正人先正己，以实际行动带头落实中央八项规定精神。2014年中纪委继续深化作风建设，清理31个省区市和新疆生产建设兵团纪委参与的议事协调机构。清理前，省区市一级共参与4619个议事协调机构，平均每个纪委参与144个，其中个别省多达250个。议事协调机构多、各类领导小组多，既造成职责不清、

职能发散、主业荒疏，又造成文山会海、滋生"四风"。清理后，省级纪委参与的议事协调机构减至460个，平均14个，精简比例达90%以上。[2]

二、创新官员管理与监督机制

1. 深化简政放权，减少权力寻租

从英国历史学家阿克顿的名言"权力导致腐败，绝对权力导致绝对腐败"，到法国思想家孟德斯鸠的忠告"一切有权力的人都容易滥用权力，这是万古不易的一条经验"。再到亨廷顿一针见血地指出："腐败的基本形式就是政治权力与经济财富的交换。"这种交换得以形成的纽带就是寻租活动。寻租活动实质就是权钱交易。[3] 由此可见，只有让权力在阳光下运行，把权力关进制度的笼子里才能从源头上防治腐败。

纵深推进简政放权，建设法治政府，是十八届三中、四中全会做出的重要部署。从2014年初至2014年8月，国务院23次常务会议18次提到"简政放权"。从中央到地方落实这一政策可以体现在以下三个实践活动方面的创新。一是持续清减下放核心权力。2014年2~10月，国务院分4批取消下放261项行政审批事项，通过修订政府核准的投资项目目录，强化事中事后监管，做到能取消的不下放，避免遗留尾巴。国务院颁布《关于清理国务院部门非行政许可审批事项的通知》，要求最终将"非行政许可审批"的事项这一类审批取消。至此，中央层面的工作量约减少76%。[4] 二是各级政府及其工作部门逐步"晒"出权力清单。2014年2月，中央政府首次向社会公布权力清单，国务院审改办公布了60个国务院的行政审批事项共计1235项，通过划边界、亮家底解开权力的神秘面纱，防止简政放权沦为数字游戏。各地也陆续公布权力清单，着力提高权力运行的透明度。三是优化审批流程。长期以来，百姓为办理各种手续而疲于奔命，甚至有些不法人员乱收费后才肯办事。十八大以来各地积极推进改革审批制度、提高办事效率受到老百姓的一致好评。比如威海市打破部门界限，理顺和压减审批事项的前置条件，每个阶段由牵头部门统一受理申请材料、统一组织其他审批部门开展联合审批，审批时限较前期缩短90%。

2. 构建公职人员道德诚信与行为规范

一是严肃治理"裸官"现象，遏制腐败苗头。"裸官"一词发端于中国网民，现在已经得到国内外媒体的广泛关注。"裸官"的危害极大，首先"裸官"是贪官的先导，存在道德风险。其次，"裸官"的外逃给国家带来了巨大的经济损失和国家安全隐患，同时也败坏了我国的国际形象。2014年1月，修订后的《党政领导干部选拔任用工作条例》明确规定："配偶已移居国（境）外；或者没有配偶，子女均已移居国（境）外的。不得列为考察对象。"[5]同年2月中组部制定印发《配偶已移居国（境）外的国家工作人员任职岗位管理办法》，规定配偶已移居国（境）外，或者没有配偶、子女均已移居国（境）外的国家工作人员（俗称"裸官"），不得在党政机关的领导岗位，国有企事业单位的主要负责人岗位，以及涉及军事、外交、国家安全、机要等重要岗位任职。根据中央决策部署，2014年，各级党委（党组）及其组织人事部门进一步加强"裸官"管理监督。截至目前，结合开展领导干部报告个人有关事项工作，全国共有3200余名副处级以上干部报告了配偶或者没有配偶但子女均已移居国（境）外的情况；对近千名在限入性岗位任职且配偶或子女不愿意放弃移居的领导干部，全部进行了岗位调整。[6]

二是落实官员个人信息申报制度倒逼诚信。领导干部个人有关事项报告制度，是强化党内诚信、促进党员干部廉洁自律的重要制度设计。是根据外国的实践经验已经证明的反腐倡廉最为根本的制度保障。2014年初中组部连续印发了《关于进一步做好领导干部报告个人有关事项的通知》和《领导干部个人有关事项报告抽查核实办法》，目的是为了督促党员干部如实填报和核实报告的真实完整性。各地区各部门根据自身信息化水平和其他条件的不同不断加快机制创新。比如，国土资源部成立了不动产登记工作领导小组，将用3-4年的时间全面建立不动产统一登记信息管理基础平台。江苏省金湖县研发了"领导干部报告个人有关事项核查系统"，收录了全县所有干部的车辆、户籍、婚姻、房产、纳税等信息。

3. 明确和强化党委的主体责任

习近平总书记在十八届中央纪委三次全会上指出："党委的主体责任，主要是加强领导，选好用好干部，防止出现选人用人上的不正之风和腐败问题；坚决纠正损害群众利益的行为，强化对权力运行的制约和监督，从源头上防止腐败，领导应支持执纪执法机关查处违纪违法问题。党委主要负责同志要管好班子,带好队伍,管好自己,当好廉洁从政的表率。"领导干部的廉政领导力,在廉政建设中发挥着指挥棒的关键作用。而在实际工作中,党政"一把手"往往忽视这个反腐因素,而"甩开膀子"大力发展经济,纪委单打独斗的现象比较普遍。2014年山西省"塌方式"的腐败问题就是由于党组织在维护党的纪律方面的失职。

面对这些问题,习近平同志提出了一系列新举措。要求各级党委敢于担当、落实责任进行"背书签字"。各级领导班子要对职责范围内的党风廉政建设负全面领导责任,切实做到一岗双责。造成如本单位屡屡出现重大腐败问题或用人失察无察和不良影响的都要采取倒察的办法给予追究。在公众的印象中,领导官员被免职,无外乎是工作不力造成重大损失、个人严重违纪违法。2014年以来,仅湖北一省共查处落实"两个责任"不力问题555个,处理739人,给予党纪政纪处分461人。此次会议前,湖北省纪委先后对13名党委(党组)书记落实主体责任不力问题、7名纪委书记(纪检组长)落实监督责任不力问题进行了处理并公开通报。[7]

4. 利用科技反腐网提高反腐效率

随着现代化科技的不断发展,特别是在信息通信技术的发展,腐败现象呈现出一些新趋势和新特点,利用高新技术腐败已成为一个新的犯罪增长点。因此,如何利用信息网络等现代先进技术,加大对于腐败问题的惩处力度就显得尤为迫切和重要。[8]

网络具有信息传递迅速、信息量大、受众面广的特点。截至2014年6月,中国网民规模达6.32亿,互联网普及率为46.9%。越来越多的网民开始利用微博、博客、论坛等平台来参与反腐败斗争,先后曝光了"表哥"杨达才、湖北巴东"邓玉娇案"、"房叔"蔡彬、发改委主任刘铁男被实名举报等大众所熟知的案件,可以说网络反腐已经成为我国反腐败斗争中一个不可忽视的社会力量。

十八大以来,党和政府高度重视网络舆论监督并出台相关政策将网络监督制度化、规范化、常态化。2013年12月,《建立健全惩治和预防腐败体系2013－2017年工作规划》要求,"重视和加强舆论监督,运用和规范你互联网监督",[9]"坚持正确舆论导向,完善反腐倡廉网络舆情信息工作机制。"[10] 2013年9月,中纪委监察部新版网站开通,特别突出了举报功能。2013年12月初,中组部开通12380短信举报平台,形成了信件、电话、网络、短信四位一体的12380综合举报受理平台。同时,政务微博已进入常态运营阶段,2014年上半年,新浪政务微博发博总数2435万条,被转评论3.17亿次,是过去三年的总和。当然除了网络反腐,其他科技手段也应用到反腐败中。比如,电子政务增加政务透明度、对公务消费安装即时监控软件系统、在公车上安装GPS定位系统等。

三、创新"苍蝇老虎"一起抓的机制

1. 查出违反法纪高级官员职务不设限、小官不忽视

在美国学者艾略特看来,腐败包括小腐败和大腐败。党的十八大以来至2014年10月31日,先后有53名违反法纪的省部级干部被查处。[11]周永康、苏荣、令计划这样的"大老虎"落马,打破了"刑不上常委"的大众经验之谈,深刻表明了党对腐败零容忍的态度,任何人不管权力大小、职务高低,只要触犯党纪国法都要严肃查处,决不姑息。同时,各级纪委和监察机关,对违反中央的"八项规定""六项禁令"的行为作了矫正,处理了一批"苍蝇"。2014年7月24日,中纪委网站公布了自中央"八项规定"出台以来,全国查处的情况。从2012年12月至2014年6月,19个月,全国各级纪检监察机关共查处问题数量达47150件,61703人,其中给予党纪政纪处分的有16296人。这其中还不乏"小官巨贪"案件,有的市车管所数十人大肆受贿多达数千万元,有的市交警支队长受贿超千万元等等,贪腐程度令人发指。

2. 军中反腐开先河

党的十八大以来,以查处谷俊山、徐才厚、郭伯雄等部队高级干部为开端,拉开了军队反腐的序幕,截至2015年8月,共有40名军级"老虎"落马,显示了党中央在军队反腐问题上不护短、不怕家丑外扬的态度。清除腐败分子,鼓舞了士气,纯洁了人民军队,从而更加强了全社会对子弟兵的信任,对于加强国防和军队建设有重大的现实意义。同时,对提高军队的战斗力,提高军队士气具有深远的积极作用。为了打造更加纯净的人民军队,据《法制晚报》记者统计,2015年以来解放军连发了12道从严治军令。4个月出台12道从严治军令,涉及部队选人用人、经费使用、工程建设等多个重点领域。一道道军令频

出,治军力度可见一斑。

3. 加强国际之间反腐合作,让腐败分子无处可藏

十八届中央纪委五次全会明确提出,"加强国际合作,狠抓追逃追赃,把腐败分子追回来绳之以法。健全追逃追赃协调机制,强化与有关国家、地区司法协助和执法合作……布下天罗地网。"[12]

长期以来,由于普遍的法律漏洞、政治制度和司法体系不同,逃往国外的腐败分子很多逍遥法外,被捕获回国接受法律制裁的少之又少。

2014年7月,公安部召开电视电话会议,部署全国公安机关集中开展"猎狐2014"缉捕在逃境外经济犯罪嫌疑人专项行动。全国公安机关共向境外派出70余个工作组,同有关国家缔结了39项引渡条约、52项司法协作条约。自2014年7月至12月底,为期半年的"猎狐2014"专项行动共从69个国家和地区成功抓获外逃经济犯罪人员690名。2015年,"猎狐"升级为"天网"行动,按照中央反腐败协调小组"天网"行动的统一部署,国际刑警组织中国国家中心局官网公布了100张红色通缉令,加大全球追击力度。从"猎狐"到"天网",极大地震撼了大大小小的外逃贪污分子,彰显了中共反腐不留死角的决心和力度。

四、创新党内巡视工作机制

巡视是党章赋予党的中央和省、自治区、直辖市委员会的重要职责,是加强党内监督的重要形式。十八届三中全会《决定》指出,要"改进中央和省区市巡视制度,做到对地方、部门、企事业单位全覆盖"。[13]建立这项制度的意义在于,它克服对党政"一把手"监督普遍薄弱的状态,填补了我国监督制度的空白。早在1990年,党中央做出的《中共中央关于加强党同人民群众联系的决定》提出:"中央和各省(区、市)党委,可根据需要向各地、各部门派出巡视工作小组,授以必要的权力,对有关问题进行督促检查,直接向中央和省(区、市)党委报告情况。"[14]1996年,中央纪委制定了《中共中央纪委关于建立巡视制度的试行办法》,巡视工作开始试点并逐步展开。党的十六大以来,巡视工作走进制度化轨道。

在巡视工作发展的同时,也要看到,巡视工作仍然有一些亟待解决的问题。

比如，巡视发现问题能力有待提高、巡视成果运用不充分、巡视机构设置方面缺乏独立性等问题也不同程度存在，需要有新的理念思路、体制机制、方式方法来加以解决。

党的十八大以来，中央巡视制度有所创新，一是组建巡视组长库，一次一授权。实行巡视组长不固定、巡视地区和单位不固定、巡视组与巡视对象的关系不固定，保证了巡视工作的独立性和权威性。二是巡视组坚持"只报告、不办案"。巡视和办案是两个不同性质的工作，任何一个机关和部门的职责都有边界。这样，有利于巡视组集中精力和时间发现问题线索，与办案及其他工作各司其职，有利于形成反腐败的强大合力。三是把发现违纪违法线索与"抓早抓小"结合起来。对于那些苗头性的问题，巡视组也进行了了解，也都如实、客观、负责地向被巡视地区主要负责人反馈，要咬咬耳朵、扯扯袖子，甚至当头棒喝、敲响警钟，把问题解决在萌芽状态，让那些可能发病的病灶及时得到清理而不发病。这也体现对干部的严管厚爱，也是对党组织负责的体现。

有公开统计数据显示，截至 2014 年 7 月下旬，中央前三轮巡视的 34 个地区、单位中，有 19 名省部级官员在中央巡视组进驻后落马。由于中央巡视组在反腐倡廉建设中发挥了极大的震撼作用，国内舆论给予了高度的评价。

五、创新专项治理工作机制

这些年来有效防止腐败的一条重要经验，就是在做好反腐倡廉各项长期性、基础性工作的同时，针对一个时期存在的突出问题集中进行专项治理。如对公款出国（境）旅游、天价培训问题、"裸官"问题、公务用车问题等已经取得阶段性成效的专项治理工作。开展专项治理主要是针对反腐倡廉建设中人民群众反映强烈的突出问题，人民群众看得最清、感受最深、也最有发言权。比如"三公"经费一直以来是百姓诟病最多的问题。2014 年，中央本级"三公"经费财政拨款预算 71.51 亿元，比 2013 年年初财政拨款预算减少 8.18 亿，下降 0.3%。在预算约束下，很多部门和单位对"三公"经费归口核算、限额管理，将"挤出"的资金用于民生支出。通过开展专项治理，有力遏制了消极腐败现象和不正之风在一些领域易发多发的势头，推动解决了一批反腐倡廉建设中人民群众反映强烈的突出问题，得到中央充分肯定和人民群众广泛好评。当前和今后一个时期，要按照新形势新任务新要求，选择一些人民群众普遍关心、社会舆论广泛关注的重点热点难点问题，部署开展新一轮专项治理，不断以解决反腐倡廉建设中人民群众反映强烈突出问题的新成效，为深入推进党风廉政建设和反腐败斗争、推动改革发展稳定作出新的更大贡献。

参考文献

［1］［4］［5］［9］［10］［13］十八大以来重要文献编选：上［M］.北京：中央文献出版社，2014：532、748、649、650、650、532.

［2］依法治国　依规治党　坚定不移推进党风廉政建设和反腐败斗争［N］.人民日报，2015-01-30.

［3］倪星.惩治与预防腐败体系的评价机制研究［M］.广州：中山大学出版社，2012、98.

［6］本届政府前两年中央层面的核准项目将减少约76%［N］.人民日报，2014-12-15.

［7］"两个责任"落实不力要双追责［N］.人民日报，2015-07-08.

［8］杜治洲，吴新华.走出反腐困境［M］.北京：新华出版社，2014：42.

［11］李秋芳，张英伟.中国反腐倡廉建设报告［M］.北京：社会科学文献出版社，2014：13.

［12］深入学习习近平总书记重要讲话和十八届中央纪委五次全会精神［M］.北京：人民出版社，2015：21.

［14］中国共产党党内法规选编：1978-1996［M］.北京：法律出版社，2009：79.

（作者为福建师范大学与中共福建省委党校联合培养中共党史专业2014级硕士生，本文原载《福州党校学报》2016年第1期）

当前科技反腐的发展困境与突破研究

卓宽裕

党的十八大报告指出："更加科学有效地防治腐败"。王岐山书记在中纪委十八届二次全会上的工作报告中也进一步强调指出："注重运用现代科技手段防治腐败"。[1] "科技反腐"，就是综合运用现代高科技手段和科学管理观念，将以信息技术、通信技术和网络技术为主要内容的科技手段引入反腐倡廉工作中，把电子监察的科技载体延伸到公共权力运作的全过程。[2] 科技反腐的目的，是用"无情"的电脑管住"有情"的人脑，[3] 切实保障公共权力的科学、规范和安全行使。

当前科技反腐大有可为的原因是多方面的。一是，近年来利欲熏心的腐败分子聚敛钱财的手段越来越高明，隐藏得越来越深，查办贪腐越来越困难，以其人之道还治其人之身离不开科学技术；二是法治社会查处贪腐案件重证据，利用新的技术装备及时发现、收集、固定各种证据，借助科技手段为贪腐案件的查处提供确凿证据，甚至是相互衔接的证据链，越来越成为纪检部门进行反腐败的重要手段；三是应用科技手段在推动反腐倡廉建设中的作用显而易见，十八大以后，国内掀起"反腐风暴"，包括原四川省委副书记李春城在内的一批官员纷纷被查，近年来一大批贪官的纷纷"落马"都和科技反腐的高效用息息相关。

科技反腐在现代反腐倡廉阵线的重要作用日愈突出，但随着时代的发展和社会的进步，各类违法违规案件及腐败问题花样翻新，更加复杂化、隐蔽化、智能化。科技反腐倡廉工作也面临着新形势的考验。

一、当前科技反腐面临的主要困境

（一）对科技反腐的重要性存在认识偏差

"科技以人为本"，科技反腐很大程度上取决人的主观作为。但由于当前处在转型期，存在阶层固化和社会撕裂的危险，社会主义民主法治尚不健全，领导干部官僚特权思想往往凌驾于民主法治之上，加上各种灰色利益地带大量存在，一些地区、部门和单位的领导，还存在对科技反腐的认识误区和抵触心理。他们并没有从促进惩防体系建设、提高反腐倡廉工作科技含量的高度来充分认识科技反腐的重要性，反而认为科技反腐只是管理手段和方法的改进，由手工操作变为计算机操作而已，对反腐败总体形势不会产生多大影响。少数人甚至认为这是政绩工程，既花钱又费力效果还不大。在对待科技反腐态度上或者安于现状或者简单照搬、不思变通，存在消极腐败的态势。此外，还有少数领导干部存在过度依赖科技的极端，认为反腐靠科技就能一劳永逸，片面引进科技设备而忽视纪检监察队伍的作用，甚至科技反腐的设备配置经费反而成了某些领导干部借此敛财的新领域，这种积极腐败影响更恶劣。

（二）整体发展滞后，科技反腐还存在诸多短板

与当前飞速发展的信息技术相比，我们在科技反腐上还存在三大短板：1. 技术人才缺乏。从整体上看，由于专门技术人才的匮乏，干部运用科技手段推进反腐倡廉建设的能力和水平有待进一步提高。有的单位的政务公开只停留在部门职责、办事程序等静态信息层面，有的甚至网络举报投诉系统都没有完全建立。2. 法律法规缺位。与科技反腐相关的完备法律法规从目前看基本上都未出台，像《电子政务法》《电子签名法》等纲领性法规，以及涉及信息管理和公开、个人信息保护、网络反腐举报人保护制度等方面的法律法规长期空白对科技反腐的法制化无疑是一大制约。3. 信息安全薄弱。我国是世界上遭受"黑客"攻击最多的国家之一，如何保护脆弱的信息安全，为科技反腐提供安全保障也是一个亟需解决的问题。

（三）发展不均衡，应用的广度和深度不够

在起步较早的单位和地区，科技反腐已经在多个领域展开，成效显著；而在一些欠发达地区则仍处于小范围试点阶段，尤其在软件开发和维护的投入方

面，差异悬殊，从数十万元到上亿元不等。目前科技反腐主要运用于一些群众反映强烈、腐败易发高发的领域，网络系统的信息量严重不足；仅涉及对执行权、监督权等程序性规范，较少涉及决策权层面；在打击腐败调查取证方面，也应用得不够。

（四）地区差异大，系统之间缺乏有效整合

由于地区差异，设计思路不一，侧重点不同，方法各异，各系统之间缺乏同质性，纵向横向联系均不足，各地区普遍重建设轻整合，重概念轻实效、重电子轻政务，存在重复投入、数据库相互间缺乏接口等问题，科技反腐的边际效用仍未充分挖掘。加上我国还缺乏统一的政府信息资源的采集、加工、存储等维护管理机制，信息资源的归类、分布等配置管理机制，以及应有的相互合作交流机制也不健全，我国预防腐败的信息资源没有得到有效的对比分析和整合，多头采集和重复存储现象较为普遍，存在大量的数据冲突和信息不一致，这可能造成诸多监督漏洞，让腐败分子成为"漏网之鱼"，也可能给国家带来重大的经济损失，严重制约着我国惩防腐败体系共享工程的深入推进。

（五）存在部门利益保护及"信息孤岛"效应

在信息化建设初期，由于缺乏总体规划和顶层设计，纪委监察机构和政府各职能部门在电子政务和信息资源建设过程中，采用分散管理、各自为政的管理机制，形成了一个个"信息孤岛"，无法互联互通。一些部门和单位出于担心触动现有的权力结构和既得利益的私心，对科技反腐采取消极抵制态度，使信息资源只能在本系统内纵向流动，部门之间的横向联系不够，信息资源综合利用率还很低。

二、进一步突破科技反腐困境的几点思考

（一）进行权力与科技手段的顶层设计，制定科技反腐整体规划和实施方案

针对我国现阶段潜规则消解明制度、人情文化困扰制度执行力等问题，要充分认识到科技反腐的战略价值，大幅度提升其地位，把科技反腐工作纳入反腐倡廉和信息化建设的总体布局中，围绕中央《建立健全惩治和预防腐败体系2008年－2012年工作规划》的相关要求，来一场"科技反腐革命"。[4]科技反腐是一项复杂的系统工程，涉及体制改革、制度建设和组织、人员、技术、资金

等多方面问题，建议中纪委、监察部会同有关部门，在广泛调研的基础上，对科技反腐进行统一设计和科学规划，制定具有指导性、针对性和可操作性的实施方案，保证科技反腐的有序推进。

（二）依法严格管理，保障网络与信息安全

一要加强对软硬件的维护、监督与管理，切实保证保密网、业务内网与互联网的物理隔离，严格设置操作人员的管理权限，做好系统信息的及时备份，防止不法分子利用远程登录恶意篡改、盗窃和破坏数据库内容。二要着力培养操作人员的安全意识、保密意识和法律意识，提高系统管理员对信息系统的维护水平。

（三）拓宽应用领域，推动科技反腐向纵深发展

进一步拓展科技手段的运用范围，实现权力运行各个环节的全方位覆盖。用电子软件把能够规范和公开的权力及运行程序都设计进去、固化下来，做到积极利用，科学安全发展，实现资源科学配置和权力运行的流程再造，在发现案件线索、查处腐败案件方面，最大限度地发挥网络信息共享、电子留痕的作用，显著提高监督和办案效率，强化制度执行力，使反腐败工作整体跃升到一个新的水平。

（四）财政合理投入，促进科技反腐的均衡发展

根据各地实际情况，制定科技反腐的财政支持标准，对欠发达地区科技反腐提供必要的财政倾斜。同时，整合各部门和地区科技创新资源，建立"科技反腐工程"援助机制，将发达地区开发的软件系统改造后，支援中西部地区，避免重复开发造成的资金浪费。

（五）整合各部门资源，提高科技反腐信息的利用率

对既有数据资源进行科学整合，打破"信息孤岛"壁垒，在党纪执法监督和行政权力运行部门之间建立起跨地域、跨部门的监控体系和信息共享平台，逐步实现机关内部扁平化、精细化管理，加强相互监督制约。可率先在银行系统、公安系统、民政系统等与纪检监察系统之间实现互联互通、信息共享，除涉及国家安全和保密的信息以外，全部纳入，加大科技反腐的信息整合和资源利用效率。

三、进一步突破科技反腐困境还需要不断完善的主要措施

运用科技手段防腐反腐,还需要在新形势下找到新的突破口,不断提高反腐倡廉科学化水平,并落实到今后的各项工作当中。

(一)搭建更加完备的电子政务平台,让公权力在阳光下平稳运行

进一步完善和发展利用电子信息平台推进政务公开,使政府和公用事业单位的履职过程更加透明全面直观地展示在民众面前,扩大群众的知情权、选择权和监督权,让权力真正在阳光下运行,杜绝滋生腐败的机会,提高群众参与政务监督的积极性和可能性,增强权力受监督的广度和深度。

(二)畅通更加便捷的网络渠道,推进反腐败网络举报制度化

网络举报以其隐蔽性解除了传统上访者担心面对面暴露身份、怕遭打击报复而有所顾忌心理负担,但也还存在一些技术漏洞。今后要进一步完善保密技术和严格实行信访信息保护制度,使网络实名举报更加安全有效。加大网络举报保护专门人才队伍建设,同步反映舆论形成变化,能与举报者及时互动,及时作出呼应,迅速挖掘案件线索细节和疑点,保护举报证据,推动案件及时快速查办,真正做到官民互动及时高效。

(三)强化科技监察,保证权力运行规范化

在权力监督中注入"电子元素",建立电子监察平台,进一步延伸和拓展监控领域和范围。搭建统一的电子数据交换平台,实时采集政府各个部门的数据信息,全盘掌握行政权力运行情况,做好各项相关数据的统计分析和查询,更好地发挥科技监察的"电子眼"功能。更好地实现事前实时监察,发现问题;事中预警纠错,处理问题;事后绩效评估,督促提效。

(四)加强资金科技监管,促进官员清廉信息监控系统完备化

进一步建立健全包括廉政档案、个人财产申报、个人道德诚信等方面的领导干部廉政诚信信息系统及企业、公民诚信信息系统等数据库建设,加强信用监控。进一步完善和论证公民身份唯一识别技术的可能,实行私人财产实名制。推广使用电子货币,使公民的大额款项来往一目了然,有效监控资金流向。

(五)完善科技制约权力的制度保障,防止技术应用于权力监督催生新的腐败

科技手段的广泛应用并非总是减少腐败,在一些领域,科技不但没有成为反腐的利器,反而因为技术应用权力监督催生新的腐败问题。比如亚洲开发银行官员 Clay Wescott 就认为,虽然电子政务可能会有利打击腐败,但是也可能没有效果,甚至提供了新的腐败机会。[5]政府信息化改革可能会转移腐败官员们的机会,比如将腐败机会从不具备电脑技能的人转移到具备电脑技术的人,或更改贿赂发生的时间或类型。[6]仅仅依靠技术很难实现有效的权力监督,要控制腐败,还必须重视相应的制度建设。就我国目前而言,亟需改革权力过于集中的体制、完善社会转轨时期的各类制度、提高反腐败机构的独立性和权威性,为技术制约权力提供重要保障。

参考文献

[1]《十八大报告》辅导读本 [M]. 人民出版社 2012, (1).

[2] 阿碧. 科技反腐 [J]. 检察风云 2013, (6), 53-55.

[3] 科技反腐革命破解反腐难题 [N]. 中国青年报, 2012-01-04.

[4] 反腐倡廉建设蓝皮书 [M], 社会科学文献出版社, 2012 (1).

[5] Wescott CG. E-government to combat corruption in the Asia Pacific Region. In: Prepared for the 11th international anti-corruption conference. Seoul, Republic of Korea, 2003: 6.

[6] Heek R. Information technology and public sector corruption. Institute for Development Policy and Management. Working paper, 1998, Avaiable at http://www.Sed. Manchester. Ac uk/idpm/research/publication/wp/igoverment.

(作者为福建师范大学经济学院辅导员,本文原载《辽宁行政学院学报》2017年第1期)

高校党风廉政建设和反腐败工作问题与对策研究

周宁忻

近年来，党中央始终对腐败现象坚持标本兼治、综合治理的方针，零容忍、严查处，着力打造全覆盖、无禁区、风清气正、上行下效的政治氛围，以落实全面从严治党为抓手，以注重学习教育为契机，以健全规章制度为手段，以强化监督制约为保障，全方位、多领域将党风廉政建设和反腐败工作推向纵深。近两年来，高校党风廉政建设工作虽然取得阶段性成效，但腐败瘟疫入侵高校的事例仍然屡见不鲜，学校党员领导干部不敢腐的原则还不甚明晰，不能腐的意识还有待升华，不想腐的觉悟还不够深刻，高校腐败惩防体系构建工作刻不容缓。

一、高校开展党风廉政建设和反腐败工作的优势

在党中央以抓铁有痕、踏石留印的干劲将党风廉政建设和反腐败工作推行得如火如荼之际，各级党政机关纷纷提高重视程度，认真贯彻落实党的十八大和十八届历次全会精神，深入学习领悟习近平总书记系列重要讲话精神，建立健全体制机制，多措并举、多管齐下。

在党风廉政建设和反腐败工作方面，高校与地方及其他组织的最大区别在于，虽然同是重要承担者、协调者和参与者，它又是特殊的意识形态工作前沿阵地，除了在制度建设、权力运行、管理监督方面创新践行科学合理的模式机制外，还具备积极发挥智库作用的天然优势：一是创办高校廉政研究中心，为深入持久地开展反腐斗争提供源源不竭的思维动力；二是构建廉政文化弘扬阵地，广泛运用互联网新媒体，大力宣传专题教育等先进理论思想；三是结合师德建设功能，培养、创造一批高素质、高水平、高技能的党政领导队伍和纪检监察干部队伍；四是创新工作形式，配合高校践行意识形态教育的需求，采取开展学习座谈会、观看反腐倡廉教育影片、举办廉政文化进校园等多种新颖缤纷又收效显著的活动方式，让猛药去疴的坚定意志、刮骨疗毒的凛然之气、毫不松懈的高压态势内化于心、外化于行。

二、高校开展党风廉政建设和反腐败工作的风险点

随着经济发展和社会转型，高校自身拥有更庞大的办学规模、更丰富的办学资源、更复杂的教育层次和更深入的综合改革举措。在此背景下，腐败问题屡见不鲜，相应的吃拿卡要、牟取私利、行贿受贿等现象也伴随各个风险点呼之欲出，并展示出高校独有的表现形式。主要的风险防控点有以下几类：一是收取相关费用；二是招生和招聘、干部任免等相关人事工作；三是学生行政管理；四是学术研究活动；五是大宗物资采购及学校基建项目；六是资产及财务管理。这些风险点不一而足，不管在哪个关键环节滋生腐败毒瘤都是与高校百年树人、传道授业解惑、从事科研学术探索、为社会输送人才等神圣使命相违背，将对国家利益的维护和社会栋梁的塑造产生不可估量的后果。

三、引发高校腐败现象的原因剖析

虽然上述的腐败重灾区具有多种多样的表现形式，但所体现的其实是相似的规律和雷同的道理。本文认为，相关意识的确实直接或根本导致着高校腐败现象频频发生。

（一）自觉意识的缺失，导致理想信念产生偏差

在举行自主招生、招聘、基建招标、后勤服务等日常工作时，高校教职工不可避免将与其他社会团体或个人发生一定的经济利益分配，在市场经济和社会风气的冲击下，纯良的传统师德、无私的奉献精神、超脱的信仰追求不再是高校防腐拒变的"金钟罩"和"铁布衫"，自觉意识面临缺失危机，埋下了行贿受贿、跑官要官、偷吃回扣等腐败的种子。

（二）前瞻意识的缺失，导致制度设置相对滞后

高校当中的权利多数体现在管理层面上，而约束职权使之得以规范行使的

关键点在于制度能否进行有效地设置和深入地落实。现代大学发展远远超过以往几十年的速度，各大高校若一味墨守成规，保留过去的已经不适应当前整体和长远发展规划的制度模式，一旦财务、审计、人员管理、招投标等制度出现漏洞，腐败因子立刻蠢蠢欲动。

（三）改革意识的缺失，导致监督管理不够完善

高校一以贯之的管理模式不能与现实发展趋势相脱离。面临可能发生的腐败风险，若不能提高改革意识，仍按部就班、不知变通，监督管理机制便存在漏洞。例如，学校党政领导班子进行"三重一大"事项表决与作出相关决策之后，如果广大教职工不能发挥群众力量、利用新的渠道和方法对其进行有效的监督，并勇于发表利于学校改革发展的谏言，腐败行径必将"春风吹又生"。

（四）自省意识的缺失，导致监察队伍履职不力

高校纪检监察干部容易缺乏自省意识，一方面不能领悟时刻提升自身政治素养、责任意识、法纪观念的重要性，在"得罪人""做坏人"的事情面前和熟人环境下存在畏难情绪不能很好地履行主业主责。另一方面，与专业的纪检监察人员相比，高校的纪检监察队伍缺乏参加专门业务培训和交流提升的机会，对相关的党规党纪、行文条款在实际运用中不能做到信手拈来，这将一定程度阻碍了工作的高效开展。

四、加强高校党风廉政建设和反腐败工作的对策建议

理想信念的偏差要靠严明党规党纪来修正，制度建设的完善需要以规范权力运行为目标，组织监督体系的构建离不开八项规定精神、"四种形态"的准确把握，纪律审查力度的提升必须依靠一支忠诚干净廉洁的纪检监察干部队伍。因此，高校应该充分发挥自身优势条件，着重做好几下几点：

（一）抓党纪，抓问责，推动全面从严治党主体责任

习近平总书记要求，高校各级单位、部门应切实做好党要管党、从严治党各项工作。高校党委应对全面从严治党主体责任的角色担当予以足够重视，突出党思想建设的核心地位，让制度治党成为依法治校的有力保障，将六大纪律进行合理运用，对触犯党规党纪行为进行严肃查处。

纵观党中央查处从严治党工作中应负直接领导责任、重要领导责任、主要

领导责任的多项案例不难发现，问责已成为推进全面从严治党的核心动力。坚持"一案双查四追责"，有利于督促校党委综合运用组织处理和纪律处分等方式，在遇到违反党规党纪行为时不但追究主体责任、监督责任，而且追究领导责任、党组织的责任，坚决做到有责必问、失责必究。

（二）重正风，重肃纪，深化落实中央八项规定精神

党中央八项规定的出台无疑直面时弊，内容具体而实在地对高校中违规发放津补贴、公款吃喝、公款旅游、公车私用、收礼品、大搞宴请、进行奢靡消费、套取科研经费等行为给予致命的一击。学校应把加强师德师风和校风建设作为翘起党员干部自觉抵制不良风气的这一杠杆的有力支撑点，将福建省教育部强调的"六条禁令"和"七条红线"付诸实践，引导广大教职工争做廉洁奉公、为人师表的先锋楷模。

高校应努力营造正风肃纪的良好氛围，用深入浅出的反腐倡廉理论研究凝结出切实可行的智慧结晶，进而开启校园廉洁文化建设新局面，提倡弘扬提炼出中华民族优秀传统美德的家规家训、校风校纪，让凛然正义的风气、严谨肃穆的纪律徜徉在和谐的育人环境和知识海洋之中。

（三）零暂存，零容忍，把握运用监督执纪"四种形态"

自2015年9月以来，福建省各大高校积极响应省纪委推进信访举报件"零暂存"的工作号召，进一步形成监督方式创新，摒弃以往全程参与、事事参与的简单模式，在涉及学校"三重一大"等设计人财物等关键环节或腐败易发多发的重点部位多加重视，结合专项审计、督促整改、暗中访查等方式，对隐藏的腐败行为一旦发现，便从严惩处，坚持"零容忍"反腐，严把标准，形成强大震慑。

长期以来，监督执纪"四种形态"尤其是第一种形态突出了抓早抓小、将苗头性问题遏止于萌芽的重要性。高校纪检监察干部应该把准确运用"四种形态"作为履职履责的重要抓手，对工作中发现的尚未构成违纪但不符合相关规矩的行为予以及时廉政谈话提醒或函询有关情况，达到提醒鞭策、敦促有则改之无则加勉的效果。

（四）严规范，严查处，坚决维护学校师生切身利益

制度若在设置上存在漏洞，必然导致权利运行过程中缺乏必要的监督与管

理。针对高校招生招聘、干部选拔任用、基建修缮、物资采购、科研经费申请与审批等方面的重要活动，一方面需要督促相关职能部门进行制度建设的加强，严格按照已制定并经过民主表决顺利通过的相关制度执行任务，防控廉政风险。另一方面，学校的纪检监察部门也需要联合其他部门开展不定期全校专项清理检查工作，同时对各项工作的重要环节进行有效参与，并进行必要的跟踪、录像和监督。

上述提及的均是与师生切实利益休戚相关并受到重点关注的热门问题。高校要严厉查处招生、招聘考试中存在违背"三公"原则的违纪违规行为；要杜绝收取学费、困难补助、捐资捐款过程中存在打着教育的名号胡乱收费、对下发的款项虚报冒领、对待发的金额中饱私囊等现象；要坚决遏制在干部人事任免、职称评聘、项目评审、评优评先等过程中存在跑官要官等不正之风。

（五）强自身，强教育，全力打造忠诚干净廉洁队伍

可以说，一所高校的党风廉政建设水平与该校的纪检监察部门能否有效履职之间存在着必然、直接的联系。首先，纪检监察干部必须加强自身的教育水平，不仅要带头遵守法律法规、党纪党规，还应以更严格的纪律标准来要求和约束自己。其次，纪检监察部门要履行好党风廉政建设的监督责任，努力提升自己的业务能力，加强纪律审查效率，强化信访举报件和问题线索管理工作，推动压力层层传导和责任层层落实，切实增强监督执纪问责能力。

纪检监察干部在教育好自身的同时，也应充分利用学校里的教育资源，摒弃过去"填鸭式""说教式"等收效低下的方式，对全校党政干部开展有针对性、有交互性、有层次性的党风廉政教育系列活动。另外，还需要就教育的方式、形式进行与时俱进的创新与改良，如可采取召集观看教育警示记录片、开展"两学一做"专题党课或学习交流会、签订党风廉政建设承诺书等方式，督促领导干部时刻保持党性修养，努力提升综合素养和业务能力，保障校园意识形态安全。

结语

高校尽管具备推动党风廉政建设和反腐败工作的天然优势，但它也并不是自动屏蔽腐败侵袭的"世外桃源"，学校各部门、各单位、各级干部要提高警惕，把认知付诸行动，准确把控各大廉政风险点，牢固树立"四种意识"，切实

将反腐倡廉工作铭记于心、落实于行，努力营造和谐有序的育人环境，推动学校各项事业又好又快发展。

参考文献

[1] 冷云飞. 当前高校反腐倡廉教育问题浅析 [J]. 云南科技管理，2013，26（6）：25-28.

[2] 蒋旋新. 反腐倡廉建设与高校纪检监察信访工作互动有效发展的研究 [J]. 江苏技术师范学院学报，2008，23（8）：81-83.

[3] 马尧. 高校党风廉政建设和反腐败工作对策研究 [J]. 山东青年，2015（8）：173-175.

[4] 王安怀，冯友梅. 高校廉政建设理论与实践 [M]. 武汉：华中科技大学出版社，2011.09.

[5] 罗任权. 高校廉政文化理论与实践研究 [M]. 广州：暨南大学出版社，2011.12.

（作者为福建师范大学纪委办、监察处干部，本文原载《辽宁经济管理干部学院　辽宁经济职业技术学院学报》2017年第4期）

关于完善新时期廉政文化建设的新思路

魏俞满

腐败斗争,是保持马克思主义政党的先进性和纯洁性的必由之路。胡锦涛同志在党的十八大报告中指出:"要坚持中国特色反腐倡廉道路,加强反腐倡廉教育和廉政文化建设。"[1]可见廉政文化建设已经成为新时期反腐倡廉工作的突破口与着力点,加强廉政文化建设对推进反腐倡廉取得新胜利具有重要意义。

一、新时期廉政文化建设对当前反腐倡廉工作的重要意义

廉政文化是指以崇尚廉洁、鄙弃贪腐为价值取向,融价值理念、行为规范和社会风尚为一体,反映人们对廉洁政治和廉洁社会的总体认识、基本理念和精神追求的一种文化,是社会主义先进文化的重要组成部分。[2]廉政文化在人们的思想意识和行为规范中有着巨大的影响,通过廉政文化的长期熏陶和一些真实的历史教训,在全党全社会形成有利于反腐倡廉建设的思想观念和文化氛围,对于推进党风廉政建设和反腐败斗争,遏制腐败现象蔓延具有重要的作用。

(一)廉政文化建设,有利于增强党员领导干部廉洁自律意识,提高拒腐防变能力

文化具有很强的渗透力和震撼力,尤其是作为先进文化的廉政文化,其一旦根植于广大党员干部的心中,就对他们的价值准则、伦理道德、行为规范和思维模式产生良好的影响。如果每一个党员干部都能受廉政文化的影响和熏陶,净化自己的心灵,增强廉洁自律意识,那么腐败的思想将难以渗透。从而更有利于党员干部的廉洁自爱,在党的队伍中形成浓厚的廉政文化氛围。

(二)廉政文化建设,有效地推进惩治和预防腐败的体系建设

文化对人和社会的影响是深层次、根本性和长期性的,正是因为文化具有这种功能,适应了我们党在新时期反腐倡廉工作中提出的惩防并举、注重预防的方针的需要。加强廉政文化建设可以有效地增强反腐倡廉宣传教育的影响力和渗透力,提高反腐倡廉教育的针对性和时效性;可以有效地促进反腐倡廉的制度建设,提高人们执行制度的自觉性;可以增强全党全社会的监督意识,推动监督措施的落实

(三)廉政文化建设,是净化社会风气,推动形成崇尚廉洁社会风尚的现实需要

廉政文化就包含着高尚的精神理念、大公无私的价值观念和廉洁的道德观念,这些观念源于生活、服务于生活,易于被人们接受,也潜移默化地影响着人们行为规范。廉政文化反映的是人们对廉洁政治和廉洁社会的总体认识、基本理念和精神追求的一种文化。人们参照这些优秀的廉政文化观念来指导自己的生活,评价周围的人和事,从而净化了社会风气,在全社会形成崇尚廉洁的社会风尚。

二、新时期廉政文化建设的工作重点与要求

中国共产党第十七届六中全会强调加强社会主义文化建设的重要性,而廉政文化是我国社会主义文化的重要组成部分。新时期廉政文化建设面临着新的情况,社会面临着机遇与挑战并存的形势,廉政文化建设也应有新的工作重点与要求。廉政文化是先进的政治文化,承载着党的执政信念和宗旨,引领着广大党员干部树立正确的世界观、人生观和价值观,自觉做到权为民所用、情为民所系、利为民所谋。

(一)在公务员队伍中构建公正廉洁、勤政为民的政治文化

新时期廉政文化建设对公务员提出更高的要求,他们在工作中要树立权利义务对等的现代行政理念,廉洁从政,勤政为民,想群众之所想,急群众之所急,全心全意为人民服务,用廉洁回报人民的信任,以奉公成就自己的功名。

(二)在各级公共组织中倡导依法行政、廉洁高效的组织文化

要求在我国现行的政治体制架构下,各级公共组织都掌握着一定的工共权

力，管理着一部分社会公共事务，与人们的生活息息相关，如果没有良好的组织文化，就有可能造成这些公共权力的滥用，导致各种以权谋私、暗箱操作、贪污腐败的形成，严重影响社会的和谐稳定，组织的健康发展，因此必须加强组织文化建设，构建依法行政、廉洁高效的组织文化。

（三）在各行各业中树立爱岗敬业、求真务实的价值取向

价值取向指的是一定主体基于自己的价值观在面对或处理各种矛盾、冲突、关系时所持的基本价值立场、价值态度以及所表现出来的基本价值倾向。一个社会的价值取向表现为社会的道德。各行各业的从业人员勤奋工作、恪尽职守、求真务实、开拓进取、勇于创造。每个人都在自己的岗位上脚踏实地、勤勤恳恳地工作，凭借自己的工作业绩、工作能力而获得认可，不需要通过所谓的送礼、"走后门"、拉关系等来获得职位的提升或者经济利益，这就有利于形成良好的工作氛围，在一定程度上抑制了腐败在各行各业中的渗透和蔓延。

（四）在经济生活中形成反对贪腐、清廉自律的经济文化

掌握公权力的各级领导干部不以权谋私、不贪图享乐、不收受贿赂，广大群众不送礼行贿，弘扬爱廉恶贪的经济风。正所谓，廉者，民之表也；贪者，民之贼也。廉洁经济文化的形成，有利于各级官员、社会群众自觉反对贪腐，阻断了贪腐形成的经济基础。各级官员清廉自律，自觉抵制各种腐化奢靡的生活方式，洁身自好，也进一步促进了廉洁经济文化的形成与发展。

（五）在社会中营造尚廉恶贪、从善如流的社会风气

廉政文化要求在全社会形成爱廉、敬廉、赞廉、行廉、反贪、肃贪、恶贪、拒贪的良好廉政氛围和环境。这些高尚的道德和理想信念根植于每个公民心中，并由此指导与约束着自己的行为，有利于在全党全社会形成尊廉崇洁、从善如流、文明向上的社会大环境，扼杀了形成腐败可能的社会土壤。

三、新时期廉政文化建设的具体做法与措施建议

2010年，中央纪委、中央宣传部等六部门联合下发《关于加强廉政文化建设的意见》，进一步强调将廉政文化建设融入社会主义精神文明建设和反腐倡廉建设的全过程，大力营造崇尚廉洁的社会风尚，为深入开展党风廉政建设和反腐败斗争提供思想保障和文化支撑。[3]因此我们必须要围绕廉政文化建设这个中

心，统筹规划、开拓创新，不断拓展廉政文化建设领域，不断丰富廉政文化产品，不断巩固廉政文化阵地，扎实有效地推进廉政文化建设，促进反腐倡廉工作取得更加丰硕的成果。

（一）继承传统，结合当下，以加强政治文化建设作为廉政文化建设的切入点

我国具有悠久的廉洁政治文化传统，《周礼》曾提出，对官员的考核有六廉。先秦儒家的"德政""仁政"思想的重要内容之一便是政权统治的清正廉明。北宋著名的政治家范仲淹提出了以"先天下之忧而忧，后天下之乐而乐"为核心的廉政思想和实践。明朝的郭允礼撰提出了"吏不畏吾严而畏吾廉，民不服吾能而服吾公"，成为对"公廉"最为后世称道的经典阐释。当前，党中央提出了中国特色社会主义理论体系，包含着许多廉洁从政的政治思想，这是对我国传统廉政文化的继承和发展。在当下加强廉政文化建设，就必须在公务员队伍中加强对我国先进政治文化的学习和继承，积极萃取传统公廉文化的精华，以中国特色社会主义理论体系为指导，开展一系列的活动，如加强对传统公廉文化的研究学习，以古代公廉文化中优秀的名言警句作为官员的座右铭等活动，使我国先进的政治文化深入人心，成为加强廉政文化建设的重要推动力，成为指导公务员队伍廉洁从政，加强思想政治教育的重要准则。

（二）完善制度，形成机制，以加强组织文化建设作为廉政文化建设的着力点

首先是建立廉政文化建设的组织保障机制。建立由党委统一领导，纪检监察部门具体负责，各部协调配合的工作机制，确保廉政文化建设的规范化、制度化。其次是建立廉政文化建设的制度保障机制。完善加强廉政文化建设的具体措施，形成廉政文化建设的宣传、教育和普及制度，确保廉政文化建设有序开展。再次是将廉政文化与组织文化相结合。各个组织都有其相应的文化理念，只有将廉政文化融入组织文化中，随着组织文化深入人心，才能使组织中的每个人增强廉政文化意识，依法行政，廉洁高效地完成组织的各项工作。

（三）拓宽渠道，突出形式，以加强社会风气的引导作为廉政文化建设的立足点

积极拓宽渠道，开展多种形式的文化创建活动。各地区各部门可以充分运

用干部群众喜闻乐见的新形式、新载体，推动廉政文化进机关、进社区、进家庭、进学校、进企业和进农村等，拓展廉政文化的覆盖面，增强廉政文化的吸引力和感染力。坚持把廉政文化建设纳入大众文化建设中，渗透到社会公德、家庭美德、职业道德和个人品德的教育活动中，贯穿于国民教育的全过程，培养全社会的反腐倡廉意识。同时还必须注重廉政文化的形式，坚持立足各地区优良的革命传统、历史文化资源、各行业特色等，并将这些宝贵的资源与廉政文化相结合，形成丰富多彩的廉政文化形式，如廉政文化教育的电影、歌曲、书画、对联、小品等，打造廉政文化品牌，推动廉政文化建设向纵深方向发展。

（四）立足教育，加大宣传，以加强经济文化建设作为廉政文化建设的着眼点

反腐倡廉，教育是基础，宣传是手段。立足教育，加大宣传，就可以使廉洁的经济文化得到学习和普及，逐渐深入人心，就可以筑牢党员干部拒腐防变的思想防线。必须坚持对廉洁经济文化的宣传教育，以领导干部为重点，加强理想信念和从政道德教育、党的作风教育、党纪国法教育，帮助领导干部树立反对贪腐、清廉自律的廉洁经济文化理念，自觉抵制各种腐朽的生活方式。以普通群众为基础，加强廉洁经济文化的宣传教育，鼓励广大群众积极揭发、检举各种行贿贪腐行为，使广大群众不行贿，广大官员不敢贪，促进良好经济风的形成。此外，还必须牢牢抓住宣传这个重要手段，各级纪检监察机关要重视加强与宣传、文化、广电、新闻出版社等部门的合作，研究文化传播艺术，采用受众易于接受的方式，增强廉政经济文化的宣传力度。

参考文献

[1] 人民网．胡锦涛在中国共产党第十八次全国代表大会的报告（全文）[EB/OL]．http：//politics.people.com.cn/n/2012/1118/c1001－19612670－1.html，2011.11.08.

[2] 中共中央宣传部理论局．从怎么看到怎么办[M]．北京：学习出版社人民出版社，2011：122.

[3] 郭惠芳．强化廉政意识弘扬新风正气[J]．中国监察，2011年12期，16.

［4］彼得.艾根著.吴勉等译.《全球反腐网》［M］.成都：四川出版集团天地出版社，2006.

［5］宋振国，刘长敏等.《各国廉政建设比较研究》［M］.北京：知识产权出版社，2005.

（作者为福建师范大学公共管理学院2012级硕士生，本文原载《长春理工大学学报（社会科学版）》2013年第3期）

井冈山革命斗争时期中国共产党廉政实践探究及其启示

罗丽娜

井冈山革命斗争时期，刚成立不久的中国共产党为了能够让党生存发展下去，开展了廉政工作，从而取得了一系列丰富的经验与教训。自党的十八大以来，我党十分重视廉政建设，本文通过探寻井冈山革命斗争时期中国共产党廉政实践的优良经验，反思当时存在的不足，对当前开展廉政工作具有一定的启示作用。

一、井冈山革命斗争时期中国共产党廉政实践的背景

（一）井冈山革命斗争时期中国共产党廉政实践的指导思想

井冈山革命斗争时期中国共产党的廉政实践的理论溯源可以追溯到马克思、恩格斯和列宁的廉政思想。第一，马克思与恩格斯从人类社会发展历程这个角度来看认为腐败产生的根源是私有制。第二，马克思恩格斯认为无产阶级政党由于自身的本质特征，才能够让其所建立的政权"一定会使农民免除血税，一定会给他们一个廉价政府"。[1]第三，马克思与恩格斯明确提出了让无产阶级政党成为"社会公仆"的观点，并且通过"议政合一"的制度，"这样，即使公社没有另外给各代议机构的代表规定限权委托书，也能可靠地防止人们去追求升官发财了"。[2]而列宁对社会主义中出现的贪污腐败现象该如何防止腐败、怎样投入到反腐现象的斗争中去进行了探索。首先就是要发展经济。只有当国家富强了，阶级差别就会消失了。其次是完善民主制度，克服腐败现象。列宁认为要实行政党分开，划分党和政府的政权，这样就能控制产生官僚主义和腐败现象的根源。最后要完善法律制度，依法治国。无产阶级政权在俄国取得胜利后，列宁倡导有法可依，制订和颁布了一系列有关反对腐败现象的法律条文，建设社会主义法制国家。

（二）井冈山革命斗争时期中国共产党廉政工作的历史背景

1927年，毛泽东同志领导的秋收起义在攻打中心城市遇挫后便来到了被敌人控制相对薄弱的井冈山。即使中国共产党逐渐在这块根据地上站稳了脚跟，形势却并不乐观，仍不断地遭到白色政权的围剿。同时一些非无产阶级思想在党的内部还残存着，包括流寇思想、雇佣思想、军阀残余思想、个人主义思想。1929年12月，毛泽东同志在古田会议上就批判了党内存在的享乐主义思想，注重思想建党。对于井冈山革命斗争时期出现的各种贪污腐败行为中国共产党更是严惩不贷，这样做的目的不仅是有利于清除党内存在的腐败思想，求得自身的发展，而且能够消除党内的悲观情绪，有利于稳定局势。

二、井冈山革命斗争时期中国共产党廉政实践的内容

井冈山革命斗争时期，中国共产党在马克思列宁主义的科学指导下，加之廉政实践经验的积累，出现了一个勤政为民、廉洁奉公的良好局面。

（一）开展党内廉政思想教育工作

第一，进行政治训练。毛泽东、朱德等领导人亲自给教导队学员授课，主要讲的是无产阶级思想和革命的性质与宗旨，从而提高党员对党的认识，激发党员的斗志。在进行政治训练的过程中，都是由各级党代表来组织实施的。由于当时严酷的革命斗争时期，举办的是不定期的训练班，且主要是通过讲演、讲课、组织红军参加群众大会等多种形式来开展廉政教育工作。其中进行政治工作或者是生活上批评是不可缺少的，这对党员的廉政检讨有很大的促进作用。

第二，开办党团训练班。为了让党员提高自身素养，训练班的举办是以每一到两个月办一期，以县委、区委为单位举办的叫做短期训练班，每期大概为二三周，个别的时候，有时办一二天。[3]训练班学习不是漫无目的的，边界特委制定的训练大纲中就包含了训练时需要注意的要求、方法和内容。训练的内容有党的性质和基本理论、阶级与阶级斗争、党的政策以及形势教育等。

第三，"厉行洗党"。"洗党"就是要整党，进行组织上的整顿和清洗，打

造具有纯洁性的党组织，使党组织能够吐故纳新，促进党组织发展。在这次九月里"厉行洗党"的过程中，首先是整顿党组织，转为秘密或公开，然后就是大规模的思想教育。"厉行洗党"的其中一个原因是因为"八月失败"后，有些党员投敌叛变，阶级本性被暴露出来了。"洗党"的对象主要包括：不起党员作用的，平常自由散漫的，不听从指挥，具有官僚主义而不愿革命的：一心想投敌叛变的，对问题没有搞清的；出身不好，主要指的是地主或资产阶级出身的，革命又不积极的。虽然在"洗党"过程中存在一些不足，但是对于党员的清廉教育起着很大的作用，纯洁了党组织。

思想教育工作是廉政实践的中心环节。开展廉政思想教育工作是要让全党明白党的宗旨，做到密切联系群众，从而在人民群众中树立良好的形象，从根本上去除腐败现象。井冈山革命斗争时期中国共产党开展了纠正错误思想的，加强廉政意识的政治教育工作对当前的廉政工作来说，就是一种优良的经验，具有很大的借鉴意义。

（二）制定反腐防腐制度

1. 规范党纪党规

井冈山革命斗争时期，中国共产党便注重廉政法律建设，其中最为著名的是"三大纪律，六项注意"，强调的是党纪的严格与规范性。[4]1927年10月23日，毛泽东同志首次在荆竹山提出了"三大纪律"。之后毛泽东成功占领遂川之后，首次颁布了工农革命军的"六项注意"，颁布纪律不久后，中国共产党深受遂川的广大人民的爱戴。直到来到桂东沙田，正式颁布了"三大纪律、六项注意"。毛泽东说："现在要颁布几条纪律。第一条一切行动听指挥；第二条，不拿工农一点东西；第三条，一切缴获要归公。六项注意：一、上门板；二、捆铺草；三、说话和气；四、买卖公平；五、借东西要还；六、损坏东西要赔。"[5]

2. 制定民主制度

在军事方面，共产党军队早期存在严重的军阀作风，讲所谓的"义气"和"交情"，缺乏彼此的尊重，存在官兵之间不平等的现象，甚至有些官员可以随意打骂士兵。因此作为具有先进性的党员们，要在军队内消除官僚主义与封建主义，提倡一种官兵一致的新型官兵关系。

在政治方面上，主要体现在"民主集中主义"和民主监督上。边界红色政权的建立是缺乏经验的，对于一级的苏维埃政权执行委员会都是群众直接选举的，虽然选举是好的，但当时的群众没有足够高的政治素养，民主得不到集中。井冈山党组织系统分为三个部分：前敌委员会、湘赣边界特委以及军委。这三个部分主要是通过全军代表大会选举产生的，而前委主要是针对苏维埃执行委员会办事不认真的现象时采取对少数贪污腐化的政府工作人员进行清理或肃清的措施，开展廉政实践工作的。中国共产党在"三湾改编"以后，军队建立了士兵委员会，各级士兵委员会的任务是："①参加军队管理；②维持红军纪律；③监督军队经济；④作群众运动；⑤做士兵政治教育。"[6]从任务上来看，士兵委员会是监督官长的，让士兵参与军队的民主管理，维护了士兵的权益，从而克服军队内部的腐败思想。

3. 建立防腐制度

第一，支部建在连上。支部建在连上指的是：自下而上，在连队设党支部，在班排设党小组，在连以上设党代表并担任党组织书记。毛泽东创造的这个"把党的支部建在连上"制度，加强了军队的战斗力，同时让连以上都有党代表，对党内的廉政教育工作的实施有着很大的促进作用。

第二，党代表制度。"党代表的职责是，军中政治训练，党的工作，督促士委会工作，帮助军事长官工作，如军事长官在火线上打死了，党代表可以代行指挥军队。"[7]曾有一段时间，党中央想要取消党代表制度，在政治上设立政治部，而毛泽东等同志不同意，毛泽东认为一个连的党代表的好坏决定着这个连的健全与否。的确，党代表制度的建立与实施，可以保证整个队伍的廉政风气，因为党代表起着榜样示范的作用，党代表的一言一行影响着党内成员，从而带动整个党形成廉洁奉公的局面。

第三，巡视员制度。共产党军队来到井冈山不久之后，中共中央非常重视各级党组织工作发展情况，不断地派巡视员来井冈山检查指导工作。在1928年10月，中国共产党的巡视制度重视起来了，并且正式制定了巡视条例，对巡视工作的目的、任务以及工作方法等都作出了明确的规定。[8]毛泽东也推崇巡视员制度，要求巡视员能够指导下级工作，对下级进行监督，让整个共产党内部能够有序地进行，更进一步获得群众的支持。

虽然在井冈山革命斗争期间，中国共产党制定了一系列反腐防腐制度，实现了制度的创新，改善了当时异常紧张的军民关系，但我们仍然可以看到当时廉政工作存在的不足。一方面是缺乏配套的法律，实施得不够规范。当时的"三大纪律、六项注意"具有法令作用，但是对于各种腐败现象，处罚不一，量刑不一。另一方面则是缺乏健全的廉政机制，整个机制缺少系统的理论指导，各种机制之间相对比较独立，难以构成一个整体长效的机制。后来在中央苏区才开始建立的监察机构、审计制度和会计制度则表明当时中国共产党建立的廉政机制是不完善的。

（三）密切联系群众，接受群众监督

在井冈山这段时期，中国共产党关心群众的生活，与老百姓建立鱼水之情。当看到老百姓没有饭吃，没有盐吃，没有柴烧，没有房住，当时市政府对此不闻不问，毛主席知道这样的情况后，就在大会上点名批评市政府的做法并让其尽快解决。[9]在井冈山根据地成立的第一个苏维埃政府就是在群众监督的基础上成立的。在成立的茶陵县工农兵政府前，就先成立了人民委员会，对贪污钱财的乡绅和官员进行监督。之后，党代表召开会议，要求党员、士兵委员会和人民委员会等群众来推选各自的代表组成县工农兵政府。井冈山革命斗争时期，中国共产党为了能够更好地接受群众的监督，还设立了检查箱，通过群众的控诉、举报信件来实现群众的监督权。中国共产党红色政权就是在群众的监督下才会在艰难中生存、发展与壮大。

党依靠人民群众，与群众共同成长是共产党的一大特色。同时群众监督的作用发挥出来了。对于当前党和各级政府的权限过大，而导致人民群众无法监督党和政府的腐败行为，共产党为了解决这个难题就必须借鉴井冈山革命斗争时期党联系群众的方法。然而现在仅依靠群众信件举报的方式是不够的，随着时代科技的不断创新，更要创新党依靠群众的反腐形式，利用多种新媒体设施来实施群众对党的监督，创建一个廉洁的党和政府。

（四）以身作则，厉行节约，用行动践行廉政理念

部队在井冈山时期就有规定，为了能做到不浪费，允许党员在办公时可以点三根灯芯，不办公的时候就要把灯熄灭。毛泽东同志身为党的领导，没有用特殊权利给自己谋利益，相反只用一根灯芯进行办公，《中国的红色政权为什么

能够存在》、《井冈山的斗争》等著作就是在这艰苦的条件下完成的。[10]当时，所有党员们都是弊衣箪食，连毛泽东委员同志也只有两套单衣。井冈山上还传唱着"当兵就要当红军，处处工农来欢迎，官长士兵一个样，没有人来压迫人"的歌谣。这些都能够反映当时的红军以身作则，一视同仁，从而形成一股廉政之风。

1929年9月28日，周恩来同志就提出一切经费的开支要多应用于群众的工作之上。毛泽东还和其他党员同志在井冈山根据地大力发展经济，自力更生，艰苦奋斗，还创办了造币厂，开展设立公卖处等一系列经济运动。共产党凭借着自身的魅力，带动群众一起战胜各种磨难，创造了一个又一个辉煌。

毛泽东同志的一句"好在苦惯了"中可以看出共产党员艰苦奋斗与顽强向上的精神，老一辈的无产阶级革命家的两袖清风的品质更是值得现在党员们学习。我党就是凭借党员干部树立廉政好榜样，用自身的行为影响着身边的战士，才能在日后长征路上挺下来，在新民主主义革命中取得胜利，并且建设好社会主义国家。如今学习这些品质，更是时代的需要，是广大人民的需求，如果每个党员能够做到严格要求自己，腐败的温床何以存在。

三、井冈山革命斗争时期廉政实践对当前廉政工作的启示

井冈山革命斗争时期中国共产党廉政实践之所以能够取得如此辉煌的成果，是因为我党能够理论联系实际，根据当时出现的腐败现象能够迅速实施廉政措施。如今已进入全面深化改革时期，但是中国共产党在井冈山革命斗争时期的廉政实践的精神实质对当前廉政工作仍然具有很大启发作用，让中国共产党开辟出一条有中国特色的反腐道路。

（一）加强思想教育工作，从价值路径上固本培元

十八大以来，党一直坚持廉政建设，以"零"容忍态度反腐。在全面深化改革时期，党的廉政建设也迈入了新常态，而当前的廉政工作仍面临着严峻的考验，首先在思想上，随着科技的发展，西方文化价值观对中国传统思想的冲击产生了巨大的影响，部分党员坚定反腐的信心与决心在动摇，各基层党员未能以信念为本，行动为形，为此必须要拧好这个"总开关"，提高党的认识水平。

我们不仅要整合井冈山革命斗争时期中国共产党开展党内廉政教育工作的成功经验，摒弃偏颇的廉政治党的教训，还要懂得创新。第一，必须创新开展廉政教育方式。井冈山革命斗争时期凭借报纸、书籍、和歌谣等传统的传播方式，依然可以推进廉政文化建设，而当前开展廉政工作，更要好好利用信息技术和科技手段，依托网络、电视等多种媒介，做好全面从严治党的顶层设计。第二，必须加强基层领导干部的思想政治教育。要求基层党支部认真开展"两学一做"学习教育，系统地学习马克思主义理论，指导实践，更要加强警示教育，推动廉政教育工作的实施。第三，充分利用井冈山历史文化资源，挖掘整理出井冈山革命斗争时期毛泽东、朱德等同志的清官廉吏等史料，大力营造廉政文化氛围，学习井冈山精神，培养党员廉洁意识，修身慎行。

（二）完善反腐防腐制度，从制度路径上立规明矩

当前，中国共产党正在健全民主集中制，严肃党内政治生活，完善反腐的有效机制，发挥党内与党外的监督的重要作用，同时严明党内法律和行为准则，履行领导干部执纪职责，可以看出借鉴了当时在井冈山革命斗争时期，中国共产党通过建立党内民主制度，党的组织制度和党的基层监督制度等一系列有关反腐防腐制度的优良经验。

但是我们在制度路径上仍要做好以下几个方面：第一，需要严明纪律规矩，加强反腐立法和执行力度。十八大以来，一系列党内基础性法规都相继颁布实施，但是我们仍然无法保证这些条例法规执行的效果如何，所以我们必须落实党员的主体责任和监督责任，对一切违反党纪国法者严惩不贷。第二，需要深化"放管服"改革，对政府简政放权，把权力关进制度的"笼子"里。当前政府在招商引资、行政审批和设租寻租方面上容易发生权钱交易的行为，所以要大力削减行政审批事项，实行一站到位的审批式服务。第三，加大监督力度，形成不敢腐，不能腐、不易腐的机制。井冈山革命斗争时期就有了巡视制度，对党内进行监督。如今在全面从严治党的背景下，党中央正在改进中央和省级巡视制度，并对北京市、山西省、浙江省三省市进行试点，设监察委员会作为行使国家监察职能的专责机关，然而仍不能完全解决各反腐机构职能重叠、标准不一等问题。所以当前廉政工作的开展，需要一个强有力的反贪机构，并建立全面的国家监察体系。

(三)"俭"得民心,从实践路径上以上率下

在井冈山革命斗争时期中国共产党与人民群众同甘共苦,树立清正廉洁风范的优良传统仍值得党员们学习。自十八大以来,习近平总书记切实履行"中央政治局同志从我本人做起"的庄严承诺,为全党树立了典范,坚持以上率下。

在当前的廉政建设工作,我们要抓住主体,发挥党员的力量,以身作则,为广大人民群众谋利益。第一,共产党员要有强烈的责任感和忧患意识。中国共产党历经了九十多年的风雨,不单单是在井冈山革命斗争时期进行了廉政建设,到现在中国共产党作为执政党仍然要注重反腐倡廉工作,可以看出这一项长期的任务,是一个漫长而艰难的过程。当前,需要党员认真学习党的历史,并且与时代的主题相结合,产生为人民服务的责任感,同时居安思危,脚踏实地。第二,共产党员要言行一致,厉行节约。中央提出反腐倡廉的号召,各党员干部不仅在思想有很高的觉悟,行为上也要与党中央保持一致。"表哥"杨达才事件,还有周永康、徐才厚等大批高级干部腐败事件不得不让党员们引以为戒,在行动上要践行廉政理念。第三,严于律己,树立典范。在井冈山革命斗争时期,我们知道毛泽东、周恩来等同志尽管身居高位,却仍和战士们同吃同住,没有享受特权待遇,这非常值得现在党员们学习。在生活中,党员干部利用公款吃喝、购买节礼或公车私用等这些行为看似是小腐败现象,但千里之堤,溃于蚁穴。我们要注重评选身边的好党员、好故事和好案例,写廉政心得,让党员们反思,内化于心,外化于行,形成党风廉政建设的新局面。

参考文献:

[1] 马克思恩格斯选集(第二卷)[M].北京:人民出版社,1972:383.

[2] 马克思恩格斯选集(第二卷)[M].北京:人民出版社,1972:335.

[3] 陈鹏、艾惠萍.井冈山时期党的干部教育的经验及其现实意义[J].福建教育学院学报,2007(01).

[4] 蒋琦.井冈山时期毛泽东红色政权下的廉政建设[J].决策与信息,2013(09).

[5] 余伯流,陈钢.井冈山革命根据地全史[M].南昌:江西人民出版社,2007:145.

［6］陈毅．陈毅军事文选［M］．北京：解放军出版社，1996：2.

［7］井冈山革命根据地党史资料征集编研协作小组，井冈山革命博物馆编．井冈山革命根据地（历史文献）［M］．中共党史资料出版社，1987：242.

［8］梁显森．新民主主义革命时期中国共产党的巡视制度研究［D］．郑州：郑州大学，2010.

［9］崔茂盛．井冈山时期的民主政治和廉政建设［J］．理论导刊．1992（10）.

［10］肖小华．井冈山斗争时期我党思想政治教育的主要内容［J］．党史文苑，2007（03）.

（作者为福建师范大学马克思主义学院2016级硕士生，本文原载《中共南昌市委党校学报》2017年第5期）

完善我国经济责任审计制度

——经济责任审计并入国家监察委员会的改革设想

吴雨珊 陈 欣

党的十八届六中全会公报指出：各级党委应当支持和保证同级人大、政府、监察机关、司法机关等对国家机关及公职人员依法进行监督，人民政协依章程进行民主监督，审计机关依法进行审计监督。[1]审计监督是公权监督的重要组成部分，在审计监督制度中，经济责任审计制度又是其不可或缺的重要一环。党的十七大、十八大报告中均提出"健全经济责任审计制度"的要求，2010年10月12日，中共中央办公厅、国务院办公厅印发《党政主要领导干部和国有企业领导人员经济责任审计规定》，2014年7月27日，中央纪委机关、中央组织部、中央编办、监察部、人力资源社会保障部、审计署、国务院国资委联合印发了《党政主要领导干部和国有企业领导人员经济责任审计规定实施细则》（以下简称《实施细则》），以法律的形式确立了经济责任审计制度及具体细则。那么，完善我国的经济责任审计制度有何重大意义？在当前全面深化改革的背景之下，又应当如何进行完善？笔者对此谈一些拙见。

一、完善我国经济责任审计制度的重大意义

经济责任审计是指审计机关依法依规对党政主要领导干部和国有企业领导人员经济责任履行情况进行监督、评价和鉴证的行为。回顾经济责任审计制度提出和发展的历史，我们可以得出以下两个方面的认识：

（一）经济责任审计制度的提出，是我国审计工作长期实践探索的结果，是一个与中国国情特点相结合的成果，这一制度在加强对领导干部行使权力的制

约和监督、推进党风廉政建设和反腐败工作、推进国家治理体系和治理能力现代化进程中发挥着重要的作用。

1. 完善我国经济责任审计制度,有利于加强对领导干部行使权力的制约和监督。

根据卢梭《社会契约论》的观点,建立政府完全是一种委托行为,人民把自己拥有的一部分权利委托给政府管理,政府因此拥有了人民赋予的决策权、执行权、监督权等权力。然而,政府在行使权力的过程中,可能出现权力的行使不足或者行使过度两种情况,损害了人民的利益。而政府权力的行使者是由一个个具体的人构成的,尤其是政府的领导干部。作为"关键少数",他们的"不作为""乱作为"会严重阻碍政府职能的有效发挥。因此,要加强对领导干部行使权力的制约和监督。审计监督作为《中共中央关于全面推进依法治国若干重大问题的决定》中提出的党内监督、人大监督、民主监督、行政监督、司法监督、审计监督、社会监督、舆论监督等八大监督形式之一,在加强对领导干部行使权力的制约和监督方面发挥着不可替代的作用。[2]

2. 完善我国经济责任审计制度,有利于推进党风廉政建设和反腐败工作。

经济责任审计主要是针对党政领导干部的一种专项审计,监督和评价领导干部的经济责任履行情况,审查其在廉洁从政或廉洁从业方面是否存在问题。[3]合理运用经济责任审计的结果,将其作为领导干部考核、任免、奖惩的重要依据,能够有效地促进党政领导干部正确行使手中权力,预防和惩治腐败分子,推进党风廉政建设和反腐败工作向纵深发展。

3. 完善我国经济责任审计制度,有利于推进国家治理体系和治理能力现代化。

经济责任审计是国家治理的重要组成部分,国家治理的需求和中国特色社会主义制度的发展孕育了经济责任审计。经济责任审计作为国家治理体系中内生的具有预防、揭示和抵御功能的"免疫系统",目的是有效监督公共权力的运行情况,推进廉政建设,推动和完善问责机制,落实审计整改,构建一个廉洁、高效、透明的服务型政府,从而实现国家的良法善治。因此,完善我国的经济责任审计制度,是全面深化政治体制改革的迫切需要,有利于推进国家治理体系和治理能力的现代化。

党的十八大以来，我国经济责任审计的力度不断加大，有力地配合了全面深化改革和全面推进依法治国的进程。

（二）尽管经济责任审计制度发挥着巨大的作用，但同时我们也必须看到，这一制度还很不完善，还存在着很多问题和不足，以致影响了其优越性能的有效发挥。对于经济责任审计制度而言，目前最突出的问题还在于经济责任审计缺乏独立性。

我国《宪法》第九十一条第（二）款明确规定：审计机关在国务院总理领导下，依照法律规定独立行使审计监督权，不受其他行政机关、社会团体和个人的干涉。《宪法》第一百零九条规定：县级以上的地方各级人民政府设立审计机关。地方各级审计机关依照法律规定独立行使审计监督权，对本级人民政府和上一级审计机关负责。由此可以得出两个结论：第一，我国目前的审计机构实行的是双重领导体制，它受本级人民政府和上一级审计机关的领导，经济责任审计也是如此；第二，尽管目前我国审计机构实行的是双重领导体制，但地方各级审计机关是由地方各级人民政府设立的，那么地方各级审计机关开展审计工作的人、事、财等诸权自然也就掌握在地方各级政府手里，上一级审计机关的领导作用十分有限。地方各级政府领导作用的强化和上一级审计机关领导作用的弱化，导致经济责任审计工作独立性的缺失。经济责任审计的监督过程和结果披露均受到限制，参与审计的工作人员也时常处于被动的地位。

1. 经济责任审计的监督过程受到限制。

经济责任审计的参与者包括经济责任审计的主体和客体。经济责任审计的主体扮演的是监督者的角色，执行的是社会功能，追求宏观经济效益的最大化和社会效益的最大化；经济责任审计的客体则更多追求自身利益的最大化。当主体执行社会功能、追求社会效益的行为不利于客体追求自身利益最大化时，审计的主体和客体之间必然会发生矛盾。比如：因为审计监督使得领导失去晋升的机会，或者因为审计监督导致某个单位或部门丧失了预期利益或者既得利益等。在这种情况下，经济责任审计的客体必然会极力干预主体的审计监督活动。

此外，我国的审计监督层级低，隶属于行政层级，是一种行政监督、内部监督。隶属于行政机关的审计部门在对行政机关及其领导干部的经济责任审计上究竟能发挥多大的作用？令人质疑。2003年中央电视台《面对面》记者在采访国家审计署长李金华的时候，曾反复追问，刚刚点了财政部的名，"转手你还得跟财政部要钱，你怎么能保证公正？"[4]这样的问题，也确实反映了许多人心中的疑问：在我国现行的政治体制框架内，审计监督带有浓厚的行政系统内部监督的色彩。审计机关既要监督政府，又要接受同级政府的领导，如何才能保证它的独立性？并且，在地方自主权不断扩大的情况下，这种监督体制不可避免地会袒护地方利益，使得审计监督的独立性受到严重侵犯，审计的客观性、公正性得不到保障。[5]

2. 经济责任审计的结果披露受到限制。

《中华人民共和国审计法》第三十六条规定：审计机关可以向政府有关部门通报或者向社会公布审计结果。《中华人民共和国审计法实施细则》第三十三条规定：审计机关依照审计法第三十六条规定，可以就有关审计事项向政府有关部门通报或者向社会公布对被审计单位的审计、专项审计调查结果。审计机关经与有关主管机关协商，可以在向社会公布的审计、专项审计调查结果中，一并公布对社会审计机构相关审计报告核查的结果。由此可见，对于审计结果的披露，法条中用的都是"可以"的字眼。更进一步说，披露审计结果并不是审计机关的法定义务，他们可以披露，也可以不披露。即使审计机关自身想要披露审计结果，但作为隶属于同级人民政府的机构，也难以通过政府这一关，即使通过了，也可能使审计结果成为"缩水"的报告。就算是结果真的得到了披露，但从披露的效果来说，也只是作为干部考核、任免和奖惩的一个重要依据，无法对领导干部的升降任免起到决定性的作用。审计监督相较于有直接制裁权的纪检监督、司法监督而言，它所拥有的监督权较为疲软。

3. 参与经济责任审计的工作人员时常处于被动的地位。

审计机关的工作人员在经济责任审计的过程中需要考虑很多因素。因为经济责任审计发现的问题，造成的原因有很多：有的可能性质不是特别严重，但如果写到报告中就会影响到领导干部的政治前途，影响其任用升迁，如政府采购未按要求招标，但金额较小或不具有主观故意性；有的属于先行先试导致的违反法律法规，是因为需要改革，没办法才作出的决定；有的作出的决定虽然违法，但是上级有文件要求如何操作，完全是按上级的指令要求来完成任务；

有的可能涉及到很多职工的福利，如果上报了容易引起众怒等等。类似这样的问题，如果写到审计报告中，可能就会对某些领导干部进行一些纪律处分，这样就会有人来求情，上级领导也会施加一些压力，这就给审计人员的工作带来很大的困扰。因此，经济责任审计过程中发现的问题最后能上升为审计报告的是很少的。审计机关出于对审计结果是否全面、客观、公正的担心，以及对公布审计结果会给自身带来影响的考虑，往往倾向"不求有功但求无过"的选择。[6] 目前经济责任审计主要是监督同级政府管辖的各部门和企事业单位，很少监督同级政府。即使有进行监督，也往往是流于形式。而且，越是基层的单位，行政部门对审计部门的控制力就越强，而审计的监督作用就越弱。[7]

总之，在现行的政治体制框架内，经济责任审计的独立性受到了很大的制约，其审计监督的职能难以得到充分的发挥。尽管审计工作中的其它审计职能也存在独立性缺失等问题，但相比于经济责任审计而言，问题表现得更不突出。因此，如何改革现有的审计体制、保障经济责任审计的独立性、使经济责任审计能够真正发挥制约和监督权力的作用已成为当务之急。

二、经济责任审计并入国家监察委员会的改革设想

2016年10月27日，中共十八届六中全会公报指出：各级党委应当支持和保证同级人大、政府、监察机关、司法机关等对国家机关及公职人员依法进行监督。[8] 公报中首次将监察机关与人大、政府、司法机关等国家机关放在并列的位置。2016年11月，中共中央办公厅印发《关于在北京市、山西省、浙江省开展国家监察体制改革试点方案》（以下简称国家监察体制改革试点方案）。2016年12月25日，第十二届全国人大常委会第二十五次会议通过了《全国人民代表大会常务委员会关于在北京市、山西省、浙江省开展国家监察体制改革试点工作的决定》，由省（市）人民代表大会产生省（市）监察委员会，作为行使国家监察职能的专责机关。党的纪律检查委员会、监察委员会合署办公，建立健全监察委员会组织架构，明确监察委员会职能职责，建立监察委员会与司法机关的协调衔接机制，强化对监察委员会自身的监督制约。[9] 党中央的这些决定，引发了我国学界和实务界关于监察委员会的热切探讨，其中也包括审计机关是否要并入监察委员会等问题。对此，大多数学者持反对的态度，学者们的

理由在于：国家监察委员会的主要职能在于反腐败，而审计机关除了反腐败的职能之外，还肩负着维护社会经济秩序的职能，由于职能的不统一，所以二者不能合并。

学者们大多把审计机关作为一个整体，从整体的角度考察其并入监察委员会并不适宜，对此笔者表示赞同。但对于审计监督中的经济责任审计而言，笔者则认为，经济责任审计可以并且也应当并入到国家监察委员会中。

（一）经济责任审计并入国家监察委员会的必要性和可行性

首先，将经济责任审计并入到国家监察委员会，有利于增强经济责任审计工作的独立性和权威性。根据国家监察体制改革试点方案，试点地区监察委员会由本级人民代表大会产生。监察委员会主任由本级人民代表大会选举产生；监察委员会副主任、委员，由监察委员会主任提请本级人民代表大会常务委员会任免。监察委员会对本级人民代表大会及其常务委员会和上一级监察委员会负责，并接受监督。[10]将经济责任审计并入监察委，使经济责任审计工作直接对人大负责，能减少行政机关对经济责任审计工作的干预，增强经济责任审计的独立性和权威性。

其次，经济责任审计与监察委员会在对象与目的上具有一致性，且监察职权和审计手段可以相互结合、互为补充。首先，二者的对象比较一致，重点都是针对党政机关主要领导干部和国有企业领导人员。其次，二者的目的比较接近，都是为了公职人员能依法依规、履职尽责，加强对权力的制约和监督，防止腐败。再次，监察职权和审计手段可以相互结合、互为补充，可以实现案件线索资源共享。腐败案件一般都涉及经济领域，例如，国有资产出租及转让、土地使用权出让、政府采购方面等都是腐败案件多发的"重灾区"。经济责任审计可以发现涉案线索，所以经济责任审计对于反腐败来说十分重要。将经济责任审计并入到国家监察委员会，可以使二者在工作内容上相互配合，在调查手段上相互补充，从而更好地发挥其反腐败的作用。

最后，经济责任审计有自己的一套独立的、专门的审计体系：经济责任审计有专门的经济责任审计专业局，由专门的工作人员进行审计，并配有专门的总审室；经济责任审计也有专门的法律规范——《党政主要领导干部和国有企业领导人员经济责任审计规定实施细则》，《实施细则》中明确规定了经济责任审计的审计对象、审计内容、审计评价、审计报告、审计结果运用、组织领导和审计实施等具体项目。因此，无论从经济责任审计的人员配置、工作流程还是法律规范上来说，经济责任审计都是比较独立的、自成体系的，将其从审计机关中分离出来并入到国家监察委员会，不会对原有的审计监督体制产生太大的影响。

（二）经济责任审计并入国家监察委员会的具体构想

经过前文的分析论证，经济责任审计工作的独立性存在很大的缺失，将经济责任审计并入国家监察委员会已经具备必要性和可行性。对于具体应当怎样实施"合并"的计划，笔者尝试提出以下若干设想：

1. 在体制机制层面，应当改变目前经济责任审计制度的组织人事关系。经济责任审计的领导产生方式与人财物的管理等都应当与监察委员会相同。建议在充分考察候选人的基础上，提交同级人民代表大会产生经济责任审计工作的领导人员，并且经济责任审计工作直接对人大负责、受人大监督；经济责任审计的人、财、物等诸权也应当由同级人民代表大会进行管理和负责。

2. 在工作模式层面，建议全面采用"上审下，交叉审"的模式。即对于经济责任审计工作，由被审计对象上级的经济责任审计单位进行审计，并且由被审计对象所在地之外的其它地区的机关进行审计。以此解决经济责任审计机关尤其是基层的经济责任审计机关独立性较差的问题。除此之外，在监察委员会中，纪检、监察、审计等类似职能的部门也可以就相关问题组成联合调查组，合署办公。

3. 在改革方式层面，可以考虑采取先试点、后推广的方式。目前国家监察委员会的工作还在试点当中，对于将经济责任审计并入到国家监察委员会的工作中，也可以确立一个适当的试点开展此项工作。这种"先试点、后推广"的模式，有利于减少因改革的措施不当所造成的失误。

参考文献

[1] 中国共产党第十八届中央委员会第六次全体会议公报[J]. 求是，2016（21）.

[2] 中共中央关于全面推进依法治国若干重大问题的决定[J]. 求是，

2014（21）．

［3］郭露雪、计媛媛．论国家审计对权力的制约和监督［J］．行政事业资产与财务，2017（4）．

［4］转引自宋槿篱．完善我国审计监督的法律思考［J］．法治论坛，2009（1）．

［5］郭彦卿．我国审计监督体制的缺陷与完善［J］．财会月刊，2010（14）．

［6］闫海．审计监督的宪政机理、模式与我国审计监督模式的重构［J］．理论建设，2012（3）．

［7］宋槿篱．完善我国审计监督的法律思考［J］．法治论坛，2009（1）．

［8］中国共产党第十八届中央委员会第六次全体会议公报［J］．求是，2016（21）．

［9］中共中央办公厅印发国家监察体制改革试点方案［J］．中国纪检监察，2016（22）．

［10］全国人大常委会关于在北京市、山西省、浙江省开展国家监察体制改革试点工作的决定［J］．中国人大，2017（1）．

（作者吴雨珊为福建师范大学法学院2015级硕士生、陈欣为广东省深圳市审计局干部，本文原载《法制与社会》2018年第2期）